MARY GAUNT

1913 中国北华见闻

[澳] 玛丽·冈特 著

李尧 译

A WOMAN IN CHINA

中国工人出版社

译者前言

玛丽·冈特（Mary Gaunt，1861—1942），澳大利亚著名作家。出生在维多利亚的奇尔顿，就读于格伦维尔学院、巴拉瑞特大学和墨尔本大学。玛丽·冈特自幼酷爱写作，1894年出版了第一部长篇小说《戴夫的爱人》（*Dave's Sweetheart*）。冈特于1901年3月15日离开墨尔本，在西印度群岛、西非、中国和东方的其他地方旅行。她的传奇经历被记录在自己撰写的五本游记中：《独自在西非》（*Alone in West Africa*，1912）、《1913，中国华北见闻》（*A Woman in China*，1914）、《不完整的旅行》（*A Broken Journey*，1919）、《相遇之地》（*Where the Twain Meet*，1922）、《牙买加的回忆》（*Reflection-in Jamaica*，1932）。1929年，她还出版了《乔治·华盛顿和美国革命的缔造者》（*George Washington and the Men Who Made the American Revolution*）。从1894年到1934年，玛丽·冈特共出版了十六部小说，包括短篇小说集。其题材主要是爱情和历险。另外三部小说与约翰·里奇威尔·埃塞克斯（John Ridgwell Essex）合作完成。从二十世纪二十年代早期开始，冈特主要生活在意大利的博尔迪格拉。1940 年，她逃离意大利，1942 年在戛纳逝世。

《1913，中国华北见闻》是玛丽·冈特一生中最重要的著作之一。这本书1914 年出版于伦敦，是一本比较全面、客观地介绍民国初年中国政治、经济、文化、历史、风土人情、山川河流的好书。一百多年来，再版无数，是包括澳大利亚人在内的西方人最早了解中国的“教科书”。玛丽·冈特的祖父是东印度公司的一位海员，经常到中国，从那个充满神秘色彩的东方古国，带回许多珍稀古玩，也带回许多奇闻趣事。这一切像一粒粒种子，从小就播撒在玛丽·冈特的心里。几十年来，她一直对中国怀有浓厚兴趣，梦想有朝一日能走近那个神秘的国度。1913 年，在曾任《泰晤士报》驻华首席记者（1897—1912）、袁世凯的政治顾问（1912—1920）、与近代中国关系十分密切的澳大利亚旅行家和政治家莫理循的鼓励下，玛丽·冈特终于梦想成真。

一百多年前，在刚刚经历辛亥革命的中国，玛丽·冈特看到的无疑是极度的贫穷和落后，但作为一个对东方文明仰慕已久的澳大利亚作家，玛丽·冈特更感震撼的是中国人巨大的创造力。“站在蓝天之下，我终于看到世界奇迹之一——中国的长城！这里到处是卧牛巨石，干旱的山坡。世界上任何其他国家，这样的地方只能是岩鸽与野兔出没的地方，而中国人用双手创造了奇迹。千百年来，凡未失去判断力的人都见证了中国人巨大的创造力。更重要的是，他们用个人的牺牲换来了国家的安宁。长城像一条巨龙，逶迤向前，越过一条条山谷，跨过一座座山崖。长城上有瞭望塔，有宽阔的路。哨兵日夜守卫在这里，警惕地注视来犯的敌人……”然而，长城却没能阻挡住来自海洋的侵略者。玛丽·冈特于 1913 年 1 月到达北京，距离 1900 年八国联军的铁蹄践踏这块美丽的土地只有十三年，北京——玛丽·冈特向往已久的辉煌的殿堂——成了列强瓜分中国的缩影。面对“国中之国”的使馆区，这位对饱受磨难的中国充满同情的作家发出愤怒的呼喊：

英国公使馆的一个角落保留着一截1900年留下的残垣断壁。上面用英文写着几个大字："不要忘记。"提醒人们——如果这些国家需要提醒的话——不要忘记1900年可怕的日子，不要忘记这个爱好和平的国家随时都可能再次爆发排外的运动。

我本来想说，这几乎是对中国人的侮辱。可是，现在我要说，这就是一种侮辱！事实上，这个武装到牙齿的使馆区一定是残酷折磨那些受过良好教育的中国人的心头之痛。他们一定渴望驱除这些来自西方的狂傲的洋人和来自东方的邻居。在自己城市的中心被外国人辖制那是何等的耻辱！就连长城，忽必烈第一次建造、明朝征服者完成的伟大的长城，从哈德门到前门这一段也在外国人的统治之下。

玛丽·冈特在愤怒呼喊的同时，详细描述了使馆区洋人的骄横，前门城楼上美国士兵的野蛮，六国饭店的奢华，不许华人进入的赛马场的热闹，而这一切对于今天的中国人何其陌生！那仿佛是一场遥远的噩梦，渐渐淡出一代又一代人的视线。然而，历史不能忘记，"忘记历史就意味着背叛"，或许这正是我翻译此书、重现历史的意义之所在。

玛丽·冈特这本书的字里行间充满对中国劳苦大众的同情，特别是对妇女的同情。玛丽·冈特是女权主义者，她是十九世纪末期，克服重重障碍，进入墨尔本大学的第一个女生。毕业后也一直为妇女的权利奔走呼号，不懈斗争。在中国，她亲眼看到处于社会最底层的小脚女人的痛苦，亲耳听到女人被奴役、被压迫时的呻吟。这一切，成了这位女权主义者的"心头之痛"。她说："我总是在谈论中国妇女的状况，这似乎成了一件念念不忘的事情。毕竟当你思考、探究一个国家的时候，占其人口半数的那个群体当然会不时出现在你的面前。'中国妇女'，有人说，'是自我贬损的过时的情人。'对一个民族这样的评论我不敢苟同。在西方人眼里，这是女性屈从和无知的标志。"玛丽·冈特则看得更深，她认为，"早在我们西方人摆脱蒙昧与野蛮之前，作为一个开化的民族，那里的人已经生活了几千年。"然而，正是这几千年来东方文明中的父权和夫权成为压在中国妇女头上的两座大山，也正是这两座大山，阻碍了中国百年来的发展，被进入工业化时代的西方世界甩在后面。"……他们为了填饱肚子，从早到晚辛苦劳作，在崎岖不平的道路上挣扎，被古老的历史束缚，进取心和创造力难以施展。走着父亲走过的路，受着父亲受过的苦。为生存而斗争如此艰难残酷，对改善自己的处境彻底绝望。"

玛丽·冈特的目光是睿智的，也是犀利的。一百多年前中国人落后的生活习惯、艰难的生存环境、被血雨腥风裹挟时显露的凶残，并未逃脱她的眼睛。但她不是从种族的角度恶意贬损，而是从人性的角度加以探究。因此，她对中国人的看法，从根本上讲有别于今天的西方政客。"事实上，一旦真的开了眼界，我很快就开始想，从观光者的角度来看，世界上很少有地方能与北京相比。周游世界最大的兴趣还是对人——街上拥挤的人群——的了解。当然，拥挤的人群于我而言并不陌生。到过伦敦之后，任何一座繁华都市都不可能再向你呈现出新奇的、别样风情。然而，在北京，一个新的音符在我耳边敲响。我并没有立刻意识到这一点，但我仿佛在一片混沌中摸索着问自己：这些人和我在伦敦或巴黎街头看到的人有什么区别？他们是不同的人种，这一点毫无疑问。但那没什么，只是皮肤的颜色深了一点。那是什么呢？有一件事不能不让新来的人吃惊，那就是他们是一群爱好和平而有秩序的人，比世界上任何一个人群都更能服从纪律，或者更确切地说，他们比世界上任何一群人都更能约束自己。"玛丽·冈特对中国人善意的、客观的评述由此可见一斑。倘若她活在新冠肺炎疫情肆虐全球的当下，一定会为自己百年前的远见卓识骄傲。然而值得她骄傲的还不止于此。玛丽·冈特似乎站在历史的制高点，那时就看清楚了一百多年后中国和整个世界的发展。她满怀热情地写道："中国人的精神没有死。构思和建造这道坚固城墙的圣灵，至今仍然活着！沿着古老的骡道，沿着山口，有一条新路，一条与西方世界相同的路——一条铁路通向远方。这条路完全是由中国人自己规划、铺设和建造的，除了中国人的下一代在美国和英国的学校里学到技术之外，他们没有得到西方的任何帮助。他们不但建成了铁路，而且比许多西方人的铁路修得更好！更重要的是他们把中国人的精神融入其中……他们修建了一条与南口相称的铁路。这些人是两千年前建造长城的人的后裔。万岁！万岁！"一个能为刚刚摆脱几千年封建帝王统治、尚且处于战乱的中华民族山呼万岁的人，该是怎样的智者！玛丽·冈特以诗一样的语言，热情洋溢地赞美了一个即将屹立于世界东方的伟大的民族，伟大的国家："一个新的国家会不会按自己的方式崛起，成为与西方大国比肩而立的强国？毫无疑问，这个建造了紫禁城辉煌的殿堂、美丽的庭院，这个规划了热河壮丽、幽雅的避暑山庄，这个在高山和峡谷建起绵延两千英里雄伟的长城，这个构想出世界上最令人叹为观止、祭奠任何一位神都绰绰有余的神坛——天坛的伟大民族依然像几千年前一样，充满活力和进取精神。当这种精神鼓舞推动的不只是几个"工头"，而是那些被奴役的辛勤劳动的人们，并且使他们成为真正的主人，这个国家就会像几百年以来他们建造的宫殿与祭坛那样辉煌。那时候，这个世界的其他国家也许只能站在一边冷眼旁观，不但惊奇，也许还要害怕。"

2020 年 12 月 30 日写于北京

作者，明孝陵

目录

第一章　穿越旧世界 / 1

第二章　古城 / 17

第三章　巴比伦的城墙和城门 / 38

第四章　北京使馆区 / 56

第五章　太后的葬礼 / 75

第六章　欢乐时光 / 98

第七章　世界奇迹之一 / 112

第八章　两家慈善机构 / 131

第九章　中国旅店 / 151

第十章　清东陵 / 164

第十一章　城墙高耸的城镇 / 181

第十二章　九龙寺 / 203

第十三章　大山深处 / 220

第十四章　对希腊人来说，是愚蠢 / 243

第十五章　访问熊希龄将军 / 254

第十六章　满族人的乐土 / 264

第十七章　死神的峡谷 / 283

第十八章　坐船回北京 / 306

第十九章　巴比伦的河港 / 322

第二十章　中国仆人的行为方式 / 329

第二十一章　三山庵 / 347

第一章　穿越旧世界

祖母的珍藏——骆驼和大象——莫理循博士——澳大利亚的中国人——为他的美德而恐惧——种族的敌意——辽阔的北方平原——寂静的城市——流放地——圣海——白桦林圣洁的冰霜之花——“满洲”和哈尔滨的混乱——日本的高效率——北京的沙尘暴。

小时候，家人带我去看望老祖母。为了让我高兴，老太太拿出各式各样稀奇古怪的小玩意儿让我看。不过只能看，不能伸出小指头摸。这些东西都是很早以前，祖父从中国带回来的。那时候，他是东印度公司的一位海员。老祖母珍藏的宝物有雕刻得非常漂亮的象牙棋子，大约三英寸长的中国女人的小脚模型，用珍珠母精工制作的计数器。计数器的“配件儿”都是神态各异的“珍禽异兽”。漆盒，象牙球，象牙轿子，扇子。我是在一个丛林与荒漠交织而成的新国家长大的女孩儿。在我看来，那一切都像美丽的梦，让我从中感受到中国的魅力——远远超出我想象的魅力。就像那些可爱的小玩意儿可望而不可即，我甚至没有把遥远的中国列入长大之后探访的名单。须知，那时，我最大的愿望便是周游世界，血管里奔涌着与生俱来的“流浪热”。遗憾的是，我尚没有办法满足这种热情。随着年龄增长，我经常阅读能弄到手的任何一本旅游书。以写作为生之后，我养成一个习惯：通过介绍某个国家书籍的数量，判断去那个国家旅行的机会。用这个标准衡量中国，老祖母那些指向明确的珍奇古玩自然而然派上了用场。因为从马可·波罗那个时代开始，人们就到那块土地“上下求索”。漫漫长路，有艰难，有悲伤，有喜悦，有欢笑。他们之中至少有一半人记录了所见所闻。现在，还有什么有价值的东西留给我去撰写吗？

一个阳光明媚的星期日早晨——英格兰偶然也会有这样的好天气——我兴之所至，坐火车沿布赖顿线，去找也是“讲故事”的家伙帕里·特拉斯科特，打算和他共度一天。无情的命运使我孤身一人，在那个阳光明媚的早晨，来到维多利亚火车站。我心情很好，特别想和什么人聊上几句。我选的那节车厢里已经坐了两个衣着讲究的女人。站台上服务员拿着几个热水袋走来走去。早晨天气清冷，我不想错过这个聊天儿的机会，转过脸问她们要不要热水袋。唉！唉！我对这两个女人一片好心，可好心没得好报。她们好像脸上挂霜，冷冰冰的样子，连最大胆的人——我还真不是什么大胆的人——看了也得退避三舍。我立刻明白，她们既不需要热水袋，也不愿意和我搭话。我碰了一鼻子灰，跑到车厢那头找了个座位坐下，一边想自己的心事，一边看窗外一闪而过的阳光和投在绿色田野上的暗影。走到一半的时候，我惊讶地看到苏塞克斯郡蜿蜒曲折的小路上难得一见的景象：一队骆驼和大象正迤逦而行。于我而言，这实在是值得一看的奇观，把早些时候被那两个女人冷落的事丢到脑后，喊了起来：“哦！瞧！瞧！骆驼和大象！”

那两位女士真是英吉利民族的光荣和骄傲。她们举止高雅，言行得体，目光始终没有离开手里的报纸。我只能暗自揣测她们对我的看法。火车飞驰而过，把骆驼和大象甩在后面，没有留下任何踪迹。我很遗憾地告诉你，我笑得前仰后合，直笑得流出眼泪。刚觉得好一点儿，一看到那两位全神贯注、一本正经看报纸的女士，便又忍不住大笑起来。我在哈索克斯[1]下车的时候，她们二位也没让自己流露出半点儿“松了一口气”的神色。也许她们认为，在这样一个行为古怪的陌生人面前“喜形于色”有失体统。不过，我从她们身边走过的时候，两位女士的的确确把裙子紧紧裹在腿上，生怕我的裙摆拂过，污染了她们。

任何故事都不会只有一个“版本”。我多想听听那两位女士讲述她们那次旅行的经历。毫无疑问，那会是一个与我的叙述相去甚远的故事。只有骆驼和大象的存在不容置疑。于是我想，为什么不去一个国家，试着写点关于它的东西，尽管很多人以前都写过。如果诸神仁慈，我在中国也能找到属于自己的故事。

就在那时，我的兄弟娶了莫理循[2]博士的妹妹。我和这位著名的《泰晤士报》记者便有了交往。他和我一样是澳大利亚人，到英国时经常来看我，跟我聊中国的事儿。“大象和骆驼事件”之后再次见面时，我问他，去中国值得吗?

他说当然值得。还说，他和新婚妻子诚心诚意地邀请我去了之后跟他们住在一起。事情就这么解决了。我决定去北京。1913 年 1 月的最后一天，我在浓雾中离开查林十字[3]前往远东。坐着火车向东旋转，算不上什么大事，也没有什么美妙可言，但对我来说，却是浪漫之旅的开始。我跨越旧世界[4]，驶向一块遥远的土

---

[1] 哈索克斯（Hassocks），英格兰西苏塞克斯中部苏塞克斯地区的一个大村庄和民间教区。人们认为它的名字来源于周围田野里的一簇一簇的草。Hassocks 位于布莱顿以北约七英里的地方，人口为 6821 人，直到十九世纪伦敦到布莱顿铁路开始动工之前，Hassocks 地区还只有一些小房子和马车房。

[2] 全名乔治·厄内斯特·莫理循。1862—1920 年，曾任《泰晤士报》驻华首席记者（1897—1912）。亲身经历和参与了中国近代史上许多著名事件，并于 1912 年应中国政府的聘约，担任了袁世凯的政治顾问。他被称为“莫理循文库”的私人图书馆，收藏了有关中国和亚洲的图书、杂志、地图等文献 2 万多册。

[3] 查林十字（Charing Cross）：在伦敦市中心的特拉法尔加广场的南面。它以几个当地的地标性建筑命名，包括伦敦主要的铁路终点站之一查林十字火车站（Charing Cross railway station）。

[4] 旧世界（Old World）：也被称为非洲—欧亚大陆，由非洲、欧洲和亚洲组成，被认为是欧洲人在与美洲接触之前已知的世界的一部分。

地。早在我们西方人摆脱蒙昧与野蛮之前，作为一个开化的民族，那里的人已经生活了几千年。我驶向一个古老的国家，对于这个国家，我年轻的祖国澳大利亚有一种特别的兴趣，并且将自己武装到牙齿。为什么？因为数百万中国人已经踏上澳洲北方的土地。澳大利亚人投票坚定支持“白澳政策”，决心把有色人种排除在外。为什么？不是因为害怕帮助他们发展甘蔗种植园的肯纳卡人[1]，而是因为害怕那些吃苦耐劳、不知疲倦、对生活没有奢望的黄种人。

当我还是个小孩儿的时候，父亲是我们那个地区金矿的管理员。职务使然，他也是华人的保护者。天知道那些不幸的华人——来自厦门和广州勤劳的苦力、聪明的矿工，多么需要有人保护。我曾多次看到一个可怜的中国人，被打得头破血流，到我家寻求保护。恶棍——那时候我们就这样称呼那些坏蛋——向他扔石头，没有任何说得过去的理由，仅仅因为他是中国人。这一切让我十分震惊、困惑不解，今天想起来依然心有余悸。现在我明白那是种族仇恨。一种很难向宅在家里、没什么见识的英国人解释清楚的仇恨。澳大利亚白人会产生这样一种仇恨，是因为他们潜意识里认为，生活水平很低的黄种人，会抢走已经成为他们地盘儿的面包和黄油。

现在，我就要去看一看那块土地。童年时代我见到的那些恭顺、宽容、勤劳的苦力就是从那里来的。跨越“旧世界”的奇观，从最现代的文明到最古老的文明，要经过十二天的铁路旅行。穿过辽阔的北部平原，我越来越感到历史的厚重，欧洲一次次大战在这里爆发。火车上的人们用餐、喝酒、打牌、睡觉。黑暗中经过的城镇只是一串串跳动的灯光。这灯光我在西非许多个雨后炎热潮湿的夜晚见过。

[1] 肯纳卡人（Kanaka）：夏威夷及南洋群岛的原住民。

中国城市的街道

北京，西南烽火台外的骆驼

晨光熹微，火车驶过柏林，把拥挤的文明慢慢抛在身后。天低云暗，一丛丛冷杉树挺立在云朵之下。洼地里积满肮脏的雪。道路又长又直，仿佛用尺子画出的一样，和澳大利亚的路并无二致。路两旁每隔一段距离就有几棵光秃秃的小树，到处都是黑压压的冷杉树林和蒙蒙细雨。

很快就过了边境，到达沙俄。我觉得倘若不看看这个国家就匆匆离开实在是一件憾事，于是就在莫斯科待了一个星期。我一直庆幸这件事是做对了，虽然，生平第一次，到了一个自己的国籍不被认可的国家，那种感觉自然不会令人愉快。莫斯科是一座梦幻之城。我晚上到达那里，马路上覆盖着厚厚的积雪。许多盏灯在寒冷、无风的夜空发出明亮的光。健壮的小马拉着雪橇在白雪上滑行，悄无声息，仿佛是移动的幻影。天亮了，又下起雪。

雪花轻轻地、轻轻地落下。一座静谧的城市，白色无处不在。太阳出来了。刺眼的阳光下，整个世界银装素裹，只有教堂的穹顶——莫斯科有一千六百座教堂——闪烁着金黄、湛蓝、深绿的光彩。因为雪花无法停留在圆形的穹顶，美丽的色彩得以“昭示天下”。

穹顶上方是十字架。十字架上挂着长长的链子，寂静中不时响起低沉而又悦耳的钟声。但令人印象深刻的还是寂静。钟声只是瞬间的天籁，寂静则是永恒。雪花悄无声息地落下来，从容自若，没有喧嚣，没有暴风雨来临时的电闪雷鸣，但每一片雪花都结结实实地洒落在地上，把小雪橇下半身掩埋在积雪里。驾雪橇的人头戴毛边帽，身穿蓝外套，腰间系一条红色或绣着银边的饰带。他们不时把雪花从眉毛或者大胡子上拂去，从肩膀上掸掉。克里姆林宫古老的灰色城墙每一条缝隙里都是积雪。

梦幻之城！寂静之城！漫天飞舞的雪花遏制了所有声音，只有那一声声为上帝的荣耀而鸣的钟声，以及黑乌鸦和灰乌鸦呱呱呱的叫声。以腐肉为生的乌鸦在这座美丽的城市有何贵干？它们在教堂周围飞来飞去，猛地俯冲下来，聚集在一尘不染的道路上，仿佛举行什么秘密会议，一个个争先恐后，发出沙哑的叫声，似乎抗议无所不包的寂静。那是不和谐的音符，凸显了天地间的和谐。

冷，会有这样的寒冷吗？连空气也被冻得噼啪作响，凛冽得像小刀割在脸上。我驱车前往火车站，路过的每一个街角，都能看到一堆堆杉木，小火盆里火焰熊熊燃烧，可怜的人们可以在那里暖一暖手。

人们说，应该在夏天离开莫斯科，穿越西伯利亚平原。那时候，鲜花漫山遍野，绿树层层叠叠，阳光灿烂明媚，还可以看到那条路——漫长而悲伤的路。许多年来，流放犯走过的路。我听到过许多人对冬天穿越西伯利亚的抱怨。发牢骚的人说，没什么好看的。对于这些可怜的家伙，我深表同情。但他们真的错过了一些美好的东西。我想，对于大多数人来说，倘若打开生活的画卷，看到的都是令人失望的东西，充满苦涩与悲凉。更糟糕的是，难以实现的欲望。但是，我在深冬穿过西伯利亚平原的时候，看到的是一望无垠、纤尘不染的奇观。那一道风景线让我兴奋激动。夏天，永远不会看到那样的景色。西伯利亚的冬日之美，我怕是到死也不会忘记。

这是流放之地。小时候，我就听长辈说过被送到那里的人经受的苦难。而今，乘快车风驰电掣般穿冰破雪的时候，我对这块土地的想象和眼前的现实总是两相对照。这是流放之地，然而从远东的平原到哈尔滨周围冰封雪冻的山岭，是一个可爱的地方。这是一片平原——一片绵延数千英里的平原，广袤无垠，白雪覆盖、荒无人烟的美景让人不由得高声赞美造物主的伟大。

极目远眺，天似穹庐，一碧如洗，清澈明亮，宛如诱人的、令人愉悦的幕帐，不像热带地区半透明的天空之下潜藏着威胁。西伯利亚的蓝天下，只有冰雪覆盖的平原，沐浴在明亮的阳光下，无边无际。它从南部荒无人烟的戈壁和连绵逶迤的群山向北延伸到冰封的大海；从西部波罗的海繁忙的城镇、与现代文明紧密相连的地方，到几百万人辛苦劳作的东方。那里的人民有着他们自己创造的古老文明。而几千英里的漫漫长途，放眼望去，冰雪依旧，鲜有变化。

最先看到的是乌拉尔山。我一直以为乌拉尔是巍然耸立的群山。可是那天晚上，映入眼帘的只是几座很小的山丘，掩埋在深深的积雪里。陡峭的山坡上覆盖着冷杉和光秃秃的落叶松，在白色背景的衬托下显得很暗。

第二天早上，那一道风景已消失得无影无踪，我们到了亚洲。站台上有男有女，西部的哥萨克人，中部的布里亚特蒙古人，东部的鞑靼人，基督徒，佛教徒，伊斯兰教徒。乍看起来，没有什么不同，这里经常零下三十摄氏度，严寒中大伙儿都裹得严严实实。男人身穿长大衣，女人穿着裙子、高筒靴。除了男人头戴脏兮兮的皮帽子，女人包着更脏的毛披肩，很难将他们区分开来。这些人好像从出生的那一天起，就没认认真真洗过一次澡。我，一个亚热带国家长大的女人，觉得情有可原。谁能在刺骨的严寒中面对水呢？我对此深表同情，但当我和别的乘客一起拥向站台，伸胳膊撂腿的时候，还是不想离他们太近。至少大多数人都敬而远之。有的人宁愿待在车厢玩桥牌。

“天哪！天哪！”一个老军人一惊一乍地说。“那些傻瓜跑出去干什么？我没有主牌，伙计。哦，我的‘对家’上哪儿去了？这个傻瓜会在滑溜溜的台阶上摔倒，伤了筋骨。那我们四个可就遭殃了。”他环顾四周，似乎想看看有谁对他表示同情。

有人喃喃着说，他出去看风景去了。老军人听了，满脸不屑。

“看风景！这条路我已经走了十一次。倘若有半分奈何，我都不想朝窗外看一眼。哦，你可回来了，伙计，”他语气缓和了一点，“我没有主牌，只有两个红桃。”

我一直纳闷，这辆相当豪华的列车上，除了新鲜空气，应有尽有，很是舒适，可大部分旅客还是满腹牢骚。似乎乘坐这样奢华的列车旅行，就有资格抱怨。我们那位老军人认为，倘若侍者不能出于本能就猜出他什么时候需要柠檬和茶，什么时候需要威士忌和苏打水，自己就受到了极大的伤害。倘若有人要在桌子上吃饭，不得不暂停他正玩的“竞叫桥牌”[1]，他就陷入绝望的深渊。

古往今来横扫四方、征服天下、向西而去的游牧民族大概从来没有抱怨过。他们的生活太过艰苦，不是战斗、死亡、和平，就是战斗、征服。小小的不适都被胜利的喜悦吞没了。抱怨都留给了这些向东飞驰的现代旅行者。他们的速度之快，足以让古代的游牧民族想到魔法和巫术。而他们就这样为一些鸡毛蒜皮的小事大惊小怪，为跨越“旧世界”长途旅行的些许艰辛怨声载道。

我对这个国家略知一二。还是小女孩的时候，就经常全神贯注地研究地图，心想如果有朝一日，我能穿越西伯利亚，穿越奥比河[2]、叶尼塞河[3]和安加拉河[4]，那将是难以言传的巨大的快乐。那时候，那些河对我来说，就像基督教徒去往天堂要跨越的那条河一样遥远。万里之遥，我真想眺望阳光下，沿着坚硬的冰面滑过的雪橇。如果走运，冬天某个特别冷的夜晚，碟子里结了一块冰，于我而言，那就是奇迹，令我兴奋不已。我一直想，梦想成真之前，岁月会冲淡我的快乐。那个年代，二十五岁似乎就已经很大了。照这么下去，人过三十，简直就不值得再活了。而我已经过了这个可怕的门槛儿，错过大多数曾经下定决心要做的

[1] 出现于1903—1904年的一种桥牌规则，因增加了竞争叫牌而得名。竞叫桥牌的出现被视为是桥牌发展历史中的第三个阶段。

[2] 奥比河（Obi）：俄罗斯的一条河。

[3] 叶尼塞河（Yenesei）：西伯利亚中部河流。

[4] 安加拉河（Angara）：俄罗斯西伯利亚河流。源出贝加尔湖，先北流，后折向西，注入叶尼塞河，长一千七百七十九公里。

事情。但是有时候，你依然觉得生活还是值得过下去的。岁月教会我那么多陌生、苦涩的东西——苦涩而又亲切。

火车驶过伊尔库茨克。这里是东西方交汇之地，一座规模宏大的城市。一座座教堂比肩而立，尖顶、圆顶错落有致。巍然耸立的建筑物俯瞰宽阔、冰封的安加拉河。我们驶过一座座枯叶落尽的森林、一片片荒凉的纤尘未染的雪原。有时候，湍急的河水堆起一块块巨大的浮冰，像一条锁链，拦腰挡住流水的去路；有时候，几英里长的河道里，河水自由自在地流淌。从古老的都城莫斯科出发，迢迢千里，只有这条河在奔流。河水如墨，鸭子站起来，在水面上留下长长的尾迹。一小团水汽从水面缓缓升起，清冷的阳光下，渐渐变大。可是等我们到达贝加尔湖——幸运之海，圣海——湖面又是一片白色。午后的阳光照耀着东边冰雪覆盖的山峦。走过辽阔的平原，在我们眼里，这些一直延伸到冰封雪冻的湖面的山峦简直不值一提。而世界上第八大湖泊——贝加尔湖，仿佛也只是大自然鬼斧神工留下的一道巨大的裂缝。火车则是在俯瞰湖水的陡峭山崖上凿出的岩架上飞驰。现在，湖水光滑、洁白，像大理石一样坚硬。废弃的小码头随处可见，三三两两的小船已经派不上用场。到处都是一堆堆木头，湖面解冻之前就被烧掉。我们已经在西伯利亚驰骋了好几天，只有贝加尔湖谱写出真正的西伯利亚的音符。

这里也有流放犯。铁路线正在进行改造和维护。身穿黑色囚衣的犯人干活，士兵们端着上了刺刀的步枪监视。西伯利亚！传说中的西伯利亚！高高的山坡上站着头戴高筒皮帽的士兵，俯视下面干活的犯人。那些人在冻得像铁一样硬的地上劈木头，挖坑。火车驶过的时候，他们停下手里的活儿，抬起头张望。车轮滚滚，他们一定想起远方的亲人、文化色彩浓郁的城镇、爱情、幸福和自由。或许他们当中确有罪有应得的残暴的罪犯，但也会有贫穷纯朴的农民。他们交不起税，而这里又缺乏劳动力，就被抓来干活儿。对于政府，这个理由足够了。

阳光灿烂，但天气奇寒，冷得刺骨。我连做梦也没有想过人世间会有这样的“冷”。男人呼出的气，像一团雾，立刻在胡须上结成白霜。地冻得比生铁还硬，干活儿前，必须先点一堆火解冻。夜幕降临，火焰跳跃着，黄色、红色、蓝色的光在白雪与夜空间闪烁。夜愈加深沉，一轮满月宛如耀眼的银盘高悬在清冷的天空。指引我四处游走的神，毫无疑问也会伸出慷慨给予的手。我含着眼泪苦苦追寻不是为我自己，可是西伯利亚寒冬月光皎洁的夜晚属于我，我匆匆走过的是人间仙境。没有污秽，没有不洁，没有悲伤。

早晨醒来，我仍然置身于仙境。明媚的阳光照耀着一望无际、端庄优雅的桦树林。亭亭玉立的白桦每一根枝丫，每一片枯叶，都结满冰花，在阳光下闪闪发光，美轮美奂。整片森林就是美丽和神奇，看一次就记住一辈子。看一次就觉得没白活。我曾见过大河和高山，也曾对茂密的森林感到敬畏；我曾观看过惊涛骇浪，也曾聆听过龙卷风的怒吼。但西伯利亚白桦林给我的是完全不同的感觉。不是敬畏，而是喜悦——因为世界上有这样的美而喜悦，因为我活着看到它而喜悦。留在身后的是一条长长的路。乘坐火车风驰电掣、一往无前，象征着我们正向强大的现代文明前进。但我们周围，冬日里明媚阳光照耀的广袤的西伯利亚平原，美丽的白桦林，皑皑积雪、闪闪冰花，都不是人工制造的美丽。那是人类文明前的自然之美，让现代文明自惭形秽。我们深受感动，手捧赞美诗篇，放眼望去，大声呼喊：“上帝啊！你的创造神奇伟大！”

但是，凌晨三点，我在“满洲里”被人叫醒的时候，无心欣赏冬日的美景和皎洁的月光。行李必须经过中国海关的检查。火车站稀疏的灯光和天空银色的月亮照亮了站台。豪华列车上的乘客沿着堆满积雪的路向行李房走去。车厢和站台的温差也许足有一百摄氏度。车厢里的臭气直冲云霄，突如其来的变化让人难以忍受。我们那位牢骚满腹的老兵大声叫喊着：“天哪！天哪！真让人受不了！”我纳闷儿，真不知道他为什么这样大惊小怪。他也算是个周游世界的人物，难道以前就没有遇到过比只需要忍受几分钟严寒更糟糕的事情？也许原因正在于此。如果他真的碰到什么难以忍受的事情，很可能什么也不说了。行李房里一片混乱。更糟糕的是，似乎没有人知道那些检查行李的人在找什么？是鸦片，还是武器，或者两者兼而有之。这个地方是东方的塞得港[1]，来自世界各地的人们守护在自己的行李旁边。一群群中国人"携妇将雏"，背着古怪的包裹；西方人带着从邦德街[2]和皮卡迪利大街买的最时髦的化妆盒和公文箱。那真是各种语言汇聚的"通天塔"，俄语、法语、德语、英语，还有不知名的亚洲语言不绝于耳。中国，终于到了中国，离目的地只有两天了。

天刚亮，美丽的西伯利亚就留在身后，取而代之的是平坦的原野、乱石丛生的荒漠和干旱的土地，只有薄薄的积雪遮掩着显而易见的荒凉。连绵逶迤的群山，树木稀少，快到哈尔滨的时候，越发光秃秃的，尽显冬日苍凉的原色。放眼望去，大漠孤烟，满目凄凉，全无魅力可言。听说那是一块肥沃的土地，但我从那里走过时，却看不出任何富饶的迹象。晶莹的白雪已经消融，只有洼地残留着星星点点的积雪，阳光就像钢铁上闪烁的光芒。到哈尔滨之后，行李又一次被检查，什么原因不得而知。又是一片混乱和彻骨的寒冷，温度计的水银柱一定从冰点下降了许多摄氏度。一个用毛皮和破布裹得严严实实、长得像蒙古人的站务员大声嚷嚷着，把行李拖来拖去，仔细研究了半晌车票，在本子上登记着什么。他显然没有多少文化，字写得非常吃力。最后，用类似焦油或什么化合物的东西在倒霉的

[1] 塞得港（Port Said）：埃及第二大港口。塞得港在埃及城市中排名第二，该市的经济基础是渔业和化工、加工食品和香烟等工业。塞得港是出口棉花和大米等埃及产品的重要港口，也是通过苏伊士运河的船只的加油站。

[2] 邦德街（Bond Street）：伦敦西区唯一一条位于牛津街和皮卡迪利大街之间的街道。这条街由两个部分组成，自十八世纪以来一直是一条时尚的购物街，是许多出售昂贵物品的时装店的所在地。

箱子上胡乱地做了个记号。

“四卢布二十戈比。”我不知道为什么要付钱，这超出了我的能力。但很高兴能这么轻松地脱身，因为如果他向我要一百卢布，我也同样无话可说。我很庆幸能走出严寒，回到温暖而又难闻的车厢。

到了长春，我真真切切感觉到已经走过半个世界。最古老的旧世界正以充满活力的冬天迎接我。那时的我不像现在这样，已然领略了中国北方暴风雪的奇妙。雪不停地下着，下着。我们已经把无垠的荒原留在远方，又回到农业地区。漫天飞舞的雪花中，一幢幢低矮的房子依稀可见，房子四周是石头围墙。围墙上有枪眼——这是日本人的碉堡。日本靠武力占领了“满洲”。与碉堡毗邻的是高高的黄色秸秆栅栏围起来的农舍。门上贴着鲜红的对联，为那道白色的风景平添了一抹亮色。

这里是俄国人和日本人拼死争夺过的地方。此刻，我们这些坐在火车上的人意识到东洋人之所以获胜的原因。在哈尔滨和“满洲里”，一切都由中国人管理，混乱不堪。我们带着行李出来，似乎更多的是靠运气，而非良好的管理。从长春到奉天，铁路由东洋小个子管理。他们知道自己的职责，一切都井然有序，一切都进展顺利。他们用鲜血赢得了这片土地，现在正以高效的管理牢牢地掌控着它。

在奉天，一场暴风雪正在肆虐，古老的鞑靼城被雪覆盖。下雪的时候，阳光阴冷而明亮。放眼望去，一片片耕地，没有任何可以称之为绿色的东西。土地变得越来越平坦。一半是冰，一半是土。以前见过的马拉雪橇在这里变成人拉的爬犁。一旦离开西伯利亚的冷杉，到北京一路都看不到绿色。精耕细作的农田，犹如一幅幅画卷，深褐色的条纹和浅褐色的条纹相间，光秃秃的树枝寄托着未来的希望。到了中国，就看到坟墓——有的是一座孤坟，有的是一片墓地——整整齐齐堆放着的土，尖尖的，有点像蚁丘。空气清新，视野开阔。火车驶过一个又一

满族妇女

个城镇。在西伯利亚边境地区，车站的名字是俄文和中文。到了中国，变成英文和中文。不管哪种，都让人莫名其妙。

“你喜欢中国吗？”吃午饭时，我问坐在对面的一个法国人。

“不喜欢，”他坦率地说。“太英国化了。”我说，倘若真的这样，我当然认为这对中国人有好处。他笑了起来。

起风了，褐色的泥土仿佛真的被吹到空中。沙尘暴吞没了一切。就像伦敦的大雾一样浓重。只不过这种“雾”是沙土经过冷冻变干形成的。空气中飘浮着褐色微尘，使人皮肤变干，嘴唇开裂。我不由得在心里掂量，柔软湿润的空气和凛冽干燥的空气各自的优缺点。离开伦敦的时候，黄雾笼罩着屋顶，给不远处的街道蒙上一层神秘的色彩。而今，我在一场典型的华北沙尘暴肆虐时来到北京。我们穿过高墙——中国的城墙，鞑靼人冷峻、阴森、坚固的灰色城墙，看见宛如层层涟漪的瓦屋顶，低矮的房屋，还有组成这座城市的大片的空地，都让我惊叹不已。

穿越整个旧世界，我终于来到东方，远东！在这个二月份寒冷的下午，迎着呼啸的风，火车驶向鞑靼城墙外。这是忽必烈和明朝皇帝在这个文明之都建起的城墙。那时候，罗马军团还在泰晤士河的沼泽地秣马厉兵。我来到了中国，这里天空蔚蓝、阳光明媚。这块土地极度贫穷，却有惊人的财富。这是一个充满胜利、牺牲和神秘的国度。对于我，它将意味着什么？

第二章 古城

前门火车站——周司机——狂妄自大，忘乎所以——北京风尘——洗澡的乐趣——京城的荣耀——皇城——紫禁城——牌坊——瞭望台——鞑靼小公主——街头巷尾的生活——地摊儿——买卖婚姻——温文尔雅的绅士。

火车穿过中国城，驶向前门火车站的时候，我从车窗向外望去，不知道等待我的将是什么。心里的疑问脱口而出：

“我会怎么样呢？”

坐在对面的是一位风趣幽默的年轻绅士，伶牙俐齿。

“哦，你没事儿，”他说，“中国人会喜欢你的，因为你很胖，而且老……”话到嘴边，他突然打住。我想，这个家伙一定看到我眼神中已经露出不悦。中国人喜欢胖，尊重老人，但我压根儿就没觉得自己是个“老人”，尽管我肯定比他年长。至于胖，我想当然地认为，朋友们会把我的胖看成讨人喜欢的丰满。可是他的话还是深深地印在我的脑海里。我们驶进了火车站。

中国的铁路，除了少数线路之外，都是英国人或者法国人修建的——大多数是英国人修建的——整个铁路系统基本上按照欧洲方式管理。所以到达北京火车站之后，除了没有出租车，不觉得和别的终点站有什么不同。但我想，区别肯定会有。比方说，以下运营这条线路的人遇到的困难，在英国铁路公司[1]大概就不会发生。

“亲爱的先生，”一位站长在给管理机车的负责人的一封信中这样写道，“我含着泪，提请你注意你的司机，那位狂妄自大的周先生。”

那位负责人，倒不至于动情，但他很快调查了受到指控的同性司机。这条铁路线是按“路签[2]行车制”运行的。司机离开车站时，必须把上一段行车的路签留下，换取下一段行车的路签。按规定，司机和站长必须亲手交接。但是这位站长这一次——我相信他还有过许多“这一次”——把路签交给一位工人，自己寻欢作乐去了。周司机显然对站长积怨很深，于是坚持要严格遵守规章制度，不肯接受工人给他的路签，一定要等那位“大人物”亲自把路签交给他，才肯驶离车站。恐怕也没人相信他是出于公心，但他就那么让整辆火车的人都等着。车站的职员火急火燎，分头去找站长，最后在站长大人常去的赌场里把他找了回来。站长大人火冒三丈，与一脸不屑的周司机交换了路签。接受调查时，周司机发誓，路签交到站长手里时，已经在快烧红了的锅炉上放了好长时间。而站长惹的麻烦和他应负的责任相比，实在算不了什么。

下火车的时候狂风大作，环顾四周，只能皱着眉头看那一堵堵高墙。天冷得刺骨，可我还是尽自己之所能去看这个世界。地上的大部分东西，仿佛都悬在空中。伦敦的雾和北京的风无法同日而语。雾肮脏，但软软的、无声无息。风也脏，

[1] 英国铁路公司（London and North Western Railway）：从 1846 年到 1922 年的英国铁路公司，今天西海岸干线的始祖。

[2] 路签（staff）：路签是一种授权机车司机在某一段铁路线行驶的令牌。

却凛冽，裹挟着沙尘，呼啸而过。每一个乘客都迫不及待地想赶快离开阴冷的火车站，在四堵墙壁之内，找到一个温暖、舒适、清洁的所在。

我和大伙儿一样着急。可是匆匆忙忙取来行李之后，我惊恐地发现，一路结交的朋友都已经四散而去，更没有人来车站接我。北京很有魅力，我早就知道它很有魅力。目光所及，巍峨的城墙，高耸的塔楼，那情景做梦也没有梦到过。但我无法忽视这样一个事实：我来到一座陌生的城市，置身于异族的人群中，耳边回响着我从未听过的语言。我不知道该往哪儿走。莫理循夫妇的邀请非常真诚，所以我拒绝了别人的帮助。因为我有把握，他们家肯定有人等着迎接我。我抓住最后一个机会——最后一个会讲几句中文的乘客——帮我找到一辆手推车。拉车的两个人衣衫褴褛，七手八脚把我的行李装到车上。那人又给我雇了一辆“洋车”。这种“人力运输”和廉价的劳动力让我一下子就意识到，我是真的到了东方世界。我在心里盘算了一会儿，便坐着“洋车”向莫理循博士家驶去。我心想，莫理循夫妇邀请我住在他们家，倘若我去住酒店，一定显得很不礼貌。穿街而过的时候，尽管狂风扑面而来，沙尘打在脸上，我还是在琢磨自己的心事。我想到的不是正在走进的这个新世界的奇观，而是如何对那些显然没有料到我会突然出现在他们面前的人宣布我的到来。并且，我还带了那么多行李！

车夫在一扇有两只石狮子把守的门前停了下来。我下了车，走进门廊，站在一扇绿色的小门外面。看门人从门房走出来，看着我。他身穿蓝色棉袄棉裤，面无表情，结结巴巴说着英语，不过对一个看门人来说，已经不错了。

“太太不在家，”他冷冰冰地说。“主人呢？”我焦急地问。那人摇摇头，“主人也出去了。”我进退两难。本来可以径直去北京人引以为荣的那家酒店，但我担心盛情辜负莫理循夫妇，就径直跑到这里。我比比画画，让门房明白我要进去等一会儿。我的行李因为在哈尔滨和“满洲里”被“野蛮装卸”，颇有点不堪入目，此

皇城警卫室

故宫的城墙与门

刻被抬进我见过的第一所中国院子里。那时候，我没心思观光，只是想该怎么办。

我问那个好像是管家的小伙子，后来发现我猜得没错。他是个和蔼可亲的小个子男人，穿着一件蓝色的长外套或连衣裙（随你怎么叫都行），戴着一顶圆圆的丝绸小帽，头发有点乱。后来我才知道，前一天，他被一些对新制度充满热情的学生抓住，三下两下剪掉了辫子。他说太太没想到会来客人，但他建议我进去喝点茶。一想到茶，我满心欢喜，他的态度也让人高兴。这表明，即使不速之客，也会受到热情接待。尽管我觉得自己衣衫不整、灰头土脸，但还是走了进去，坐下来喝茶、吃蛋糕。

"我去准备一下，"小伙子说。我一边喝茶一边吃蛋糕，心里想，是不是应该告诉他，等女主人回来再说。况且这一路奔波，我觉得自己实在太脏了。就在这时，进来一位女士，看见我很是惊讶。

这位女士是来和莫理循太太一起用茶点的，她以为莫理循太太这天没有客人。这可真糟糕。不过，我也管不了那么多，爱谁谁吧，无所谓。我继续吃着蛋糕，喝着茶。过了一会儿，小伙子又进来了，说道："洗澡水准备好了。"

刚才他们还说，女主人没想到我要来！

我看了看坐在对面的女士，又看了看那个小伙子，觉得自己一定是蓬头垢面，不堪入目。从离开莫斯科，我连浴室门儿也没进过。刚才又在沙尘暴中穿过北京的大街小巷，黄尘遍体，洗个热水澡实在是不可抗拒的诱惑。不管在哪儿，只要有提供这种服务的地方就行。我没有多想，立刻站起身，跟在小伙子身后，向浴室走去。不一会儿，莫理循太太走进自己的院子，看到一堆奇怪的行李和手拿鸡毛掸子站在旁边的小伙子。鸡毛掸子不只用来掸尘土，中国仆人还用它捅马蜂窝。那玩意儿似乎成了他身份的标志。他抬起头看着她，似乎为了女主人的日子过得平安喜乐，以中国仆人和女主人单独在一起时特有的那种温顺和恭敬说：

“有位先生在洗澡！[1]”

她敲了敲卧室的门。我正在梳理头发，觉得这回可以堂而皇之地面对这个世界，理所当然地接受主人诚挚的欢迎了。穿戴整齐，回到客厅。莫理循博士进屋后，表示他很高兴看到我。谁也没有提到，我的到来是个“突然袭击”。直到一个星期之后，我写给他们的那封说明我坐哪次车、哪天到北京的信才送到莫理循府上。

我和莫理循博士以及他年轻漂亮的妻子在一起住了两个星期。他们非常热情，不仅带我参观了北京的名胜古迹，结识了一些朋友，还让我感受到中国仆人的不同凡响之处。他们人不错，没得说。但有时他们确实让我惊讶。莫理循博士有个秘书，年轻、苗条、聪明。在我们相识的最初几天，她总是不辞辛苦地过来帮我把裙子后面的纽扣系好。有一天晚上，我急需她的帮助，便让仆人到院子那边去找她。年轻女士吓了一跳。那个和蔼可亲、面带微笑的伙计却不慌不忙地通报她：

“有位先生在他的卧室等你。”[2]仿佛这是世界上最自然的事情。

起初，我并不喜欢北京，很是失望，沮丧。因为我是来写它的，希望获得写一本小说的素材。可是有一点确定无疑，如果你对一个地方既不喜欢，也不讨厌，肯定写不出什么好作品。不过，我对美国游客在一个国家跑来跑去的做法向来不以为然。后来入住六国饭店[3]。这家饭店名不虚传，确实是世界上最国际化的旅馆。

然而，当我的眼睛慢慢地睁开后，我看见了一个与众不同的北京。我责备自己。在这之前，怎么会那么视而不见？像个瞎子，瞎子！这让我很苦恼。生活中，

[1]“有位先生在洗澡！”原文为：“One piecey gentleman in barf！”作者这样写是表示说话人英文很差。

[2]“有位先生在他的卧室等你。”：原文是“One piecey gentleman wanchee in he's bedroom.”作者这样写还是表示说话人英文很差。

[3]六国饭店（Hotel des Wagons-Lits）：民国时期老北京有名的饭店，六国指的是合资兴建此饭店的英、法、美、德、日、俄，此饭店在新中国成立后更名为华风宾馆。

还曾有过别的美好事物走到我面前，我却掉头拂袖而去，与它们擦肩而过吗？事实上，我在北京看到的奇异景象从未褪去美丽的色彩，恰恰相反，它的瑰丽与日俱增。

你们当周游锡安[1]，四周旋绕，数点城楼，细看它的外郭，察看它的宫殿，为要传说到后代……[2]

赞美诗的作者这样歌唱，也许不是为了后代，而是因为锡安的美丽和魅力浸润了诗人的灵魂，他不由得放声歌唱。很久以前，一个伟大而文明的国家在绵延半个地球的平原东部边缘，为自己建造了一座宏大的城市。这座城市——北京——初露头角的时候，我们这些以高度文明而自豪的西方国家，繁衍生息的还只是茹毛饮血的野人、猎人和游牧民族。而它，已然经历了被破坏、被洗劫、被掠夺的苦难，江山易主，朝代更迭，汉人，鞑靼人、明朝，清朝，一直延续到今天。眼下，西方的精神吹过这块古老的土地，但它的反应甚微，最多也就是发出几声寻求变化的呢喃细语。但内心深处一如既往。怎么才能让它改变？它的今天和过去紧密相连，就像早晨和夜晚密不可分一样。

任何一座城墙高耸的都市都不乏美好、古老的故事，但是像北京这样的城市独一无二。非常现代化的铁路通过城墙拱门进入一座中国城，而火车站——丑陋的现代化火车站，就坐落在鞑靼城的城墙外。北京有三个城区，实际上，几年前

[1] 锡安（Zion）：地名，通常用作耶路撒冷的同义词。指耶路撒冷附近的一座山（锡安山），那里有一座耶布斯人的堡垒，名字和大卫一样，后来被大卫征服，命名为“大卫之城”。亦即耶路撒冷所罗门神庙。

[2] 引自《旧约·诗篇》第四十八章第十二段到第十三段。

有四个——四个截然不同的城区[1]。皇城，环绕着七英里长的赭红色城墙，墙高大约二十英尺。皇城的核心是紫禁城，住着清王朝的遗老遗少——已经退位的小皇帝，辅佐他的大臣，宫女，宦官。就像很久以前玛代人的国王大流士或者巴比伦王亚哈随鲁。这里有宽敞的庭院，古老的庙堂和宫殿，黄褐色琉璃瓦顶的议事大厅，金碧辉煌的亭台楼阁，波光粼粼的湖泊。成群结伙的野鸭在湖面嬉戏，夏天向北飞去，冬天向南飞去。有瞭望塔和城墙，造型别致的月亮门，曲径通幽的长廊。悠悠岁月，一个国家最伟大的艺术家倾尽全力美化这座神奇的城中之城。这里有太多太多的美，我无法"尽收眼底"，无法感知它的魅力，特别是那一种充满异国情调的、难于捕捉的美。

紫禁城周围的皇城由一条条狭窄的街道和小巷组成。街道两旁是低矮的房屋。房屋窗户的图案是精致的花格，屋顶由呈弧形的瓦片覆盖而成。盘根错节的古树掩映宁静的寺庙。庙门前，站着身穿褪了色的紫红色长袍、剃光头发的喇嘛。庙里挂着的经幡风吹雨打，早已失去艳丽的色彩。祭坛上落满尘土，庭院里香烛散发出一股霉味儿。或许因为他们供奉的都是已经死去的圣人——在中国，人们永远不会忘记死者。中国固守着历史——亡灵在这里流连忘返。城里店铺林立，门面描金画银，雕刻着精美的图案。但街道上常常泥水遍地或者尘土飞扬。狭窄的胡同，高高的院墙，充满神秘色彩的小门通向隐蔽的房屋。和别的中国城市一样，北京城也嘈杂喧闹，驮着东西的驴、骡子和马南来北往，从日本进口的人力车随处可见，玻璃鲁厄姆四轮马车[2]映照出现代伦敦的荣耀。车轮上镶嵌着铁钉的蓝

---

[1] 北京城池分四重，即外城（chinese city）、鞑靼城（tartar city，即指内城）、皇城（imperial city）、宫城（forbidden city，即指紫禁城）。城各有门，有"内九外七皇城四"之说。本书作者说：北京有"四个截然不同的城区"即源于此。

[2] 鲁厄姆四轮马车（brougham）：一种封闭的四轮马车，驾驶座在车厢前方的凸起处。

色北京大马车辘辘而过，仿佛是这座有着千年历史的皇城不可或缺的一部分。整个城市的生活都在紫禁城的红墙之外。风雨中挺立的石柱和宽阔的堤道不时映入眼帘。如果石头会说话，一定会讲述一个人类的悲哀、疲惫、欢乐和辉煌的故事。那故事比世界上任何一座城市的故事都要精彩。

皇城外面，在一块方圆十四英里的平展的土地上，环绕着城墙巍峨的鞑靼城[1]。城外是郊区，再往南是汉人居住的外城，十三英里的围墙不仅围住了密集的人口，还将天坛、先农坛和大片的空地和公园尽收其中。虽然鞑靼城和汉人的城是北京两个截然不同的城区，但人民之间所有的差异早已消失。鞑靼人征服了汉人，而汉人耐心，勤劳，执着，吸引了鞑靼人。但分隔他们的城墙依然存在。

三条由南向北、三条从东到西的大道成直角纵横交错，将鞑靼城分割开来。大道很宽，通常分为三部分，中间是坚硬的、维护很好的行车道，两侧则是松软的土路。大街上人来人往，夏天路边积满雨水，大着胆子才能跨过去。寒冷无雨的冬天，泥土踩成粉末，一丝微风也能将其吹到空中。而中国北方最不缺的就是席卷而来的西北风。政府当局试图与邪恶的沙尘做斗争——每隔一段时间就派两个人左手提着一桶混浊的水、右手拿一个舀水的瓢，往地上泼水，想把飞扬的尘土压下去。但是，北京的沙尘绝非一桶水、一个瓢能控制的，正应了中国人那句老话：杯水车薪！

然而，尽管泥水遍地，沙尘漫天，北京城的街道也并非没有魅力。马路两边

[1] 鞑靼城：又称“京城”“大城”。城墙高十二至十五米，底厚二十米，顶厚十六米，上有女墙。有城门九座，角楼四座，水门三处，敌台一百七十二座，雉堞垛口一万一千零三十八个。城外有宽三十到六十米的护城河。城有九门：正阳门（前门）、崇文门（哈德门）、宣武门（顺治门）、阜成门（平则门）、西直门、德胜门、安定门、东直门、朝阳门（齐化门）。清朝统治期间，将明代皇城内的大量内廷供奉机构改为民居，同时将内城的大量衙署、府第、仓库、草厂也改为民居。将内城改为八旗居住区，令汉人迁往外城居住。故本书作者称其为鞑靼城。

绿树成荫。事实上，我认为，在这样规模的城市中，没有比北京绿化得更好的了。只要你意识到中国大部分地区树木稀少，看到这里满眼碧绿就会惊讶不已。夏天和秋天，站在城墙上极目远眺，你会觉得仿佛是在俯瞰一片树林，而不是一座城市。绿叶的掩映下，平房的屋顶时隐时现。苍松翠柏、古木参天，寺庙的屋檐上翘，雕梁画栋分外美丽。有趣的是，北京只有从城墙上望过去，才能看见让人赏心悦目的风景。一旦走进小巷的“网络”，就看见房屋鳞次栉比，商店比肩而立，好像人类正在摧毁每一个绿色生命的迹象。这是因为在中国，任何事物都有两面性。北京大街上尘土飞扬，气味难闻，行人衣衫褴褛，肮脏不堪。狭窄的巷子背后，却隐藏着生命的活力、坚韧、耐心、勤奋。

街道两边商铺的店面都描金画银，中间是一条条通道。红色牌匾上用黑字写着主人的名字和头衔。沿通道，走过一座又一座院落。有的院子里种着树，有的院子里摆放着盆栽的花草。因为中国北方冬天寒冷，人们就把花木种在花盆里，天冷了就搬到屋里。有时候也种果树。春天花满枝头，秋天硕果累累。那隐蔽的院落宛如一座座修道院，清静安谧。房屋错落有致，游廊遮挡着阳光，窗棂雕刻得十分精致，小桥流水，曲径通幽，美不胜收。但只有少数人才能享受到这些“绿洲”的愉悦。对于大多数人来说，北京只是宽阔的林荫大道和狭窄的胡同。大街两边是低矮而又装饰得花里胡哨的民居和商店。那些房屋、店铺挨得那么近，比皮卡迪利大街[1]强不了多少，不可能有花园和绿地。没错儿，纵横交错的莫理循大街[2]、哈德门大街[3]、长安街绿树成荫，但是如果不是隐藏在大街背后豪华的

[1] 皮卡迪利大街（Piccadilly）：伦敦的繁华街道。

[2] 莫理循大街（Morrison Street）：现在的北京王府井大街，其英文街名牌 Morrison Street，从 1915 年一直挂到 1949 年春。

[3] 哈德门大街：现在的崇文门大街。

私人府邸和幽静的寺庙庭院，在建筑物浩如烟海的北京，实在算不了什么。

大街上屹立着庄严、典雅的牌楼。牌楼一般由三道拱门组成，蓝、绿、黄三种颜色的琉璃瓦一层层搭在一起，以纪念中国人乐于纪念的某个伟人或者某个大事件。我发现，中国人认为值得尊敬的事物和西方人喜欢尊敬的事物相去甚远。哈德门大街上，有一座全是由白色大理石建造的牌坊，是清朝末代皇帝为纪念在义和团起义中被杀的冯·凯特尔男爵建造的[1]。不过恐怕中国之所以建造这样一座牌楼，是迫于欧洲军事力量的压力，而非自愿。

我们往往认为欧洲在中国的影响始于昨天，冯·凯特尔男爵是第一个引人注目的、死于不可避免的冲突中的人。然而，面对这座古老城市东面的城墙，我惊讶地意识到，早在义和团运动发生之前，早在东印度公司到达中国之前，欧洲即已在这里产生影响，许多人即已做出牺牲。东边城墙上矗立着天文台。湛蓝的天空映衬着各种各样的天文仪器，上面雕刻着龙和别的奇怪的动物。这些仪器是十七世纪中叶耶稣会士安放在那里的。我知道，如果没有经历血的洗礼，牧师不可能获得如此大的影响力。这些测量天体的仪器，犹如里程碑，矗立在城墙之上，历经几个世纪的风雨沧桑，流传至今，像中国的牌楼一样不朽，是信仰和苦难的丰碑。但是耶稣会士并不是第一个在那里放置天文仪器的人。无论如何，中国人是开化的人，尽管西方人在现代文明的竞赛中以某种奇怪的方式超过了他们。须

[1] 原文如此。不太准确，牌楼也非“末代皇帝”所建。事实是：“克林德碑”牌坊横跨在繁华的东单北大街上，于 1901 年 6 月 25 日开工，1903 年 1 月 8 日竣工，是汉白玉蓝琉璃瓦庑殿顶式，形制是四柱三间七楼，碑文使用了拉丁语、德语、汉语三种文字，表达清朝皇帝对德国公使克林德被杀的惋惜。克林德即冯·凯特尔男爵。义和团运动时，克林德在此处被清军打死。八国联军入侵北京后，迫使清政府签订《辛丑条约》。根据有关条款，建此牌楼。1918 年 11 月 11 日，第一次世界大战结束，德国战败；13 日，北京政府将牌坊迁往中央公园（今中山公园），将坊额改为“公理战胜”，但规模缩小为三楼。1920 年 7 月 4 日，北京政府在中央公园内为新落成的纪念坊举行落成典礼。1953 年 10 月，亚洲及太平洋地区和平大会在北京召开期间，再次改名为保卫和平坊。

街道洒水，北京

天文仪

知，早在忽必烈时代，他们就在城墙旁建造了一个天文台。绿树掩映的院子里，几条青铜铸造的精美的龙，托起一个星盘。几百年来，北京的风沙把它磨砺得熠熠生辉。我看不出和城墙上面耶稣会士“新”安放的仪器有多大的区别，这些仪器也已经有二百五十年的历史。

天文台东北处是雍和宫。那座庙宇富丽堂皇，棕黄色琉璃瓦屋顶，宽敞的庭院，盘根错节的古树，一座又一座大殿，雄伟壮丽，让人叹为观止，但也确有衰败之处。数百个身穿黄色长袍、剃着光头的喇嘛住在庙里。他们说，这儿不是女人进进出出的地方。还有孔庙，那无疑是世界上最宁静、最平和之所在。北京城还有许多寺庙。庭院里，古树参天，香烟袅袅，宝塔大殿，相映成趣，微风吹过，风铃发出叮叮咚咚的响声。每一座寺庙都有一个动人的故事。

北京城有两座塔楼俯瞰紫禁城前向西经过南大门的大道。这两座塔楼，一座在紫禁城的北面，一座在没有城墙的南面。关于这两座塔楼，有一个充满柔情和渴望的传说。几百年前，鞑靼人第一次向明朝皇帝俯首称臣，献上的“贡品”中有一位美丽的公主，成了皇帝后宫的妃嫔。

没有一个人考虑这个可怜的姑娘自己对爱情的追求与向往。即使现在，中国女人的愿望也很难实现。这个鞑靼姑娘注定要为她的人民受苦。她可能取悦于皇帝，也可能无法取悦于皇帝，但不管皇帝是否喜欢她，只要曾经与皇帝同床共枕，就再也不能与自己的亲人团聚了。这位鞑靼小公主得到了主人的宠爱。她鼓起勇气告诉他她的爱和渴望。但是有一些老祖宗立下的规矩，即使君临天下的皇帝也不能废除。他不能允许她再与普通民众交往。但他可以做一件事，并且他办到了。他在紫禁城北边建造了俯瞰大道的塔楼，在南边，建造了另外一座。站在塔楼上，对家乡“永志不忘”的鞑靼姑娘，虽然“高处不胜寒”，但从这里可以看到站在另一座塔楼上的亲人。他们离得太远，无法相互爱抚和交谈，但至少可以看到对方，

孔庙的庭院

知道彼此一切都好。

北京城从早到晚，直到深夜，大街上的人群熙熙攘攘。可他们当中有谁想到过那位鞑靼小公主？大多数商店都开在大街上，里面挤满了人。主要道路两边摆着小摊，出售生活必需品。奇怪的是，大约一半摊位卖熟食或者现做现卖，是因为这里的市民贫穷还是不喜欢家庭生活，不得而知。哈德门大街、莫理循大街、长安大街，就像皮卡迪利大街、摄政大街[1]和干草市场[2]一样，一片繁华景象。城门外，沿运河和鞑靼城城墙之间的小路，也不时可以看到这样的小摊。

小摊贩里有卖茶水的人，茶炊里的水一直咕嘟咕嘟地开着。烧水用的是一铲一铲木头疙瘩和煤球。还有的小贩用面糊摊煎饼卖。有的摊位上摆着陶制的盘子，里面盛满看起来很可口的炖肉和烩菜，上面放着一两个煮熟的鸡蛋。还有一个人卖大块的黄色蛋糕，蛋糕里面有很大的李子。另一个人卖用苹果和别的水果做成的蜜饯。这些食物都是边做边卖，男人们——很少看到女人在小吃摊吃东西——端着碗，用筷子或者骨头做的小勺津津有味地吃着。餐具都是小贩提供的。

也有的匠人摆摊儿做鞋、修鞋、卖鞋。算命先生在地上铺开一张纸，纸上画着八卦图，写着象形文字，给人们占卜未来、吉祥、婚姻、钱财。还有的人给不识字的人代写书信。有的人摆张小桌子，供人们用最简单的办法赌博。还有的人卖非常便宜的香烟和烟草。那些牌子在美国和埃及都不为人知。

我说过，北京到处摆摊卖食物，可能因为中国人不喜欢、不欣赏家庭生活。我这样想，或许是因为西方人的傲慢使然。直到有一天，我听到一个故事之后，才明白，他们和我们一样，渴望有个家，渴望家里有一个能属于“我”的人。

---

[1] 摄政大街（Regent Street）：与牛津街中心相垂直的街道，沿街亦是琳琅满目的各式店铺。

[2] 干草市场（Haymarket）：世界各地不少国家都有“干草市场”，如爱丁堡干草市场，美国芝加哥的干草市场，蒙特利尔干草市场。这里或许是指澳大利亚悉尼的干草市场。

有一天，一位女传教士听到身后传来一声喊叫。连忙转过身，看见一个女盲人，蓬头垢面，可怜巴巴地叫喊："救命！救命！"原来有条狗正朝她拎着的篮子扑过去。她一边叫喊，一边后退着躲开那条狗。

传教士吆喝着，把狗赶跑，安慰她不要害怕。狗不会伤害她，只是对她篮子里的东西感兴趣。"因为我有急事，"传教士说，"就继续往前走。但走着走着，觉得那女人真可怜。应该回去告诉她，'神就是爱[1]'。"

于是传教士停下脚步，和那个双目失明的乞丐谈起宗教的事，还邀请她到传教站。从那以后，她不仅教导她的灵魂，而且出于善良的心，还关心她的生活。乞丐被安置下来后，成了一个有钱的女人，每星期能赚一块钱——合两先令。她深深感到"神就是爱"，变成一个虔诚的基督徒。

"她干净吗？"我问，因为我是个喜欢刨根问底的人，她的"救世主"笑了。

"也许你不会说她很干净，但已经有很大的进步了。"

按照中国人的标准，这个女人已经不再年轻，长得也不好看，更谈不上漂亮。但现在她是个"富婆"了。不久，就来了一个视力不佳的男人，向这位受传教士保护的"门徒"求婚，希望传教士把她许配给他。传教士吓了一跳。她知道，那个女人已经结过婚了。准新郎、准新娘和他们所有的朋友都笑了，似乎在想，既然她上一次的结合不是真正的婚姻，就不应该成为障碍。尽管如此，传教士的态度还是非常坚定。女盲人已经和那个男人一起生活好几年了，在她看来，就是一场婚姻。几个人都很失望，只好悻悻地离去。然而，几个星期后，女盲人满面笑容地来到她的监护人面前。"那个东西，"她说，她甚至不叫他"那个男人"，"那个东西死了，昨天死了。"现在没有理由不让她再结婚了！没有任何理由。于是，

[1] 引自《圣经·约翰福音》第四章第十六节：神就是爱。凡活在爱里的，就是住在神里面，神也住在他里面（"God is love. Whoever lives in love lives in God, and God in him." – In 1 John, chapter 4:16）。

城门楼，北京

从城墙上看哈德门

十天之内就举行了婚礼，女盲人和她的新丈夫住在了一起。

我问，这桩婚姻成功吗？传教士脸上露出微笑。

“还算成功吧，只是那位丈夫总抱怨她吃得太多。”我说，为钱结婚的男人肯定不是什么好东西。

但事实上，这段婚姻非常成功。我后来见到过那对幸福的夫妇。那个女人干干净净，看上去得到丈夫的精心照料。丈夫扶着她上下台阶，像任何一个西方人那样精心呵护，小心翼翼地照顾自己的妻子。命运之神对这个盲人乞丐真的很仁慈，让她和传教士不期而遇。她大概比嫁到一个新家的上流社会的新娘子要幸福得多。那样的女人只要老婆婆还活着，就得像仆人一样伺候人家。没错儿，那位丈夫确实抱怨过新婚妻子吃得太多。但是按照中国的礼仪，赞扬属于自己的东西有失体统。身为丈夫，大庭广众之下对妻子表现出爱，不管怎么说都是一件不同寻常的事。有一天，一位妇女在院子里干活的时候，离家近六个月的丈夫走了进来。他们会像西方人那样扑到对方怀里，互诉思念吗？绝对不会。男人穿过院子向主人通报他已经回来的信息，女人继续干手里的活。两个人都小心翼翼地避免目光相遇。因为如果看对方，旁观者就会认为他们举止轻浮，不懂规矩。丈夫或妻子互相表达爱意居然被认为是不雅的行为。

事实上，一旦真的开了眼界，我很快就开始想，从观光者的角度来看，世界上很少有地方能与北京相比。周游世界最大的兴趣还是对人——街上拥挤的人群——的好奇。当然，拥挤的人群于我而言并不陌生。到过伦敦之后，任何一座繁华都市都不可能再向你呈现出新奇的、别样风情。然而，在北京，一个新的音符在我耳边敲响。我并没有立刻意识到这一点，但我仿佛在一片混沌中摸索着问自己：这些人和在伦敦或巴黎街头看到的人有什么区别？除了人种不同，皮肤颜色更深一些的这些小事。我不得不说，有一件事不能不让新来的人吃惊，那就是他们是一群爱好和平而有秩序的人，比世界上任何一个人群都更能服从纪律，或者更确切地说，他们比世界上任何一群人都更能约束自己。这样的自我约束不在于每隔几码就有新成立的共和国的警察——他们冬天穿着黑颜色的制服，外面穿黄大衣，夏天穿着卡其布制服，腰间佩带着短剑，指挥着秩序井然的交通。晚上，他们背着来复枪，在大街上成群结队地巡逻，这里显然是世界上最守法的街道。尽管现在来北京的游客越来越多，外国人仍然是值得一看的“奇观”，值得跟随和关注的对象。但是围观的人并不粗鲁，也不拥挤。只需向跟在后面的人伸出手，告诉他们，你希望有更多的空间，人多了有味儿，他们立刻后退。尽管过一会儿，看热闹的人会再次挤过来。除了中国，还会有这样善良、友好的国家吗？可是……可是，我发现什么问题了吗？他们是高度文明的人——从像独裁者一样统治这个国家的大总统，到卑微的拉黄包车的苦力。那些车夫生怕街上的污物弄脏我的裙子，总是小心翼翼，轻手轻脚。尽管他们会大声叫喊，会随地吐痰，但他们也像英国摄政王宫廷里的绅士一样，彬彬有礼。话说回来，那些宫廷里的绅士也大声叫喊过，也随地吐过痰。我慢慢地明白，这些人已经达到了我们西方人所追求但还没有达到的那种境界。毫无疑问，把完美作为人生的目标当然很好，但我觉得在砥砺自我的过程中，这些人也失去了一些东西。百分之九十九的情况下，他们是可以信赖的维持秩序的人，而百分之一的情况下，倘若有人干了坏事，动用这座城市的所有的警察可能都抓不住他们。就拿那些拉黄包车的苦力来说吧，倘若他们闹翻了，自个儿在那儿争来吵去，相信这是解决问题的最好办法，尽管这种争论浪费了无穷无尽的时间。而欧洲人，英国人或者美国人神气活现、趾高气扬穿街而过的时候——和周围那些彬彬有礼的东方人相对比，我没有别的词可以形容他们那副模样——哪怕觉得那些苦力稍微不顺他们的心，不顺他们的眼，都会把他们从路边踢开。我对此非但没有感到震惊，反而有一种如释重负的感觉。

因为我觉得，那是一种力量的展示，一种忍耐和克制的力量。就像一股狂暴的风从大海或高山吹进一个温馨的房间里，受到欢迎。这些人，甚至是街上的穷人，都饱受过度文明和过于文雅之苦。他们需要原始的野蛮刺激，让血管里流淌的热血沸腾起来。不是说他们不会“野蛮”，在不被警察抓住的“百分之一”的情况下，他们也会“野蛮”。为了免受屈辱和摆布，没有一个人不敢把左轮手枪里的最后一颗子弹留给自己。

走在大街上，我不是头一次，甚至不是第十次思考这些问题，渐渐明白了一个道理。当我发现自己在作比较的时候，比较已经开始，观点也已形成。看着这些奇怪的男人和女人，特别是小脚女人，我心里想，一个百分之五十的人口长年累月饱受裹足之苦的国家，它的民族精神会怎样成长？举目四顾，围住这座城市的高墙赫然耸立在眼前，似乎告诉我，这里曾经发生过多少奇妙的事情。

第三章　巴比伦的城墙和城门

忽必烈的土城墙——只是一个舒适的散步之地——墙上的花园——保护城市远离魔鬼——中国人的污垢——大门——骆驼——前门——耐心的中国女人——生活在围城里的乐趣——中国人感觉到的改变。

我纳闷儿，中国首都的城墙和城门与巴比伦的城墙和城门是否一样？我第一次看到那堵巍峨高墙时，是这样想的。后来，这种想法一直伴随着我。巴比伦王亚哈随鲁必定坐在这样的城墙后面。在这样的城墙后面，必定还住着成千上万的奴隶。他们辛勤劳作，受苦受难，最后死去，就是为了让他成为拥有无上权力的国王。这样宏伟的城墙是世界奇迹。在我看来，这个国家的人民必定以此为荣。但也不尽然。有一天，我应邀到一个朋友家里吃午饭，对面坐着一位中国医生。此人毕业于剑桥大学，说起英语来带着有教养的英国人那种从容不迫的口音。

"如果我有权，"他说，"就会把这些高墙夷为平地。我不会让一块石头摞在另外一块石头上。"我想知道他这样说的原因。他这样回答："因为它们把新鲜空气关在外面。"但我心里想，他真实的想法一定是城墙把人们包围起来，仿佛关在笼子里，以古老文明的状态把人们囚禁起来，所以认为最好还是把它们夷为平地。高墙挡不住新鲜空气，只能把那些愿意被关起来的人囚禁在围城之中。

十三世纪，忽必烈的土城墙已经使北京的城墙初具规模。两百年后，明朝征服者在鞑靼人建造的土城墙外面砌了一层层坚固的灰色城砖，北边的城墙缩短了一点。明朝灭亡之后，留下的城墙就是今天的模样。现在，西方列强和东亚日本在城墙之下建立了领馆——号称和平的承诺——但他们在欺侮中国的同时也武装到了牙齿。公使馆区也有一英里长的围墙[1]。

鞑靼城的城墙高五十英尺，墙基宽六十英尺，上面的宽度为四十到五十英尺，扶壁[2]超过一百英尺。和墙体一样，都铺着灰色城砖，与之相对。和大多数中国城市一样，城墙上面是休闲、散步的好去处。从前门到哈德门之间一英里长的狭长地带控制在公使团手里，城墙保存完好。也就是说，城墙上有一条人们可以行走的宽阔的路。那条路十分平整，没有杂草。而城墙大部分地方绿草丛生、野花朵朵，给古老的砖石平添了几分魅力。修建城墙的"原材料"是北京所在的大平原上千百年来冲积而成的肥沃的泥土。夏季雨水滋润之后，花花草草，甚至灌木枝条都会从砖砌的路面顽强地生长出来。凉爽的秋日，绿草红花还没有凋零之前，鞑靼城的城墙上面真是一个令人赏心悦目的花园。

[1] 《辛丑条约》签订后，东交民巷地区成为列强据有的"国中之国"之城。大把"赔偿"的白银被列强肆意"挥霍"无度！拆民房、圈地皮、修使馆、建兵营、构围墙、垒碉堡、筑大门……把整个东交民巷地区内几乎翻建一新，在距离象征中国的皇宫不远的地方，生生地建起一座附有十几个大门（含兵营）、攻守兼备的"西式城堡"！据记载，整个使馆地界的面积约 1.3 平方公里，比原各使馆占地面积的总和增加了约二十倍。使馆四周围以高墙。南墙利用北京内城南城垣，东、西、北三面建六米高的界墙，墙上砌有雉堞和射击孔，相隔一定距离砌有红漆钢顶炮台。围墙带有八个碉堡并带有铁门，作为使馆界的出入口。围墙分别由各国按统一图纸建造。

[2] 扶壁（buttresses）：又称扶垛，外墙凸出之墙垛。扶壁用以抵抗券或拱的推力增强墙体稳定性。就是为了平衡土体等对外墙的推力，而在外墙上附加的墙或其他结构。

我很喜欢在城墙上散步。那里青草萋萋，还有各种各样鲜花绽放的绿色灌木。盛开的牵牛花伸出墨绿的藤蔓把它们连接起来，杯状的花朵风姿绰约。有蓝色的，粉红色的，白色的，还有白色、粉红色相间的。秋风中轻轻摇曳的小喇叭都在叙述古老而悠长的故事。城墙上甚至还有一些小树：白杨树、臭椿树（也叫天堂树）。在灿烂的阳光下，撑起一片片绿荫。然而，遇到暴风雨，它们就派不上用场。我不止一次，被困在城墙之上，雨雾茫茫，想找辆黄包车自然绝无可能。不过炎热的夏天，城墙对我的吸引力简直不可抗拒，那似乎是唯一可以呼吸到新鲜空气的地方。通常，下雨前天气闷热，我好几次赶上大雨，淋成了落汤鸡。一般来说，淋点雨无所谓。但有一次，我和一位朋友正在城墙上漫步，一场倾盆大雨从天而降。我们连忙躲在一棵臭椿树下。风很大，雨伞完全派不上用场。我的同伴急得像热锅上的蚂蚁。

“照这样下去，”他说，“我明天连门儿也出不去了。我只有一件外套。”他从天津来没几天。我的情况更糟，只穿了一条薄薄的白平纹细布连衣裙，此刻被雨水淋湿，紧紧地贴在身上。我焦急地想，如果大雨不停，怕连旅馆也回不去了。然而，雨来得快，停得也快。骤然云开日出，回到旅馆之前，身上的裙子已经干得差不多了。

公使馆区的围墙和周围的设施井然有序，绿地之间的道路笔直。除此之外，十三英里长的围墙由中国人管理。杂草丛生，只有一条狭窄的小路蜿蜒在灌木和草丛之间，时隐时现，就像一个人漫不经心地走走停停，停停走走。草丛中不时看见一块块直立的石板，总是成双成对。那是古老的防御工事遗址，发射装置的残骸。毫无疑问，汉人和鞑靼人曾经在这里保卫这座古老的城市。

北京的古城墙方方正正，东南西北都成直角，但西北缺一个角。因为中国人都知道，这是唯一可靠的、将魔鬼挡在城外的办法。作为首都的北京当然也得照

城墙上的道路

用于守卫城墙的礌石

此办理[1]。无论我看到什么、对什么不甚了解或心存疑问时，总是会回到城墙——一个最奇妙的城市之中最奇妙的地方。在那里，总能发现一些新的东西走进我的心田。瞭望塔、坡道、大门，古老的故事，在每一个转弯处迎接着我。在并不久远的过去，城墙由满族旗人把守。他们的职责就是保护城墙，任何人都不能随便攀爬上去，否则就会被杀头。同样，城里千家万户的平民百姓，无一例外，不能蔑视皇帝。任何女人，包括旗人妇女，不能上城墙。因为御敌于国门之外的战争之神显然反对妇女。

现在，为数不多的士兵代替了旧世界满族的旗人士兵。他们鸟瞰城里人们的市井生活，眺望同伴们在远处的操场上操练，混浊的运河就像奔腾不息的大河，穿过土黄色的平原。夏天，那里是漫山遍野的高粱——一抹生动的绿色。你可以从中国首都的城墙上看到它的丰饶。从表面上看，人们觉得各国急于为该国提供资金是完全有道理的。可是，这里蕴藏着最真实的财富。但是守卫城墙的士兵几乎都是孩子。中国对当兵的人大都不以为然，言语中充满了对他们的歧视。嘴边儿的话是："好铁不打钉，好人不当兵。"这话有多少真实的成分，我不知道。但在我看来，小伙子们蛮不错。只不过他们的一位同胞和我谈论起这些士兵时，说他们"乳臭未干"。他们对自己的国家知之甚少，对其他国家更是一无所知。我觉得他们不应该模仿西方军队，也穿寒酸的卡其布制服。束腰短袍、凉鞋和弓箭更

[1] 据史书记载，北京古城墙在元代时是方方正正的，此所谓"城方如印"。到了明代，内城、外城和皇城均有缺角现象。内城没有西北角，破坏了北京城整体的对称性。相传，明朝建筑北城墙时，西北角修建为直角，但不知何故，屡建屡塌，前后百年间，不知道修建了多少次。出于无奈，最后建为斜角。社会学家对这一自然现象有一番传统观念上的解释，我国古代有一种说法，认为西北方向是个缺口。如西汉刘安写有《地形训》，认为大地八方有八座大山支撑着天体，其中支撑西北方向的山叫不周山。《天文训》讲八方吹来八风，西北方向吹来的风称不周风，东汉班固解释为不周就是不交之意。按这种解释，西北两个方向不应该互相连接，而应缺口。本书作者说"因为中国人都知道，这是唯一可靠的、将魔鬼挡在城外的办法"，也许是她自己的想象。

符合周围的环境。然而，他们如此之小，就像橡树下的蚂蚁，穿什么样的衣服已经不重要，重要的是衬托出他们守卫的城墙多么宏伟壮丽。建造城墙的人可能与“新中国”的这些士兵相差无几。

我在早春一个阳光明媚的日子里为几个士兵拍了一张照片。其实没必要强调那天阳光明媚。因为那个季节所有日子——实际上大多数季节——北京都是阳光灿烂，天气晴朗。那些年轻士兵住在一幢低矮的房子里，离瞭望台很近，格子窗户上糊着纸。消息传开，大家都在议论我拍照片的事情。尽管城墙魅力无穷，拍照片可不是经常发生的事情。我想，普通游客不会把底片浪费在穿着劣质卡其布军装的小兵身上。我带着洗印好的照片再次出现在城墙脚下的时候，士兵们都围拢过来，一个个彬彬有礼，问长问短。他们说的话我虽然一个字也听不懂，但我明白，士兵们都想知道照片怎么样了，我当然拿给他们看了。照片传来传去，人越聚越多。照片上的人，虽然我分不清谁是谁，但他们都认识。谁上了照片，谁就觉得很幸运。走到他们那座小房子之后，微笑着的小伙子们都迫不及待地伸出手。我已经按照人数洗印了一摞照片，每个人一张。大伙儿非常高兴，排成一行，郑重其事地给我敬军礼。然后用没柄的茶杯给我沏茶。我虽然知道那杯子没有洗过，但还是兴致勃勃，举起杯子以茶代酒，为我们的友谊干杯。那茶是清香的中国茶，不必加糖和牛奶。

早春时节，城墙上还有别人——清理去年夏天留下来的枯枝败叶的苦力。捡拾一文不值的柴草的拾荒者第一次让我意识到中国的贫困。那些生活在赤贫中的人，连一根枯草都不敢浪费。他们把枯枝衰草捆到一起，绑在竹竿两头，挑在肩上，迈着沉重的脚步，沿坡道向城里走去。四处旅游的时候，我常常看到繁重的劳动之余，人们坐在太阳底下，翻看身上的破棉袄。水，对下层阶级的中国人似乎没有那么大的吸引力，无论对他们自己还是对身上的衣服都一样。他们似乎从

城墙上的士兵

礌石

来不换衣服，直到破得好像连挂在一起的布条，穿在身上难受得不得不坐在路边里里外外地翻衣服，前前后后地抓自己。我觉得匪夷所思。我的一位朋友说我错了，中国人不介意这样的小事。此人曾经在内地一家大公司——英美烟草公司工作了几年，和传教士一起在中国做了些开拓性的工作。对中国比我更了解。

“内地的马车夫，”他说，“天气变得越来越冷的时候，就把衣服一件又一件地套在身上，从来不脱。到了二月份，哎哟喂！如果你想闻一闻那味儿……”我说，我可不想闻。北京的味儿已经够我闻的了。他不管不顾，继续说：“你可以随便到某个人家，在炕边儿站一会儿。一家五六口人都挤在一起睡觉。”

而马车夫，似乎很受人尊敬，有的甚至挺有钱。我觉得对于中国人，我有很多东西要了解，因为他们的祖先建造了雄伟的长城。

城墙上当然有城门。鞑靼城一共有九道门。拱形大门，厚重的木板上钉满铁钉，瞭望塔耸立在城门之上。我认为，能够见识它的伟岸，是我一生的财富之一。站在拱门下，感受几个世纪以来，一座巴比伦式的城市的车流人流潮水般起起落落。二十世纪，这里仍然是一个古老的世界。现在，电灯代替了松木火把，但是灰色的石头还在那儿记载历史的沧桑。

像北京这样的城市，建造城门是一件大事。每一座拱形大门上都有一座瞭望塔，瓦屋顶层层叠叠，煞是壮观。城楼四周墙壁上一排排舷窗般的炮口，装的却是彩绘的大炮。1913 年！彩绘的枪炮！在中国，过去与现在就是这样紧密相连！这些东西和城墙下那些发射装置的残骸不同，并非历史的遗物。1900 年，义和团攻进北京城。鞑靼城城墙北面，欧洲人在公使馆里吓得瑟瑟发抖。团民放火烧了前门城楼和所有可以燃烧的东西。恢复和平后，中国人开始修缮重檐飞翘、黄瓦红墙的城楼，用红色、绿色、蓝色和金色炫耀它的辉煌，在炮口放置了同样彩绘的大炮[1]。在过去的岁月里，大炮就架设在这里，不仅用以威慑敌人，还要给战神留下深刻印象，告诉他我们早已做好战斗准备。其实，如此假饰并没什么必要。重炮轰击之前，光凭这一道道拱门，就会让谈判对手望而生畏。每一座城楼都被瓮城保护。瓮城的墙和主城墙同样高，同样厚，也开着拱门。有时一道，有时两道，有时甚至三道。但与主城门之间总有一个很大的广场。人马车辆进城之前，必须经过瓮城。岁月流逝，那一条条拱道目睹的人世繁华并没有多大的变化。

从蒙古来的骆驼队，一路风尘，满身柴草，皮毛蓬乱，驮着谷物、羊毛和水果；从西山来的骆驼，驮着马可·波罗七百年前看到的“黑石头”。他曾经告诉他的同胞，这些石头是元大都人用来取暖的。你可以看到他们从哈德门走过，开始漫长的旅行；你可以看到他们走进皇城，送去各种商品。但是西南门外，守护城墙一角的城楼旁边，聚集的驼队最多。华北晴朗的天空下面，骆驼昂首挺胸慢慢走过，驼铃声声，在这里回响千年。带领驼队的人穿着农民的蓝衣服，小眼睛目光敏锐、狡黠，举手投足有一种不动声色的忍耐、沉重和冷静。人们或许认为，生活对他来说没有什么乐趣。然而他是人，不可能像他身后的驼队那样，“事不关己，高高挂起”。身后，雉堞如锯齿的城墙高高耸立，瞭望台仿佛皱着眉头俯瞰他们。骆驼队首尾相连，绳索穿过后面那头的鼻孔，系在前面那头的尾巴上，一步一个脚印，稳稳地向前走着，就像逶迤的城墙。不，比城墙更古老，比城墙更久远。一千年前，两千年前，在历史的黎明之前，它们就开始在柔软的沙土、起伏

[1] 1902年1月，在西安避难一年多的慈禧太后和光绪皇帝返回京城。按计划，帝后从马家堡火车站下车后，銮驾要从永定门往北走，通过正阳门回到紫禁城。可是，正阳门这么“秃着”迎接慈禧太后和光绪皇帝，太不成体统。于是，官员们想了个救急的办法——让承修正阳门工程的厂商在城楼上搭了一个临时的彩牌楼。当时接驾的直隶总督陈夔龙，在《梦蕉亭杂记》中写道：“辛丑两宫回銮有期。余奉命承修跸路工程，以规制崇闳，须向外洋采办木料，一时不能兴工。不得已，命厂商先搭席棚，以五色绸绫，一切如门楼之式，以备驾到时，藉壮观瞻。”据说，彩牌楼扎得异常精美，引来众多百姓前来观看。本书作者“彩绘大炮”之说应该是据此演绎而来的。

西南城门边上的骆驼

哈德门边上的骆驼

的丘陵间默默地前进……

这些巴比伦式的城门对我有着无穷无尽的吸引力。车水马龙穿城而过，我看了又看，总能发现一些新东西。一个阳光明媚的早晨，我去了前门，只是为了观看在外城和鞑靼城之间络绎不绝、来来去去的人群。我在瓮城广场中间找了个地方坐下。这个广场和滑铁卢广场[1]大小差不多。把守城门的美国士兵满腹狐疑，一脸不屑地看着我。日复一日，他们看着进进出出的车马行人，风平浪静，没有什么新鲜事吸引眼球。瓮城有三个大门，朝南的那个从来不开，除非要到城外丘陵绵延的高地。从鞑靼城到外城走东大门，返回时走西门。来往车辆和行人在通往鞑靼城的拱门下擦肩而过。瓮城广场上整天都挤满了人。拱门东西两侧有许多小庙，和所有皇家庙观一样，屋顶铺着金黄色的琉璃瓦，庙里供奉着观音菩萨，摆放着青铜花瓶和幽雅的盆景、美丽的插花，香烟袅袅，安谧恬静。在喧嚣嘈杂的城里奔波一天的人们，常常来到这里，燃几炷香，祈求神灵保佑，飞黄腾达，财源滚滚，事业有成。人们真的相信观音菩萨吗？说实话，我还真有点怀疑。一个中国人曾对我说：中国人是金钱至上的异教徒，对看不见、摸不着、解释不了的东西不怎么相信。但我们所有人，无论东方人还是西方人，都是人。都渴望得到某种看不见的力量的怜悯和保佑。这很自然。我是西方人，一个新国家的女儿。我也在观音菩萨的神龛前烧香、祈祷，希望我所从事的工作取得成功。几个世纪以来，人们一直在祈祷。这么多人的祷告，必定达到“至高者”。不管他是基督还是观音。

除寺庙之外，广场上还有士兵住的警卫室。警卫室的格子窗户雕刻着精美别致的图案。墙上贴着红黄相间的彩色纸，上用中文写着戏院的广告。有穿着黑黄

[1] 滑铁卢广场（Waterloo Place）：位于英国伦敦的广场，竖立着众多名人雕像，包括约克公爵、爱德华七世、南丁格尔等，还有克里米亚战争纪念碑。

两色制服的警察，还有穿着灰色外套的小个子士兵，破旧、不合身的军服上只有帽徽亮着一点红色。来来往往的人都在忙他们的事——赚钱。有的赚几枚小钱，有的做几千块钱的大生意。看到那些衣衫褴褛、匆匆而过的小商小贩，人们自然而然想到他们是“赚小钱”的人。在西方人眼里，这里的交通设施十分落后，没有可以一次载许多人横冲直撞的大汽车。大街上来往穿梭的大都是坐一个人、最多两个人的黄包车，或者装着蓝色车篷的北京轿车，车辕里套一匹结实的小马或者英姿勃发的骡子，赶车的人盘腿坐在前面。和拉货的大马车一样，轿车轮子也镶嵌着铁钉。不过北京的大马车装载木材、石灰和各种各样的商品。拉车的马有三四匹，但大多数情况下是由一匹马或一头骡子驾辕，一头骡子或毛驴在旁边“拉帮套”。看着松松的缰绳，人们或许会想，这些“拉帮套”的家伙能派上多大的用场。拉黄包车的车夫不时摇着车铃，骑自行车的人按着小喇叭，每一头驴、大多数马和骡脖子上都挂着铃铛。摆小摊的商贩扯开嗓子大声叫卖。前门城楼上，一个守城的美国士兵练习吹军号。

“嘀嘀嗒——嘀嗒——”城楼上，军号声划破长空。“叮当——叮当！”人力车的铃声在人群中回响。一个身穿破烂的深绿色制服、系着肮脏白带子的邮差骑着自行车，按着喇叭，穿街而过，气宇轩昂，仿佛在开西方文明之先河。一辆四轮马车行驶在大街上。车身镶嵌着玻璃，中国人喜欢这样的“奢华”。里面坐着一个男人，头戴他认为时髦、实际上早已过时的高筒礼帽。还有两个身穿正统中国服装——灰色丝绸长衫的男人。留着辫子，头戴难看的旅游帽，真是一大奇观。马车后面的踏板上站着一位马夫，一只手拽着系在车顶的绳索，腿脚麻利，人很机灵。他的活儿是在马车拐弯的时候，跳下来跑到前面去牵马。中国马似乎颇为“自尊”，没人帮忙就不肯拐弯儿。点睛之笔出自车夫之手。他也头戴旅游帽，像拉黄包车的苦力一样，使劲摇着手里的铜铃。四轮马车前面，马蹄嗒嗒，几个骑马的人小跑着，一边跑一边喊："借光，借光！""借光，借光"是中国人的口头语，意思是："劳驾，对不起，我的主人来了，他可是个大人物。"马车后面还跟着几位骑手。这可能是一辆"现代化"的马车，但坐在里面的人未必"现代"。中国和尼尼微[1]或巴比伦一样，国王或贵族这样的大人物出行必定前呼后拥。

更多的运货马车从西边驶来，一个身穿落满尘土、黄黑相间的制服的警察指挥交通。其实他们根本不需要指挥。中国人的思维本身就井然有序，从不梦想质疑规则。拱门正中间不是有一块石头吗？谁都知道往东去的人走一条路，往西去的人走另一条路。还需要有人指挥吗？一个剃着光头、留着辫子、蓝色长袍外面套着黑缎马褂的胖子走了过来。他牵着一头小毛驴。毛驴脖子上挂着一串铃铛，哗啦啦地响着。也许他从来没干过这种差事，缰绳勒得小毛驴连气都喘不过来，尥蹶子直闹腾。一个衣不蔽体的苦力跟在后面。还好，春天来了，他抱着几枝盛开的丁香，遮挡着破烂的衣衫。另外一个穷人背着背篓，手里拿着捡粪的叉子。捡来的牛马粪或者当肥料，或者晒干了当燃料。几辆黄包车急匆匆驶过，躲避着一个盲人老头。老人弯腰曲背、破衣烂衫，一只手抱着琵琶，另一只手拿着竹竿探路。

"先生。"那几个苦力围拢过来，纷纷给牵驴的胖子出主意。他那副狼狈相赢得礼貌周全的苦力们的同情和尊敬。

黄包车里坐着各式各样的人：满族妇女浓妆艳抹，梳着"二把头"[2]，穿着华丽的长丝外套。中国妇女都腼腆害羞，从小就被教导不能抛头露面。她们头上插着

[1] 尼尼微（Nineveh）：古代亚述的首都。

[2] 二把头：满人入关后开始流行的女性发型。二把头是先将全头头发束于头顶，然后以一支长扁的发簪为基座，分成两绺向左右缠梳。两股头发在头顶梳成横向发髻后，用另一簪子横向插入固定。脑后的余发梳成燕尾形扁髻。紧贴颈部后方的扁髻限制了头部活动和躺卧，但同时也使女子的外观更显文雅庄重。

绒花，乌发低披到颈后，衣服的颜色十分素雅。妇女的脚也残废得可怜。中国有句谚语：“每只小脚都对应着一个装满泪水的罐子。”那些痛苦的岁月每个女人都一定经历过，但她们平静超然，面带微笑，丝毫不流露内心的情感。

前门因为只是从鞑靼城到外城，所以不关闭。但是，从晚上八点起到第二天天亮，二十三英里长的外城墙都大门紧闭。外国人不习惯这种规定，常常狼狈不堪。城门一旦关上，威胁也好，利诱也罢，都没有用处。

曾有一位年轻人因在城里寻欢作乐逗留的时间太久，被关在东直门外面。他想回到他在赛马场的小屋，但看守大门的人非常固执。“这是命令。”情急之下，年轻人甚至想到爬墙，但无奈他又带了两匹小马。想来他一定用半通不通的中文好话说尽，但没有一点用处。想到还约了朋友一起吃饭，他又急又气之中想到铁路线可是穿墙而过的呀！他“调查了解”了一番，铁路上也有大门，虽然也紧紧地关着。他顿时来了精神，又说了一大堆好话。这时，一列火车的汽笛声划破寂静的夜空。黑暗中他站在铁路旁边，让马夫紧挨着他，火车飞驰而过。他立刻跟了上去，不顾守城门的人大声叫喊，在隆隆的车轮声中顺利地通过了大门。可是，很遗憾，麻烦才刚刚开始。铁路两旁乱石丛生，到处都是铁丝网、栅栏、水坑。一路艰辛自不待言。等他赶到饭店，热情的领班早已把客人们领到餐厅，在餐桌旁边坐下。大家看见他浑身泥水——当时是夏天，北京城外泥泞的水洼多的是——都莫名其妙。他也半晌说不出话来。因为无论说什么亵渎神明的话，都无法表达他彼时彼刻心里的感受。生活在这座巴比伦式的古城常常会发生这样的趣事。

我在城门口坐了一个钟头，起身要走。黄包车车夫和我讨价还价。事实上，拉车的车夫和我从来没有在车费上达成一致。我宁愿付双倍的钱，也不想和他们争来争去。但是那个车夫是从使馆区来的。那儿的游客把他惯坏了。本来应该收

前门幕墙里面

西南墙外的骆驼

一毛钱，你给他一块钱，他还嫌少，还想勒索更多的钱。争吵就不可避免了。我不知道该怎么了结此事。人群开始聚集。这时来了一个中国人，一个衣着讲究的年轻人。

他穿着一件丝绸长衫，两边开衩，外面套着一件锦缎马褂，头戴着一顶小圆帽，留着新式的发型——因为他那一代人、他那个阶层的男人留辫子的已经不多了。年轻人的英语说得和我一样好。

“怎么回事儿？”我告诉他事情的原委。“你给他多少钱？”

“四毛。”

“太过分了。”他一边说一边叫来警察。警察挥了挥手，二话不说赶走了那个拉车的车夫。这件事似乎标志着中国人在情感方面向前迈进了一大步。他们似乎觉得中国人应该帮助处于困境的外国人。而不久以前，他或许会视而不见，从马路那边走过，在心里讥诮那个从“蛮夷之地”来的女人，为她居然被一个社会地位如此低下的车夫、一个被古老城墙包围的古都里的苦力打垮而高兴。

第四章　北京使馆区

被遗忘的悲剧——军队——“不要忘记”——坚固的城墙——“没有下层中国人”——最后一件被侮辱的事——趋炎附势的人——赛马场的马厩——北京的快乐——中国绅士眼里的华尔兹——音乐喜剧——远东的法国人——爆发的机会——没有受伤。

一百二十年前，西方国家刚走出野蛮，其文明程度中国人在两三千年前即已达到。但西方人前进的脚步不曾停歇。他们认为，如果继续和这个富庶的国家做生意，同时保护自己的臣民和货物不受损失，就必须团结一致。他们也确实团结在了一起。外国人和这块土地上的人们建立了一种奇妙的“外交关系”。而这种已经延续了许多年的关系，在别的国家却从未有过。北京的使馆区就是这种关系的结晶和具体表现。

假设在伦敦，地球上所有大国都在这里拥有一块土地，从大理石拱门[1]到海

[1] 大理石拱门（Marble Arch）：是建于十九世纪的白色大理石凯旋门和伦敦地标。这座建筑由约翰·纳什于1827年设计，是白金汉宫荣誉主教的国家人口。

德公园角[1]，从公园巷到邦德街，不但占领，还重兵把守，制定种种条令，禁止当地居民靠近，那简直不可想象。但这正是北京发生的事情！从鞑靼城城墙，到前门、哈德门，这些国家占据了一块面积为一平方英里、呈平行四边形的土地。这块土地他们不但日夜守卫，而且占领了使馆区三面广阔的“缓冲地带”。这些地方任何人不得建造房屋，只能由他们在那里驻军。这支“多国部队”即使占领不了整个北京城，但也起到某种威慑作用。

没有人知道这里有多少日本人，但假如和其他国家一样，至少有二千五百名全副武装的军人在使馆区耀武扬威。住在那儿就像住在兵营里。进进出出，堡垒和炮台是你的必经之地。门前的大街上，你会遇到弹药车、行李车、红十字会的车。每一个路口都有士兵把守：欧洲列强的士兵，美国的士兵，日本的士兵。他们在各自的使馆前站岗，操练，一天到晚都在练习步伐、射击。英国公使馆的一个角落保留着一截1900年留下的断壁残垣。上面写着几个大字：“不要忘记。”提醒人们——如果这些国家需要提醒的话——不要忘记1900年可怕的日子，不要忘记这个爱好和平的国家随时都有可能再次爆发排外的运动。

我本来想说，这几乎是对中国人的侮辱。可是，现在我要说，这就是一种侮辱！事实上，这个武装到牙齿的使馆区一定是残酷折磨那些受过良好教育的中国人的心头之痛。他们一定渴望驱除这些来自西方的狂傲的洋人和来自东方的邻居。在自己城市的中心被外国人辖制那是何等的耻辱！就连长城，忽必烈第一次建造、明朝征服者完成的伟大的长城，从哈德门到前门这一段也在外国人的统治之下。尽管哈德门的城楼仍在中国人手中，但像中国许多惨遭炮火损坏的建筑一样，它也尚未修复。廊柱上的红漆早已开裂，金黄色的图案褪尽华彩，屋顶琉璃瓦的缝

[1] 海德公园角（Hyde Park Corner）：位于伦敦海德公园东南角的一个主要路口附近。

隙中杂草丛生，冬天枯黄，夏天暗绿，尽管还由中国士兵把守，但满目荒凉，威严不再，一切都是久远的过去。一百码左右，是德国人的岗亭。一天二十四小时，总有全副武装的士兵守卫在那里，荷枪实弹的哨兵走来走去，头盔上的鹰冷冷地注视着东方古老的都市。其实，他们不太需要守卫哈德门。这座古老的城门早已在他们的枪炮控制之下。城楼下面，法国人小心翼翼地守卫着使馆区东侧的防御工事。那道围墙中部被日本人占据，他们在那里又增设了一道铁栅栏。听说，这道铁栅栏叫“护墙”。“护墙”里面还有一扇门。走过通向那扇门的小路，有堵一人高的砖墙，“九曲十八弯”，要想进去，没那么容易。夏天，绿草如茵，大门和铁栅栏上爬满了牵牛花。日本人不像高效的德国人或精明的美国人那么张扬，但听说他们非常热心，如果其他国家允许的话，巴不得去把守整堵围墙。在前门，一英里长的围墙西端是美国人的天下。他们身材高大、瘦削、聪明、能干，穿着卡其布制服，头上的帽子翻着边儿，脸刮得干干净净，从他们嘴里说出来的英语仿佛是另外一种语言。

1912 年北京发生兵变，火灾肆虐京城[1]，外国人纷纷逃往各自的国家公使馆避难。守卫使馆区西端围墙的山姆大叔，趁机夺取了前门新修的美丽的城楼[2]。士兵们一直在城楼安营扎寨。他们口口声声说，为了美国公使馆的安全，必须占

[1] 1912 年 2 月 29 日晚 8 时，驻扎在朝阳门外东岳庙的北洋陆军第三镇第九标炮营，以索饷为名突然哗变。东城及前门外一带大火彻夜不绝。北京城充满了恐怖气氛，百姓惨遭涂炭。兵变发生后，列强公使团紧急集会，当即决定派军队在北京城内巡逻示威。3 月 2 日，唐绍仪致函英驻华公使朱尔典，发出请其设法保护北京的请求。3 月 3 日，英军 1000 人，美、法、德、日各 200 人到北京。3 月 5 日，日、俄军各千人，德军百人，分别自旅顺、哈尔滨、青岛等地开往天津。各国因兵变调入北京的军队不下 4000 人。列强的军事压力使北京陷入极其严重的外交危机，不仅北京城内人心浮动，整个中国北方的局势也因之空前紧张，内忧外患接踵而至。

[2] 1900 年，前门箭楼首先毁于八国联军炮火，随后八国联军在正阳门城楼上宿营时失火，烧毁了城楼。1903 年，袁世凯奉旨重修正阳门，1906 年正式动工，年底竣工。

英国公使馆入口

城墙上的天文仪

据城楼。中国默许，不是因为愿意，而是不得已而为之。每隔一段时间，就会有中国代表来谈判。不吵不闹，只是希望美国人撤离城门，或者更确切地说，撤离城楼。因为他们并不负责把守人来车往的拱门，只是占领了拱门上的城楼。但美方的回答只是一句话：城楼俯瞰使馆，必须由他们守卫。他们在那里设立了无线电报房、哨所，给哨兵制定了一系列制度法规，训练他们用毫无人情的、冷冰冰的官腔说话。所有这一切，无一不是对一个热情好客的民族、友好有加的国家的侮辱。或者，如果这个国家尚未表现出它无法控制本国人民的愤怒与激情，美国人就会这样。前门依然宏伟华丽，用蓝色、绿色、红色和金黄色装饰着，充满东方风情。美国哨兵夏天穿着土黄色军装，冬天穿着蓝色军装，在城楼上走来走去。倘若发现城楼下面有任何异常，必须立即报告。中国人不能举行任何大型聚会，不能有任何喧闹和骚动。而最重要的是，未经许可，任何中国人不能登上那一段城墙——属于他们的城墙，属于他们自己首都的城墙！哨兵接到的命令是："严禁下层华人登城！"但何为下层，何为上层，"标准"由士兵自己掌握。鉴于害怕上司惩罚，他们自然标准"从严"。我亲眼看见一个穿着讲究的欧洲服装的中国人，要走上城墙的时候，被美国哨兵从坡道上赶了下去。那个中国人大吃一惊，他认为自己是和欧洲朋友一起来的，这个命令对他不适用。但哨兵的态度很强硬。他有命令：没有特别许可，"不许中国人上城墙！"这既残酷，又让人感到屈辱。但他们在坡道中间以上，属于美国人的地盘，筑了路障。因为怕遭人暗算，送了小命，不惜把城墙上的砖拆下来防身。英国以外的其他国家，如果不是把"不要忘记"写在墙上，也是将这个口号付诸行动之中。"下层华人"也许并不十分介意这个禁令。因为按"老理儿"，中国人认为在墙上走，俯瞰下面的私人住宅是没有教养的行为。可如今已经是民国，世道变了，"老理儿"也该变变。也可能因为历朝历代，中国人从未被允许在城墙上走路，所以他们压根儿就没有意识到这十三英里长的城墙，可以自由攀登、行走。可是我知道也有人上去过。因为我遇到过几个在那儿搂草回家烧火的人。还见过一两个蓬头垢面、破衣烂衫的乞丐。捡拾柴草的人可能得到士兵的许可。乞丐可能看到外国人，想要点钱，发现没有受到伤害，大着胆子又来了。当然，可能是我错了。因为死亡对中国乞丐而言，没什么大不了的。生活对他们来说，本来就是苦难。而那些敢上城墙没受惩罚的人，也许觉得外国人占领的这一段城墙和紫禁城一样，当属禁地。他们从来也没有意识到，是那些外国人，那些外来的野蛮人，而不是他们的政府将他们拒之城外的。

但是，在我看来，被外国武装力量占领城墙，控制北京的外城和鞑靼城，是奇耻大辱。总有一天，当中国人成为一个团结的民族，像他们理应强大的那样强大，他们会觉醒，会意识到这种屈辱。他们要做的第一件事就是收复城墙，使之不受外国干涉。与此同时，九月，当我坐在北京西山庙里品茶，透过寺庙古松深绿的枝叶，看湛蓝的天空的时候，当我安安静静坐在这里写这本书的时候，我对那个四肢灵活、动作敏捷、体格健壮、站在城墙上放哨的年轻美国士兵不无感激之情。德国人也在那儿，那些动作机械、训练有素的德国军人。但从感情上讲，我与那个美国士兵更接近一点。他的语言和我的祖国的语言没有什么不同。在我看来，我一个人待在中国很安全，就因为有那些士兵的保护。或许有人会说我错了。中国人总是彬彬有礼很有礼貌，他们喜欢我，还因为从我身上赚了钱。这也是事实。我发现拉黄包车的车夫很有礼貌，不乏绅士风度。他对我表现出很多善意，这些举动都是出自善良的心，并没有考虑到背后的利益。但是，在心底深处，我知道中国人或许比地球上的任何人都更尊重权力。使馆区、美国士兵守卫的城墙，都是权力外在的表现。这种表现扩展开来，使我在深山老林的庙宇里也有安全之感。我身边泥塑木雕的众神都是死的，谁会惧怕或敬畏这样的神呢？一袋袋的板栗存放在他们的祭坛旁边。而城墙上的外国士兵却是无法视而不见的事实。这个事实让掌权人心生畏惧，命令传达到各阶层："任何情况下都不许碰外国人。"

夏天傍晚凉爽的微风中，冬天中午温暖的阳光下，外国人在这一段城墙上锻炼身体或者散步。世界各国的士兵和水手在这里偶然相遇。整个北京城，没有别的地方可以让人舒舒服服散步。因为中国人作为一个民族，似乎不知道锻炼身体的乐趣。裹脚已经使他们的女人失去了自由活动的能力。男人倘若以激烈的运动为乐也被视为荒唐可笑。明明能坐黄包车、骑毛驴，还要走路似乎不可理喻。因此，在所有的大城市里，只有使馆区的街道和城墙有人散步。使馆区的街道普普通通，没有什么特色，但是俯瞰鞑靼城和外城的城墙就是另外一码事了。不骑自行车的外国人喜欢在这里锻炼身体，与他们的同类一起聚会。

住在使馆区的外国人并不总是认为有什么危险需要防范。不消说，在很大程度上，他们只是觉得好玩。我注意到，这是生活在国外的英国人的一大特点。在家里，中产阶级的男人或女人参加娱乐活动时总是小心翼翼，好像那是几乎没有权利去做的事情。但在国外，他们急切地抓住哪怕最微小的机会寻欢作乐，仿佛那是他们远离故土的补偿。和他们相比，我和"老家"的关系当然不如他们密切。我更多地把自己的感情倾注在父亲的土地上。因此，作为一个旁观者，我觉得这些"背井离乡"的人比待在家里的同阶级的人日子好过得多。我一点也不同情他们。

有一件事是肯定的，他们在北京养马。这种奢侈，在英国他们做梦也想不到。没错儿，那些矮种马只有十四手[1]那么高，但是从赛马中可以得到很多乐趣。赛马养育场是使馆区的"特色"之一。这倒不是因为它们就建在使馆区内。城西大

[1] 手（hand）：测量马的高度的单位，一手之宽等于 4 英寸或 10.16 厘米。

内城城墙通道

城墙上的德国堡垒

约五英里的平原上，那里有一个小型赛马场，离训练场很近的地方，养育小马的马厩星罗棋布。这些小马来自蒙古，管理很严，母马和种马都不准出口。

“我要是能有一匹母马就好了。”一位年轻的赛马人叹了口气。虽然叹气也没用，但同时他可以很便宜地享受英国上流社会的游戏。

刚到北京不久，有个人对我说：“我和一位朋友一起搞了个赛马养育场。”我没想到他那么有钱，就像仰视一位富豪一样，用惊讶的目光盯着他。他看到我的傻样，笑了起来。

“启动资金只需三十镑，”他接着说，“我不打算花很多钱。我们可以少花钱多办事，玩个痛快。”当然所谓“少花钱”也是一个有“弹性”的说法，究竟“少”还是“多”，取决于说话人的钱包鼓还是不鼓。但是倘若在英格兰，想玩赛马，得是那种拥有六个房间的公寓、家里雇着两个仆人的富人。像他这种收入平平的人可没那么容易。

北京的赛马会有其独特之处。当然，只有西方人才会考虑举行赛马大会。中国人除了到剧院看戏之外，不喜欢在人群中自娱自乐。

春季赛马会在五月初举行。在我的书中，对这场赛马会的描述应该稍晚一些，但它似乎很自然地就归纳到使馆区的故事里了，所以只能在这里先行叙述。当时法国人经营从北京到汉口的铁路。铁路线离比赛场地不远，因此为了看比赛的人而临时设了一站。那时候，骑马是唯一的选择。乡下没有可供汽车行驶的公路，只有崎岖不平的乡间小路。每一寸土地都很金贵，都得用来满足农业生产的需要。春季赛马会举行那天天气特别好。阳光明媚，微风扑面，天空一碧如洗，田野里高粱拔节，一片翠绿。水曲柳树影婆娑，在赛马场洒下一片片绿荫。真是难得的好天气，还有什么样的日子能让人们更觉得惬意吗？住在北京城的外国人显然心满意足。男女老少倾城出动。人群中，有一些传教士。他们是生活在中国首都的外国人——人数不多，却肩负着改变这个东方古国命运的重任。其余的外国人从代表英国女王陛下的外交官到在各商行工作的低级职员应有尽有。年轻职员一个月能赚一百块钱，帝国的关心犹如温暖的阳光照在他们的身上。这里面英国人居多。中国的对外贸易主要掌握在英国人手中。除此之外，还有欧亚列强的代表：法国、德国、沙俄、意大利、奥地利、西班牙、比利时、荷兰和日本的达官显贵。但是没有美国人。因为美国正忙于承认中华民国。别的国家都掩嘴窃笑，纳闷儿为什么这个自称为人民自由而战的世界冠军要率先承认一个实际上是专制统治的国家。

小赛马场方圆一英里，绿柳成荫，漂亮的看台四周开满了紫丁香和白丁香。邦克西木花的芳香让我想起遥远的故乡。看台上搭着席篷，既遮阳，又不会阻挡习习凉风。使馆区的妇女，有钱人家的妇女，袅袅婷婷，千姿百态，身上散发着从伦敦和巴黎带来的香水的味道。男人们穿着轻便的夏装，戴着遮阳帽或者草帽，因为夏天快到了。后面的房间里早已摆好午餐。餐桌上装饰着日本制造的各国的小国旗，还插着一束束人造花，尽管外面的看台周围都是盛开的鲜花。一幢中国风格、屋顶呈弧形的房子里，有一个房间是负责筹备赛马的主管的办公室，还有一个专门给参赛选手称体重的房间。小马备了鞍子在感兴趣的观众都能看到的地方走来走去。在那个阳光明媚的五月的日子里，来看赛马的人都兴致勃勃。因为那些马，那些健壮的中国小马，过去是，现在是，而且一直都将是他们那群人的“宠物”。大家彼此都很熟悉。北京赛马会都是业余的。虽然偶尔会有一匹非同寻常的小马以两千元——二百英镑——的价格易手，大多数都在二百元——二十英镑——以下买卖。但主人都为它们感到非常高兴和自豪。

毫无疑问，这是一场独特的比赛，地球上所有的文明国家都以简单、友好的方式相遇并友好相处，从小事中获得共同的快乐。

“出发！”大多数人用英语欢呼。可那天赢得冠军的是一匹俄国人的马，骑手是个哥萨克。一位俄罗斯贵妇人自豪地带着他们到称重室。观众报以热烈的掌声。胜利者总能得到掌声，无论他的国籍。

马夫牵着马在场地上展示马儿的风采。他们尽管脑袋剃得溜光，留着辫子，完全是“中国特色”，但一副气宇轩昂的样子，牵着小马走来走去，走来走去。比赛开始之后，二十几个马夫找到最好的位置蹲下来观看，他们向最崇拜的神祈祷，保佑押着财富与希望的小马得第一。

不看他们备马、展示、比赛、称重的时候，我们就听罗伯特·布雷登爵士[1]组建的中国乐队演奏的乐曲。乐队指挥是中国人，演奏的都是现代西方音乐的选段。那熟悉的旋律在世界上任何地方听到都不觉得奇怪，唯独在中国的首都北京演奏让你觉得不可思议。因为就在赛马场外面，长长的骆驼队正朝着西山煤矿走去。它们迈着沉稳、庄严、不知疲倦的步伐，与马可·波罗当年看到的情景，乃至马可·波罗之前一千年的情景别无二致。赛马场外所有“有利地形”都站满了中国人。有普通老百姓，也有中产阶级人士，大都穿着蓝色衣服。小脚女人从附近村庄蹒跚而来，男人和小孩可能从更远的地方跑来看热闹。但和那艰难跋涉的骆驼一样，岁月并没有在他们身上留下什么变化。熙熙攘攘的人群，都踮着脚，伸长脖子急切地看着外国人赛马。华人不准进入赛马场。马夫和随从都戴着特殊的徽章，即使地位较高的华人也只有通过外国人的特殊邀请才能进入赛马场。没

[1] 罗伯特·布雷登（Robert Bredon，1846—1918）：英国人，以中国海关罗伯特·布雷登爵士著称于世，他的独生女裴丽珠能说一口流利的中文，喜欢与当地人民自由地交流，谙熟这座大都市的每一个角落、每一条胡同和它的社会习俗。裴丽珠 1937 年在旧金山逝世。生前著有《北京纪胜》（*Peking: A Historical and Intimated Description of its Chief Places of Interest*）等享誉世界的作品。其他著作还有：《赫德爵士传奇》（*Sir Robert Hat, the Romance of a Great Career*, 1909）、《中国人的阴影》（*Chinese Shadows*, 1922）、《阴历年：中国风俗节日记》（*The Moon Year: A record of Chinese Customs and Festival*, 1927）、《中国新年的节》（*Chinese New Year Festivals*, 1930）、《百坛记》（*Hundred Altars*, 1934）等。

有外国朋友的华人即使感兴趣也不能跨越围栏半步。“汤米”[1]和“蓝外套”[2]，来自英国、美国、法国、日本和地球上所有国家的人都拥挤在明媚的阳光下，把这一天当作欢乐的节日。然而，中国人被拒之门外，只能拥挤在赛马场外面。他们登上后面的土丘，站在有利位置上不仅观看赛马，还观看洋鬼子的午餐和下午茶。他们自己吃的东西是从小贩那儿买来的。小贩在赛马场外面摆摊儿卖糖果、小吃。北京特有的大马车和毛驴等着送他们回家。还有乞丐，蓬头垢面，乱发披肩，衣衫褴褛，脏得要命。很显然，当金钱被这样轻而易举地“玩弄于股掌之间”的时候，没有人能比这些乞丐更懂得如何讨点“散碎银两”。华北春天这个阳光明媚的日子渐渐褪去亮色。毫无疑问，尽管这些乞丐遭尽白眼，但他们肯定收获了几枚小钱。我希望他们能有所收获。在中国，这样一件小事就能反映出那么大的不同。

红日西沉，树影斜长，小马在围场中慢慢地走来走去。北京的乡村那么美丽，仿佛带着几分遗憾结束了欢乐的一天。我们几个人穿过高粱地，向火车站走去，仿佛代表了西方世界的力量和威严。象征古老文明的城墙皱着眉头俯瞰穿城而过的火车。前门城楼在最后一缕夕阳的照耀下，闪烁着红色和金色的光芒。我们又回到使馆区。全副武装的哨兵守卫着大门。美国士兵站在城墙上吹响换岗的军号。

在我们那个国家，所有小镇的居民都认为赛马场和墓地一样重要。我参加过很多很多的赛马会。但北京赛马会却是独一无二的。在这里，华人被拒之门外，具有中国血统的人不能加入赛马俱乐部，更不能参加比赛。赛马在我心目中有其独特的位置，它犹如晴雨表，显示了欧洲列强对中国的态度。北京，公使馆的北京一直沾沾自喜，自娱自乐。成立不久的中华民国议会乱作一团，总统被公开指

[1] 汤米（Tommies）：俚语，第一次世界大战时对普通士兵的称呼。

[2] 蓝外套（bluejackets）：美国和英国对水手的称呼。

责谋杀[1]。租借地虽然风平浪静，但是人们都担心不出这个月，南北双方就会掐住对方的喉咙，搏斗一番。要打仗的谣言满天飞。讲英语的社区依然热衷于赛马。其他国家，从公使以下，也都纷纷效仿。北京，外国人控制的北京——使馆区其乐融融。

我很想知道中国人对这一切是怎么想的。那些在中国生活了好多年，会说流利的中国话，能深入了解他们的内心世界，知道他们对我们的真实想法的人告诉我，要想做到这一点，很难，很难。中国绅士彬彬有礼，会看风使舵，总是尽量拣你爱听的说。中国女人，即使上流社会的女人，有文化的也很少。她们像孩子一样无知。事实上恐怕比西方国家的孩子还无知。因为孩子至少被允许提问和学习。而中国女人的魅力恰恰在于她们的顺从、奉承和无知。北京的六国饭店是使馆区的欧洲大酒店，来北京的游客的下榻之处。世界各国的人在这里不期而遇。世界历史上东方人和西方人前所未有地这样相聚。此刻，我站在赛马场，就如以前多次坐在六国饭店大堂的酒吧那样，真想知道，东方人，那个身穿飘逸的丝绸长袍、留着长长的辫子、大腹便便的中年华人如何看待我们的行为举止、风俗习惯。陪同他的可能是一位朋友，或者他的太太——身穿高领上衣、锦缎长裤——带着他们的小儿子。孩子的脑袋剃得溜光，只在头顶留下一撮头发，和黄色、红色、蓝色的丝线编在一起，调皮中透着聪慧。他满脸严肃地看外国人跳舞，聊天，玩魔术，以及六国饭店那时候能提供的任何娱乐。我一次又一次地观察他，但猜不出他在想什么。

“这些人都盛装赴宴，”一位中国人曾这样描述他在外国人中度过的一个夜晚，“然后一道命令，女人脱了衣服。”他的意思是，音乐开始的时候女人取下披肩之

[1] 此处系指 1913 年 3 月 20 日，袁世凯指使手下谋杀宋教仁。

东南角上的烽火台，北京

英国公使馆的堡垒

类的服饰。只有在中国，一切都是遵守“命令”的结果。“一个男人搂一个女人，先往前拉，再往后推，”他描绘得生动形象，“男人不停地转来转去，女人身不由己，只能跟着转。而这一切都是伴随着难听的音乐完成的。”

中国人对每一件事情自然都会有自己的看法。至少这是一位中国绅士眼里的华尔兹。有一个巡回演出公司经常在六国饭店餐厅上演音乐喜剧。他们在一个拥挤狭小的舞台上表演，对中国人和外国人都是一种文化熏陶。屋子里挤满了旧制度的遗老和新制度的精英。这样一幅合乎道德的画面在欧洲人看来是理所当然的事情。但我常常想，中国人会对此作何感想？我们都知道，《出租车上的女孩》[1]描绘的场景，都是作者靠丰富的想象力虚构的，而不是伦敦或巴黎任何阶层日常生活的写照。但是中国人是怎么想的呢？我想，一切都是必要的，都是好的，但有些事情却很难解释。

说实话，像我这样一个初来乍到的人，坐在酒店里，冷眼旁观进进出出的人们，侧耳静听各色人等自由发表的各种意见，是一件很有趣的事。来自世界各地的人们有游客、士兵、水手、商人、慈善家。这些人，有的为中国的利益而来，有的则准备剥削压迫中国人。他们还就欧洲人在中国的安全问题高谈阔论。在这里，在安全的使馆区，可以听到不同意见。我想到中国内地旅行，就必须把这方面的问题搞清楚，绝不能拿自己的生命当儿戏。

做出任何决定都非常困难。在通商口岸，人们可能会有一致的看法，一旦到了外面，似乎每个人对中国和中国人都有自己独特的看法，而这些看法又大相径庭。

“平安无事，”一个经历过义和团运动的人说，“比伦敦安全多了。他们已经付

[1]《出租车上的女孩》（*The Girl in the Taxi*）：英国音乐剧，1921 年美国将其改编为喜剧电影。

出沉重的代价，你完全可以放心。”

“就像住在火山上，”也有人说，“我永远不会忘记。这样的事显然还会再次上演。你知道，远东的法国人是很情绪化的，当他们放任自流的时候……”他停顿了一下，我意识到他一定看到过他们“放任自流”时的样子，没有语言可以形容那种恐怖。“我愿意让我的妻子和孩子住在北京的一个胡同里吗？我会吗？一旦遇到麻烦，他们怎么逃脱呢？”

一位朋友若有所思：“债务委员会再次引发华人反对外国人的运动，而我们离债务委员会只有一步之遥。如果情况对我们不利，我就在左轮手枪里留一颗子弹给自己。”我写下这些话的时候，并不觉得有什么大不了。这种事我以前曾听人漫不经心地说过许多次。但是当我，一个外国人、一个孤独的女人，正在考虑要到中国内地旅行的时候，这些话使我感到深深的不安。

另外，我一次又一次地听到人们对危险的描述。他们在这个国家前前后后待了好几年。就在昨天，就在我写下这些文字的前一天，一个男人看着年轻漂亮的妻子——她真是貌美如花——激动地发誓：“无论如何，我都不会让我的妻子和孩子在我们那幢位于使馆区外的房子里单独过夜。如果真的发生了什么事，这种可能不是没有……”

“你害怕吗？”我问一个住在城里、离使馆区很远的地方的人。他好奇地看着我，好像要告诉我没什么好怕的，然后又改变了主意。

“也许想起来会感到不安，”他说，“可是你瞧，我压根儿就不想这事儿。”

这是生活在北京城的外国人普遍的态度。谁也不可能对袭击他的危险永远耿耿于怀。在一个友好国家的心脏驻扎着自己国家武装到牙齿的部队，采取一点预防措施保护自己，也就足够了，谁还管得了那么多呢？

我就这样和人们聊着，做着深入内地的准备。这当儿，有幸看了一场离奇有趣的露天表演，把我带回到《圣经》故事之中，让我想起王后瓦实提[1]被贬，美丽的以斯帖[2]得宠，以及另一个充满悲剧色彩的希伯来女王的故事。她被不公正地对待，名声被玷污，累及后人。遥望窗外，她或许想起那个不忠诚的仆人的死。“杀了主人的心利[3]会平安吗？”

[1] 王后瓦实提（Vashti the Queen）：瓦实提原是波斯亚哈随鲁王的皇后，因违抗王命被打入冷宫。

[2] 以斯帖（Esther）：瓦实提被贬之后，以斯帖因顺服而入主后宫，并且日后得以拯救她的同胞免于灭亡。

[3] 心利（Zimri）：以色列王。心利原来是以色列王以拉的重臣，负责管理半数军车。在以拉王二年时，心利杀死了以拉，夺取了王位。

第五章　太后的葬礼

一个不错的共和主义者——被限制的清朝帝国——罪有应得——“巴比伦”——敢于冒险的中国人——走进紫禁城——“巴比伦”的庭院——不和谐的音符——唱诗班的牧师——活佛——《斯旺尼河边》——最后的喧嚣——宫廷宦官——不可收拾——下午茶——葬礼的队伍——帝王的棺椁——古雅、新奇的东方特色。

中国皇太后[1]，即已故皇帝的遗孀、不受宠爱的妻子去世了。1913年2月22日，也就是我到达中国的那一天，中国政府向全世界宣布了这个消息。作为皇后，她只是一个被选入宫，取悦于皇帝，为他生儿育女的女人。作为皇帝的配偶，在中国似乎从未有过特殊地位。而这位尊贵的女人更是笼罩在她的姑姑、大名鼎鼎的慈禧皇太后的阴影之下。但是一旦皇帝死了，作为小皇帝监护人之一，她开始

[1] 1913年2月22日，中国最后的皇太后——隆裕皇太后在长春宫因病去世，这一年她只有46岁。溥仪尊谥其为孝定隆裕宽惠慎哲协天保圣景皇后，袁世凯掌控的民国政府以国丧规格办理丧事，其与光绪帝合葬崇陵（河北易县清西陵）。

掌握一定权力。因为皇太后似乎是一个官职。她死之后，另一个从来没有做过皇帝妻子的女人接替了这个职位。

权力已经从满人手中消失，但中国与她的过去紧密相连。什么都不会被历史淹没，中华民国亦然。仅仅一年前把皇太后从高位上赶下来的人，也会聚集在她的葬礼上，表示敬意，为她送行。

“她是我们当中最优秀的共和主义者，”一位了解西方文化和文明的中国绅士说，“因为她自动放弃了统治地位，使中国得到自由。”

这种说法听上去不错。但我怀疑，在许多规矩、习俗束缚的“过度文明”的中国，谁会因此而获得自由。一个认为自己获得了世界上最重要地位的女人不大可能屈从于普通妇女的命运，为了她一无所知的人们的利益，自愿放弃皇权王位。现在满族统治者的权限只限于紫禁城的庭院和宫殿。在那里他们依然至高无上。据说，就在我写这些文字的前一个星期，有一个人因为偷了已故皇太后的东西而被活活打死。这就是满族统治者对自由和启蒙的热爱。它把人带回到比中世纪更为遥远的巴比伦。

> “他们在那里残忍杀戮，纵情宴饮。已故王后的代表们为她举行盛大的典礼。
>
> “王在御花园的院内、为书珊城的人民，不分贵贱，设摆筵席七日。
>
> “白色、绿色、蓝色的帐子，用细麻绳、紫色绳系在银环和大理石柱上。金银床榻、摆在红、蓝、白、黑玉石铺的地上。
>
> “用金器皿给他们喝。王的酒甚多，喝多少要按王的心情而定。”

王后瓦实提被废黜之后，亚哈随鲁王就这样款待他的巴比伦人民。我第一次走进紫禁城，就想起了巴比伦。

站在北京——一座平原上的城市——的城墙上，十二平方英里鳞次栉比的灰瓦屋顶、绿树掩映的四合院尽收眼底。城市中心的楼宇雄伟壮丽。不是因为那些建筑物本身高大，而是因为金黄色的琉璃瓦——象征帝王的黄色——在阳光下闪闪发光。这就是紫禁城，中国皇帝在这里已经住了几百年。他是这里唯一的主人，除了天子的追随者之外，这座美丽的城池一直对所有人关闭。

来北京之前，我全然没有意识到，这片禁土对中国人来说，和对任何一个欧洲国家来的人一样，都是神奇的地方。

“我年轻的时候去过一次。”一位中国绅士对我说。那时他才四十岁。

“是被邀请的吗？”

“不，不。是混进去的。我想看看那里面是个什么样子。”

“怎么混进去的？”

“我穿了一件宦官的衣服，大清早溜了进去。进去后，吓得动都不敢动，气也喘不过来，生怕被人发现。然后，没人注意的时候，就四处走动，设法看能看到的一切。最后一个小时是最糟糕的，我担心出不去。”

“如果你被抓住了呢？”

他仿佛又想起那次冒险，十分严肃地说：

“那就只有一死了。”

“死？”

“是呀，把你慢慢地折磨死。”想起二十年前的冒险，他依然满脸恐惧。

我饶有兴趣地看着他，一个又高又壮的中国人。头发剪得很短，很时髦，灰色丝绸长袍垂到脚面，外面套着一件黑色无袖短上衣。他和颜悦色，不想却是个什么都敢干的男子汉。但那时候，我想不到竟会有他这样的中国人，宁愿冒生命

从城墙上看到的北京的冬

紫禁城入口

危险，只为了满足好奇心，即使什么都看不到，也心甘情愿。这种冒险的热忱就像我自己的同胞。这件事让我对中国人有了新的认识。我很钦佩他。毕竟他是东方人。

我们谈到袁世凯。因为他“在野党”的身份，可以自由地发表意见，而他对这位大总统的评价，从哪方面讲都很大胆。

“他有十八个妻子。”他摇着头说。对于一个想要模仿西方风俗习惯的人来说，这好像是不可饶恕的罪过。

我把这句话重复给一个朋友听，朋友突然大笑起来。“这个老家伙，”朋友说，“攻击别人的时候怎么不先看看自己？他就有十七个半老婆！”这样看来，大大小小的“紫禁城”要在中国消失还需要一段时间。

然而，民国初期，满族的紫禁城仍然统治着北京。

皇太后死后，紫禁城开放三天。所有能出示红、黄、蓝、黑、白五片叶子环绕的黑色纸制菊花的人，都可以进城吊唁。菊花下面粘着白色小纸条，上面用汉字写着表示悼念的文字。外国人可以从公使馆得到这种标志，中国人从他们的同业公会领取。但是那个时候，属于某个同业公会的中国人很少，大多数地位卑微的人都被拒之门外。不过，紫禁城南边城门前大理石桥头用橘黄色丝绸搭了一座华丽的亭阁。亭阁里面是祭坛，中间挂着已故皇太后的照片，照片前面摆放着各种供品。平民百姓都可以来这里表达哀思与敬意。

我把菊花别在皮大衣的前襟上向紫禁城走去。那天，尽管阳光灿烂，但天气寒冷。我错误地走到了东面的大门。这里是仅向王公贵族开放的入口。我觉得很奇怪，怎么连一个外国人也看不到。转念一想，也没什么好奇怪的。有资格走进紫禁城的外国人，在北京恐怕连百分之一也不到，所以我没有泄气，径直向大门走去。刚走到门口，便被一帮身穿白色长袍、正在服丧的宫廷仆人拦住。他们比比画画说得很起劲，解释得很有礼貌，但很激动。虽然他们说的话我一个字也听不懂，但有一点是肯定的，他们告诉我，不能从这儿走进那神圣之地。于是我转向南门。人流如潮，仿佛那才是真正的北京。就像在中国别的地方，不能走一条直接到达某地的路。

护城河环绕紫禁城。河两边的堤岸铺着大理石。青石铺就的大路穿过皇城。跨越护城河的金水桥上矗立着橘黄色丝绸搭建的亭阁，供贫穷阶层的人们吊唁、祭拜皇太后。成千上万像我们这种佩戴黑色菊花的人过了桥，向右转，沿着赭红色的高墙，来到城楼之下的拱门前面。拱门共有五座，厚重的门板上镶嵌着巨大的铜钉。平时紧闭的大门，今天却敞开了，由全副武装的士兵把守。这些新兴的共和国士兵穿着现代卡其布制服，木然而立，仿佛在向一幅画面之外张望。滚滚人流拥进隧道似的拱门。和我以前看到的那些人一样，他们又一次激起我的好奇心。

凡是来吊唁的人，不分长幼尊卑都必须步行。无论你是世界列强的代表还是如“风中百合”摇摇摆摆的中国小脚女人，概莫能外。只有一个人特殊——一位蒙古王子、佛陀的现世化身、活佛——可以坐轿。其他所有的凡胎肉身都得步行。隧道般的门洞一定永远都是阴冷的。在这个寒冷的日子里，虽然阳光灿烂，门洞里依然寒风习习。门洞很长，因为上面是城楼，大约有九十英尺。亚哈随鲁王宫殿的入口可能也是这样。我们进入的第一个庭院中间有一条很宽的石板路。那是几百年前，奴隶般的苦力开凿、铺设的。那时候，所有人都得跪在天子面前。如今，石板路许多地方坑坑洼洼。那是世世代代、许许多多人匆匆而过的脚步磨损的。石板路两边铺在院子里的灰色的砖磨损得更加严重。这是一个比例极好的大院子。一道道红色的高墙耸立在眼前，挡不住整个北京城都看得见的宏伟的建筑。那是皇家的宫殿，金黄色的琉璃瓦在阳光下闪闪发光。庭院两侧各有一排低矮的房屋，格栅结构的门窗破损失修。这些房屋可能被用作警卫室，或者更有可能是六千名左右的宦官的宿舍。统治者的尊严需要他们维护。庭院里有几株参天古树，时值三月[1]，光秃秃的，没有树叶。但没有什么能破坏这里的庄严和宁静。这个令人叹为观止的入口一定是由一位伟大的人物设计出来的，这位伟大的人物必定想以极简主义呈现出至美。我突然明白，此处何以成为一个国家的心脏。从石板路走过的人，在院子里被岁月磨损的、坑坑洼洼的砖地上漫步的人，虽然都是些卑微的工匠，但个个心灵手巧。如果最穷的人都拥有一双巧手，那么从这样一个民族中挑选出来的精英成就一番大事业，还有什么好奇怪的呢？更多、更长、更阴冷的门洞通往一座更大的庭院。院子至少有四分之一英里宽。同样，石板磨损的甬道，诉说着被遗忘的血泪斑斑的奴隶的故事。他们开山凿石，将材料运到这里，铺成大道。还有铺在庭院里灰色的砖，高高的红墙，拱门上的城楼，一座座富丽堂皇的宫殿，直插蓝天的金色屋顶。穿过第三个拱门，走进第三个庭院。皇太后的葬礼[2]就在这里举行。第三个庭院十分宽敞，犹如特拉法加广场[3]。雄伟的宫殿三面是宽敞的、由石头砌成的三层平台，与简便的坡道相连。碧水环绕雄伟的宫殿，优雅的白色大理石小桥横跨在水面之上[4]。每一根石柱上面都雕刻着精美的图案。起初我以为那是火焰，后来才得知，那是一朵朵祥云，象征蛟龙翱翔的云海。用大理石作为载体表现轻薄如云的物体时，必须精工雕刻。两个巨大的龇牙咧嘴、鬈毛卷曲的青铜怪兽卧在雕刻着龙的基座上，那是中国传统的狮子，

[1] 隆裕皇太后于1913年2月22日在长春宫薨逝，享年46岁。时任民国总统的袁世凯随即下令全国下半旗志哀三日，文武官员穿孝二十七日。3月18日、19日，在太和门前广场隆重召开了全国国民哀悼会，到席者达五万人之多。民国政府于3月19日在太和殿召开了国民哀悼大会。本书作者记载的即为这一事件。

[2] 原文如此。应为国民哀悼大会。

[3] 特拉法加广场（Trafalgar Square）：是一个公共空间和旅游景点，在伦敦中心，位于威斯敏斯特市。其中心是纳尔逊柱，由四个狮子雕像守卫在它的底部。广场上有许多纪念雕像和雕塑。

[4] 太和殿前面没有流水，也没有小桥。这里是作者错误的描述。

守卫在第四座金碧辉煌的殿堂门前。殿堂里便是死者的祭坛。门前人头攒动，人们并无悲哀之色，似乎在过“至高圣日”[1]。

头顶是琉璃瓦屋顶，彩虹七色没有一种颜色比金黄色琉璃瓦与湛蓝的天空更和谐。世界上各种风格的建筑物都比不上中国大屋顶建筑的曲线的柔美。屋顶上长着枯黄的小草，微风吹过，瑟瑟抖动的衰草和金黄色屋瓦相映成趣。这世间还有什么地方能看到这样的景色呢？只有在澳大利亚，我才看到过这样一碧如洗的天空。但是，那里的天空从来没有像北京的天空那样蓝与金交相辉映。在那遥远的年代建造这座宫殿的人，将恢宏与雄伟永远留在人间。

然后，好像嫉妒的神灵走了进来，破坏了所有的美。不，这不可能。只是一种不和谐的刺耳的声音凸显了我们心中永恒的美丽。宫殿前面，目光所及，都是红色的高墙。屋檐下，美丽的深蓝、浅蓝、碧绿的斗拱，色彩搭配得浑然天成。而现在，挂满花里胡哨的纸做的装饰品——红色、蓝色、黄色、白色，俗不可耐。雕刻着云朵的大理石栏杆上挂着一串串旗子，是各国的小国旗。彩旗在云朵上飘动，巨大的青铜狮子戴了些堪与约克郡火腿比美的饰物，看起来忸怩作态，尽失威严。北边平台上的祭坛隐蔽在用鲜艳的彩纸做成的花格后面，上面摆满了各种各样的水果和糕点，供奉在已故皇太后的画像前面。两边各有两个诵经的班子，由基督教的神父、佛教的和尚、喇嘛和道教的道士组成。他们全都身穿长袍或披着华丽的红色和橙色袈裟。已故皇太后信仰什么，不得而知。但是，将中国两大宗教的代表召集到这里，更多的是出于政治的原因，而不是出于对亡灵的慰藉。在一个漂亮的格栅右边，一群诵经的人围坐成一圈，敲锣，敲钟，吟诵。左边，另外一群人跪在矮桌后面，也在庄严地吟诵。他们似乎都是蒙古人，面无表

[1] 至高圣日（High Holy Day）：9—10 月，是祈祷和深刻自省的时间。

情，也不左顾右盼，只是跟着一种腹部中空，头部正中开口，击之声音清脆的法器击打的节拍诵经。那法器叫木鱼。他们念诵的是什么？是为死者祈祷，赞颂她的功勋？还是对生者的抚慰？也许什么都不是，只是用藏文吟诵经文。那语言很可能他们都不懂，只是千百年来无数次重复，“口传心授”而已。

人们走过那一溜台阶，按照穿欧洲服装的接待人员指示的方向朝已故皇太后的巨幅照片和祭坛三鞠躬。城防司令张将军代表政府表达谢意。然后，我们从身披色彩鲜艳的袈裟、口中念念有词的僧人身边走过，又一次回到大院里熙熙攘攘的人群中。我发现参加这样的仪式怪怪的。更让我觉得新奇的是台阶上那些走来走去的人。我从来没有看到过这样特别的葬礼。我敢保证，这样的仪式再也无缘得见。这是一种不同凡响的古代与现代的混杂。这时候，耳畔响起怪异、古老的东方音乐。身穿黄色长袍的活佛坐着黄色轿子出现在人群之中。四个身穿深蓝色衣服、头戴鞑靼帽子的轿夫抬着轿子。为了表达对他的尊敬，轿子后面跟着一队中国孩子。这些孩子在美国教会学校读书。虽然选的歌风马牛不相及，但热情高涨，他们扯开嗓门儿，用尖细的童声高唱美国民歌《斯旺尼河边》和苏格兰民歌《友谊地久天长》。“童声合唱队”后面是穿着土黄色或浅蓝色现代制服的士兵。紧跟士兵队伍的是身穿黑色制服、肩扛金黄肩章的警察。《斯旺尼河边》的歌声在这个场合是那样刺耳，一如那些学外国人穿洋装的高官，看起来是那么别扭。直到身穿白色羊皮丧服，头戴黑色鞑靼皮帽的满族王公出场，才遮掩了那种“刺耳”和“刺眼”。

他们也许放荡、颓废，身上还保留着“新兴的共和国”所指责的种种恶习，但至少他们看上去是文雅而有尊严的绅士，安分守己。这可能无关紧要。他们的总统曾经说过，为君主制请愿是一种狂热的行为，应该受到监禁的惩罚。所以对于旧秩序，必须有一个“测量过程”。即使在难以变革的中国，该来的也一定会到

北海公园小径

北海公园一角

来，这是自然法则。哪怕只是一点小小的变化。看到满族卫兵拿着弓箭，斜倚在墙上的时候，我意识到要保持事物的原样是不可能的，不管它是多么的美丽。即使卡其布制服那么难看，即使在这个场合一群孩子高唱《斯旺尼河边》那么怪诞，那么荒唐，这也还是历史潮流激起的一朵浪花。一切都取决于你持有怎样的观点。

我们胸前佩戴的黑菊花下面的白纸条上写着和新共和国有关系的什么字，但也可能是为召唤皇太后的灵魂。庭院里人头攒动，个个面带喜色，毫无悲伤之意，似乎只想享受生活。乐队演奏的乐曲，时而是陌生的、让人难忘的东方音乐，时而是欧洲歌剧的选段。院子里还搭着各式各样的棚子。棚子里摆放着座椅和桌子。桌子上面摆满了各式点心、橘子、姜味儿饼干和茶。庭院里还设了类似祭坛的小台子，上面也摆放着水果点心，星罗棋布，一直延伸到石狮子的底座。人们四处走动，东张西望，从每一个缝隙里窥视，希望看到这座宫殿没有对他们开放的神秘之地。他们聊天、欢笑，互相打招呼，就像在欧洲的游园会上那样。各种各样的人穿着各种各样的服装。喜欢"新中国"的人穿着欧洲服装，风流洒脱，神色自若。留恋"旧社会"的人留着辫子，一脸尊严。他们身穿丝质马褂，锦缎长袍，颜色通常较浅。满族妇女头戴很高的头饰，身穿亮光闪闪的织锦外套，蓝色、粉红色、淡紫色、灰色，端庄大方。汉族妇女裹着小脚，步履蹒跚。那三寸金莲让我想起鹿的蹄子。最时尚的未婚女孩穿着短外套，高高的衣领盖住下巴，窄窄的丝绸长裤色彩亮丽。老年妇女在外面再套一条裙子。贫穷阶层的女人们只是穿着一件棉袍，一般是蓝色，裤腿在脚踝处扎得紧紧的，残缺不全的脚上穿着一双小小的绣花鞋。中国女人很少穿欧式服装，乌黑的头发用某种物质黏在一起，滑溜而有光泽。她们不戴围巾，头发间插着鲜花和珠宝别针。偶尔——我是说在那天——你会看到一个女人头上束一条黑色绣花缎带。我想，这表明她是罗马天主教教徒。因为罗马天主教在中国传播的时间远比其他基督教教派长。他们专门为不习惯头戴任何东西的中国妇女发明了这种头饰。因为按照圣保罗的禁令，女人头上不戴任何东西到教堂是一种耻辱。旧中国根本不赞成妇女抛头露面，到处走动。在这个葬礼上，我听到许多"中国通"说，看到这么多妇女混在人群中走来走去实在太奇怪了。它标志着时代的变化。但是在这么短的时间之内就会发生如此大的变化，真让人大惑不解。

宫中也有许多宦官，是宫女们的"监护人"。而此刻，宫女们显然也可以在男人堆里"抛头露面"了。她们全都穿着白色丧服，间或有几个穿黑衣服的人。原因何在，我也弄不明白。皇帝住在紫禁城，一个男人拥有众多的女人。对宦官的需求是巨大的。他们说，宫里经常会有多达一万名的宦官。由于生老病死，宦官的队伍不得不"吐故纳新"。中国如此保守，通常是从村庄里招募宦官。仿佛为宫廷提供此类服务是这些村庄的职责。当然，通常手术是在婴儿期进行的，但有的男人进宫前，也可能已经长大成人、娶妻生子。

"不可能，"我说，"长到那么大，他不会同意的。绝对不会！"告诉我这件事的朋友笑了起来。"啊，"她说，"你不了解中国。为了生存，他们顾不了那么多。"

有些宦官想让我给他们拍照。只要能给我找个拍照的地方，我求之不得。我想让一位宦官穿白衣服拍，但他们想让他穿黑衣服拍。也许因为他是最重要的人物，也许因为他是最不重要的人物。大伙儿让他坐在一块石头上。这块石头也许在忽必烈建造宫殿时就已经安放在这里。这位宫女的监护人——逼迫女人同时也逼迫男人为皇上服务的残酷的旧时代的代表，面对照相机，像一个小学生在公共场合被未婚的姑妈亲吻时那样局促不安。

身穿蓝色棉衣的苦力在院子里忙来忙去。这么多的人需要招待，自然要有人服务。人们看起来都乐呵呵。为什么不呢？人固有一死，死亡毕竟不是什么非常之事。他们听到皇太后去世的消息和芝加哥人听到之后的反应其实也差不多。他们不过是接受了她或者她的代表的好意[1]，改朝换代，日子过得还不错。

人们不停地把长长的条幅挂在墙上，上面用中文写着赞美皇太后的诗句。这些条幅就像我们参加葬礼时送的花环，向死者表示哀悼与敬意。风乍起，条幅像长长的飘带在墙上哗啦啦地飘拂。风越来越大，有的便被整个儿刮了下来。第二天下午，更糟糕的事情发生了。午餐过后，我去了紫禁城，发现大门外面，有一大群人抬头仰望，嘴里还嘟囔着什么。眨眼间，已经聚集了好多人。镶着铜门钉的大门紧闭。一队肩背背包的士兵显然正让人群后退。很可能正向人们解释应该后退的理由。当然，真正的原因我自己也搞不清楚。我只知道，没等弄清怎么回事，我就被挤到越来越难控制的人群中间。一群中国人比同样规模的欧洲人温和得多，不会有什么过激的行为。但当这个群体变得庞大时，便不需要为自己的行为负责。此外，中国人有一些让人不愉快的习惯。男人抱起小孩——很小的小孩来看热闹——举起来放在肩膀上。他们咳嗽，清嗓子，随地吐痰，用亚当想到用无花果叶子当手帕擦鼻子之前最原始的方法擤鼻涕。最后我觉得，必须尽快从拥挤的人群中挤出去。倘若大门打开，需要随着汹涌的人流挤过坑坑洼洼的门洞，就简直是拿生命开玩笑。一旦跌倒，恐怕连爬起来的希望也没有了。

过了一会儿，城门打开，人们蜂拥而入。等到没有什么人的时候，我才跟了进去。大院里一片混乱。尽管警察和士兵极力维持秩序，“威胁利诱”无所不用其极，但毫无用处。挤进来的人们把祭坛上的供品、诵经场的装饰品扫荡一空。大门自然已经紧闭，不允许“新来者”再进入。这花了一段时间。祭坛前一场混战。人群散尽，挤丢的鞋子、帽子和衣服满地都是。管理人员把那些东西堆在一起，等人来认领。

[1] 此处指隆裕皇太后于1911年12月28日宣布清帝逊位，结束清朝统治。

我进去的时候，一切都安定下来了。我们不得不到第二个庭院等待。院子里，女人——汉族女人忍着小脚的疼痛，满族女人承受着高高的头饰的重负——坐在路边歇息，因为站在人行道上又累又乏味。大伙儿都耐心地等待着，直到门被打开。院子里，其乐融融。就像萨默塞特郡普通的游园聚会。

"你喜欢喝中国茶吗？"一位中国女士用生硬的英语慢慢地问我。

"跟我来。"她说，冰凉的小手拉起我的手。我们俩手挽手走着——或者说我走，她蹒跚着——走进一座临时搭起的帐篷。她让我坐下，送上一杯极好的茶。别的在场的中国女人也都每人一杯。对我这个孤零零的外国女人，她非常热情、体贴。这时候，一位身穿白衣服的仆人送来一盘点心。那女人用她非常漂亮的小手拿了一块递给我。坦率地说，我并不希望她们这样热情好客。我想说，我更愿意自己挑选想吃的点心，不愿意别人碰我要吃的东西。但是这样的话听起来太不礼貌，我可不想伤害别人美好的感情。暮色渐浓，我回到饭店，为离开紫禁城而遗憾，为看到那即将消逝的奇异而美妙的东西高兴。

皇太后死于二月，三月举行的这场悼念活动，是否可以称为"遗体瞻仰"？直到四月三日，才举行葬礼。皇太后的灵柩从紫禁城搬了出来，北京的大街上挤满了来朝拜她的人。他们很悲伤吗？嗯，不知道。我认为，严格地说，这算不上哀悼。在英国，老百姓离国王已经够远的了，然而在中国，老百姓和皇帝好像生活在两个世界。

天空一碧如洗，灿烂的金色阳光倾泻而下，像英国的七月天，或澳大利亚的三月天，没有一丝云彩。我来中国已经五个星期了。这当儿，没有一点征兆预示会发生这样的事情。起初，阳光虽然灿烂，但天气寒冷。现在暖和起来，冬天已经过去。从城墙看过去，鞑靼城尽收眼底。这里是被明朝征服的地方，后来又被满族人据为己有。掩映着最远处的房屋的树木已经吐出鹅黄和新绿。用不了多久，蓝的澄碧和金的辉煌将添加生动的绿色，告诉人们新生命的诞生。一个曾在这里身居高位的女人，一个悲伤的女人，她错过了生活中最美好的东西——如果传言是真的——将在那天踏上长长的回家的路。

送葬的队伍从紫禁城东门出发，慢慢走过现在称之为莫理循大街的宽阔的街道。然后拐了个弯，进入经过使馆区的那条大街。大街两侧是一溜缓坡。西方列强宣布，为了他们的安全，中国人不能在那里建造房屋。欧洲人管那条街叫意大利大街，因为它经过意大利公使馆。中国人有一个更好听的名字：长安大街。对于1900年发生在这里的战乱，这真是一个绝妙的注解。然后队伍到达前门大街。那里的城门直通火车站。

在我看来很奇怪，这位古老民族的统治者，以怪诞甚至野蛮的仪式下葬，却被现代化的火车载着送到她最后的安息之地。仅仅几年之前，反对洋人的声浪达到高潮的时候，她的子民还巴不得把这些洋玩意儿连根铲除。送葬的队伍要到火车站，就必须经过前门。因此环绕前门的瓮城高高的城墙是一个观看穿城而过的送葬队伍绝佳的去处。我和别的欧洲人站在城墙上把下面发生的事情尽收眼底。为了这次盛大的活动，瓮城南门已经打开。这个门常年关闭着。因为只有这个国家最高的统治者才能从这里通过。而现在，城门大开，因为这个国家最高的统治者，清朝最后一位皇太后要从这里经过，虽然她已经死了。

瓮城的围墙上有四道拱门。我俯瞰围墙里发生的事情，就像观看一个竞技场里的表演。整个盛况尽收眼底。走在队伍最前面的是二十头左右的骆驼，它们步伐稳健，如果只是为了驮煤，那真是气度不凡。此刻它们身披象征皇权的黄色丝绸，黑尾巴，脖子上挂着帝王的徽章。满族是狩猎的民族，尽管他们在过去的二百五十年里一直居住在城镇里，但最后一位统治者去世之时，这一段历史他们依然牢牢记在心里。她要去旅行，一次漫长的旅行。她可能想在路上休息，因此

莫理循大街的骆驼

做糕饼，北京街景

骆驼带着支帐篷的柱子和皇家颜色的帐篷。它们高昂着头，无声无息地走着，走啊，走啊，走啊，就像它们的同类，千百年来，在北京来来回回地走着。蒙古人，满人，汉人，对骆驼来说都是一样的。它满足人们的需要，因为它必须这样做，但自己却像时光一样一成不变，它的生存方式像天空一样固定不变。无论从北方运来粮食，还是从西山运来煤炭，抑或是驮着为皇家葬礼准备的帐篷和幔帐。骆驼后面大约有五十四匹白色小马。马背上没有马鞍，也没有任何装饰。每匹马都由一个身穿蓝色制服的马夫牵着。这些马夫和普通苦力没有两样。紧随其后的黄篷大马车是旧时的东西。不过大不列颠和爱尔兰的国王参加盛典时不也坐最古老的马车吗？然后我注意到送葬队伍中所有的东西都是以三为单位。三辆大车，三顶插满假花的黄色轿子，三顶黄色锦缎覆盖的轿子。周围都是穿着闪闪发光的彩绸衣服的侍从。他们头戴厚厚的毡帽，帽子的尖顶上插着长长的黄色羽毛。队伍慢慢地，慢慢地向前走着，不时被一队队整齐行进的士兵打断。他们告诉我，队伍中有一支皇家御林军的骑兵。我纳闷儿，既然五色旗在空中哗啦啦地飘扬，怎么还会有皇家的御林军呢？队伍中怎么会夹杂着身穿黑黄两色现代军装的骑警呢？更多的送葬者身穿色彩明亮的长袍，手持木戟，肩扛绣花大扇，高举流苏下垂的华盖和各色旗帜。喇嘛簇拥着插满假花的黄色轿子。他们穿着黄色长袍，披着深红色的缎带，手捧青烟袅袅的香烛。轿子里放着死者的封印。那是她现在必须放弃的权力的象征。烟雾缭绕，我们站在四十英尺高的城墙上，熏香的气味依然直冲鼻孔。宫廷侍者穿梭在各式各样的人群中，混杂于比基督还要古老的佛陀的信徒——喇嘛中间，奔波在穿卡其布军装的士兵和穿黄黑相间的警服的警察之间，向空中抛撒白色纸钱。死去的皇太后需要钱去旅行。而钱就在他们手中，慷慨地分发着。后来，我从地上捡起几张，发现只是白纸，没有什么图案或者文字，只有被人们踩过的脚印和路上的尘土。但是对于她，足以满足远行的用度。

从幕墙看前门

美国公使馆边上的牌楼

几个侍从敲打着木板，宣告皇太后的灵柩到来。灵柩出现之前，先看到身穿白色丧服的宫廷宦官。皇太后活着的时候，他们一直保护她的隐私。宦官后面是穿黑衣服的宫廷侍从，然后是一排排穿着卡其布军装的现代步兵列队前进。棺材上覆盖着黄色的缎子，鲜艳、明亮，绣着红色的凤凰，象征着她的尊贵地位——龙代表皇帝，凤凰代表他的配偶。两块木头发出刺耳的碰撞声，巨大的灵柩向前移动着。棺椁架在一根根黄色的杆子上，八十个人抬着。他们身穿色彩鲜艳的杂色细布长袍，红是主要的颜色。头戴插着黄色羽毛的帽子，在木杆下摇摇晃晃，就像两千年前尼尼微或巴比伦的奴隶在重负下颤抖呻吟一样。

骆驼、马、士兵、喇嘛、宦官从瓮城北门出来了。还有古色古香的华丽的仪仗——华盖、扇子、轿子和旗子——慢慢地穿过宛如竞技场的瓮城。送葬的队伍先是停了一会儿，又停了很久，然后又停了一会儿。最后，从南门走出。木板的撞击声又响起，瓮城里，皇太后巨大的灵柩被慢慢抬起，又压在“巴比伦奴隶”的肩上。慢慢地，慢慢地，它停了下来，好像要永远待在那里。我们觉得，抬着它的八十个人一定在忍受着难以形容的痛苦。木板又一次发出清脆的噼啪声，护送灵柩的队伍终于从南面的拱门走了出去。前门外面是火车站。火车站周围早已挤满了看热闹的人群。士兵们在人群中分出一条路来，皇太后的棺椁被送上一节车厢。乐队奏起奇怪的葬礼进行曲，士兵举枪致敬，喇嘛跪在地上。火车非常、非常缓慢地驶出车站，清朝最后一位皇太后向她的安息之地驶去。

从城墙斜坡走下去的时候，我问自己，皇太后的葬礼给我留下怎样的印象？我似乎很难对此做出回答。古雅、奇特、充满东方色彩。今天看到的这一切和以往看到的东西一样，在我的脑海中留下难以磨灭的印记。就像被慷慨大方地扔到空中的纸钱。在所有的华丽之中，有一种奇异的色彩——一种不协调的庸俗感。华丽的长袍下，可以清楚地看到，破烂和不洁。士兵们穿着不合体的制服，看起来是“权宜之计”。警察需要抖落满身的尘土。然而——我必须说一遍“然而”，因为找不到更好的词来表述——这一切的背后是某种现实，某种紧抓不放的东西，就像萦绕在心头的挽歌，或者反抗一切变化、气宇轩昂、庄严行进的骆驼。

第六章　欢乐时光

北京的魅力——中国的戏院——电灯——戏院的守护者——为座位讨价还价——交响乐团——莎士比亚戏剧的舞台布景——现实主义的姿态——城墙——山神——华丽的服装——一包毛巾——女宾席——全副武装的巡逻队——四月的雨——农家饭——饥荒——女儿的价值——谢天谢地。

北京的使馆区，正如我一天被提醒二十次的那样，不是中国，甚至不是北京，而是一个令人愉快的地方。一个可以和同类交流思想的地方，一个可以出去看看整个北京的地方。在那里，古老的、不变的文明仍然在继续。通常，如果你想看到什么新东西，想获得一种新鲜的感觉，就得离开你的同类，就得敢于面对令你不适的某种环境，或者花点钱，换来舒适。但在这里，在北京，只要有兴趣，你就能轻轻松松看到一个全新的世界，享受到那里的安谧与恬淡，除了你在伦敦习惯了的随处可见的读物。这就是我不愿意离开北京的原因。在这里，总能看到一些新的东西，总能学到一些新的知识。不管什么时候，五分钟之内，就可以走进另一个世界——马可·波罗曾经来到的世界。

听说有些人抱怨北京沉闷。不要相信他们。但是，毕竟我不是最好的评判者。作为一个年轻女子，因为总是试图做正确的事，总是想让自己举手投足俨然一个有教养的小姐，不免觉得生活乏味。比如我在某个下午为了拜访某人，而希望自己表现得恰到好处时，就会有这种感觉。但是因为我更喜欢我行我素，有时候伤感或孤独，但却能发现生活的趣味。感谢上帝。但我认为，北京确实是一个很难让人真正感到无聊的地方。

如果愿意，每天晚上都可以去剧院，真正的中国戏院。虽然路程不近，但却值得去开开眼界。一天晚上，两个朋友带我去了一家最好的戏院。他们说，真正最好的那家出于政治原因被关闭了。因为新政府没有足够的自信，不愿意老百姓聚集在一起。这是一个小戏院，一个女人的戏院。演员都是女人。这可真是"天上人间"的新起点。直到我描绘的这一天大约一年之前，还没有见过女人在舞台上表演。女人的角色即使在旧日的欧洲，也是由男人和男孩扮演。即使现在，男人和女人从来没有一起上台演出。在中国，更不会有这样的情况。女演员处于社会底层。

三月，一个寒冷的夜晚，三辆黄包车把我们送到外城一个敞开的大门口。中国人对广告、海报之类的美术作品不以为意，尽管英美烟草公司正尽全力提高他们对广告重要性的认识。这家戏院门外没有悬挂美人照片——一些舞台上司空见惯的美人图，图上的美女穿着审查部门允许范围内的尽可能少的衣服。但是赞助人中的知识分子还是被广告的理念所吸引。戏院门口贴着一张张大纸，上面用金字写着当晚演出的节目和演员的名字。

我们沿着一条窄窄的过道往前走。脚下是坚硬的、夯实的泥土地面，两边是脏兮兮的白墙。我想象着，第一次听丹麦王子哈姆雷特独白的人，就是沿着这样一条过道往前走的。灯光很暗，节俭的中国人不会把宝贵而昂贵的煤气灯浪费在

镀金门面，北京街头

街头一隅，北京

不需要它的地方。墙后传来奇怪的中国音乐。这里似乎只有一扇门，坐着一个胖胖的、面带微笑的中国人。他向我的朋友们解释说，根据剧院的规定，男女观众分开入座。所以我必须去“女宾席”。朋友们表示反对。我一个人坐在那儿，一个字也听不懂，难道就不能破个例吗？守门人很有礼貌——只有中国人才能做到这一点。他说，就他自己而言，没有反对意见。但是戏院老板和政府为了维护法纪和秩序恐怕也不能从命。

我很想和朋友们待在一起，以便能听到舞台上的表演和剧情的讲解。我们便派人去找剧场负责人。负责人是一位面带微笑的绅士，不太胖，穿着黄黑相间的警服。对于我们的要求，他虽然表示同情，但一口咬定必须照章办事。我的朋友们对他说，这种规定早已过时，现在是改变的时候了。他微笑着表示同意。是过时了，很过时，没错儿。可是你瞧，这是规定。他在这儿的职责就是执行这些规定。后来，他建议，作为另一种选择，我们可以坐到旁边的包厢里。这样一来，想在前面就座是没戏了。但坐包厢需要再加六块大洋，相当于十二先令，或者三美元。我们不同意，在中国，你似乎总得讨价还价。我们对那个把门的人说，要价太高了。我们只不过是不想坐原来的位子，不能再要这么多钱。那人寻思了一下，大手一挥，“两块！”

走上几级简陋、陡峭、狭窄的台阶，进入一间用煤气灯照明的大厅——这里是大都[1]！古老文明的中心。四周都是精致的木格装饰的包厢，就像中国人的雕花窗户那样。我们坐到一个包厢里，里面摆着几张光溜溜的长凳和一张木桌。下面就是舞台，这出戏正演得热火朝天——演员、道具管理员、管弦乐队同时上阵。舞台很大，方方正正，比观众席略高一些，四周都是同样精致的小格子屏风。后

[1] 大都（Cambulac）：马可·波罗笔下的北京之名。

面是管弦乐队，由穿着普通穷人服装的人组成——深蓝色棉布衣衫——留着长长的辫子。乐器有响板，鼓，钹，有土制的小提琴，还有各种各样的铜制乐器，看起来就像铜制的托盘。他们都全神贯注、不遗余力地演奏着。那股认真劲儿干什么大事业都绰绰有余。而且看起来似乎有一种意图——当然不可能是真正的意图——要把演员盖过去。但总的来说，充满了奇异的东方色彩。

整场演出包括好几个“折子戏”。每一出的时间从半小时到一小时不等。舞台上的演员从来没有超过六个，通常只有两个在表演。到底演了些什么，我们只能猜测。我那几位朋友虽然能说流利的中国话，但听不太懂演员们的唱词和道白。这可能是因为演员不是用生活中的语言或者词句说话——就像西方舞台一样——而是用一种高亢而尖锐的假声歌唱，听起来非常不自然。不过，随着剧情的发展，我还是对故事有了一些了解。因为这些女演员的动作，不像她们的声音那样给人一种矫揉造作的感觉，而是非常戏剧化，举手投足、一颦一笑，都有其内涵，为剧情的发展做了“注解”。舞台上的布景则和莎士比亚时代英国的舞台大同小异。但是，尽管处处显得简陋，演员们的服装——古代人穿的衣服——无论男人还是女人都非常华丽。将军的脸涂得很难看，长长的黑胡子是用丝线织成的，袍子是金线绣成的，肯定值不少钱。一个武士，显然是那种被称为杜加尔德·达尔盖蒂的人，正和一位穿着朴素的深色衣服的学者争论不休。他穿着一件精致的蓝缎子衣服，上面绣着美丽的莲花和棕榈树。几位女士，尽管浓妆艳抹，头饰也很古怪，但确实相当漂亮，她们身穿精美、高雅的长袍。我的一位同伴很懂行，他告诉我，她们穿的这些长袍一定和将军的一样价值不菲。扮演仆人或乡下人的丑角穿着一件短褂，鼻子上贴着一张白纸或者扑了一些粉，看起来确实很滑稽。满脸严肃的学者穿黑色衣服，武士穿华美的刺绣绸缎衣服，旅店老板娘——一个乐呵呵的女人满脸堆笑，头上插着一朵玫瑰花，小脚，额头上画着黑色图案，好像镶了一个边儿。男演员看起来都很凶猛。留着长长的、飘逸的胡须。我觉得现实生活中，中国男人的胡子不会长那么长。因为中国人的毛发不像欧洲人那么重。这时，一个穿紧袖上衣的勇士——显然是一位武将——和一个非常凶猛的战士，弹了一下手指，抬起两条腿使劲跳了一下。你可以想象，他是跳过一堵墙，或者骑上一匹马。一块屏风代表一座山——山的阴面儿——摇摇晃晃靠在一张很普通的椅子上。山下，隐藏着一个非常邪恶的幽灵。那幽灵穿着一件豹纹衣服，露出一张动物中最可怕、最凶恶的脸。

这种戏看似简单，实际上表现的内涵颇为丰富。一个脸涂成黑色和白色，戴着黑色长胡子的将军，带着五个士兵就象征千军万马。薄薄的蓝色棉布用四根竹竿一撑就代表一座坚固的城池。而这种“城池”只需几个身强力壮的苦力就能很方便地搬上舞台。城墙外有个邪恶的山神，做了可怕的事情。他每说完一段话，就会冒出一阵火花。我估计，你不会想到是那个苦力操纵火焰，尽管他站在舞台上和其他演员一样显眼。

在刺耳的音乐声中，用假声讲话一定很吃力，演员们自然要不断地喝点茶润嗓子。侍者端着茶杯，脚步轻快地走上舞台，送上一杯香茶，然后就站在那里，手提茶壶，有时候自己还懒洋洋地呷上一口。但谁也不觉得这场面有什么不协调之处。

台上演员妙语连珠，台下观众沉默不语，聚精会神。动情处，不是鼓掌，而是发出喝彩声：“好！”

这是我见过的最守秩序、最入戏的观众。来看戏的主要是中产阶级男士。他们紧紧地挤在一起，中间时而有一张小桌子，时而有一条长凳子，卖苹果、橘子、甘蔗、蛋糕和糖果的小贩来来去去。

戏院还提供热毛巾。一个男人站在观众席，远处有人给他一捆一捆地扔毛巾。

毛巾在人们的头顶飞来飞去。谁想用就交一分钱。观众拿起热乎乎的毛巾擦擦脸、头和手，然后还给他。他便把用过的毛巾整整齐齐捆成一捆，扔给先前给他的那个人。那人再扔一捆新的给他。他们扔给观众的毛巾飞来飞去无一失手。换回来的钱当然都到了提供者的口袋里。中国人似乎不喜欢室内通风，说戏院“闷”还算是一种委婉的说法。热毛巾一定是用来提神的。包厢属于有身份的人看戏的“雅间儿”，戏院提供小吃。但我们觉得，在娱乐的过程中没有必要使用“可疑的”毛巾擦脸。服务员还送来茶。是上等的中国茶。我现在喝中国茶，当然不加牛奶和糖，但那天晚上在中国戏院，我只是略微尝了尝。

我们对面是女宾席，里面坐满了汉族妇女和戴着头饰的满族妇女。汉族妇女喜欢略施粉黛，在满族人面前相形见绌。满族妇女喜欢浓妆艳抹，穿上最漂亮的衣服，看上去个个如花似玉，就像广告牌上的美人儿。那天晚上，没有一个男人走近女宾席。因为男人做这样的事是最粗俗无礼的行为。浓妆艳抹的仕女们只好摆出优雅的姿势，翘着兰花指喝茶。

大约午夜时分——比平时早了一些，我想，或许是这个国家动荡不安的结果——伴随着欢快的音乐声，演出结束了。世界上最有秩序的观众走出戏院，走到外城的街道，走进晴朗的夜晚。人们告诉我，直到最近几年，北京的大街才有了路灯。从前，人们天一黑就上床睡觉，现在大家都很高兴这种变化。街上挤满了人。有步行的，有坐黄包车的，有坐没有弹簧减震的大马车的，还有一些大人物，坐在时髦的玻璃马车里，骑马的侍从和步行的仆人前呼后拥。到处都是宪兵，肩上扛着步枪，在夜色中穿行。他们维持秩序的对象是一群最守秩序的人，这让我觉得太不可思议。这件事让我那对那些警察感到好奇，现在想来仍然觉得新鲜。他们的职责是什么？为什么每隔几码就站着一个警察？从戏院回来，一种从来没有过的奇怪的、回家的感觉油然而生。过去建造的四十

高粱脱粒

脱粒场

英尺高的城墙俯瞰着我们。我们走过前门大街前面漂亮的大理石乞丐桥[1]，走过前门城楼下的拱门，回到守卫得像一个城堡似的使馆区。躺在床上，我思考着中国戏剧和西方现代音乐喜剧的区别。我想，它们都很有趣，值得一看，但确实是有天壤之别的不同艺术。

我在寂静的夜空下进入梦乡。第二天早上，惊奇地发现天在下雨。当然，四月份，我后来在北京见过很多很多次比这更大的雨。但从来没有一场雨比这场更值得记录。就连在澳大利亚，那个最需要雨水的地方，也不值得我如此书写。

四月天，北京终于下雨了！

“万物皆有时节。”传教士说。在中国北方，春雨贵如油。在英格兰，人们都说，一年三百六十五天，有三百六十天下雨。碰上闰年，或许还得多一个下雨天。实际上，我相信英格兰每年平均大约一百五十个雨天，还会有一定数量的乌云遮挡阳光的日子。可是在中国北方，自1912年的夏雨以来，一直没有云，直到我看到的这场四月的春雨。这样的雨难道不值得记录吗？更让我认为值得记录的是，那一天的雨，对我来说那么微不足道，对成千上万的人来说却意义非凡。整个寒冷的冬天，辽阔的大地冰封雪冻，但太阳主宰着无与伦比的湛蓝的天空，光芒万丈，灿烂夺目。英国六月的阳光与之相比显得可怜而苍白。农民指望他们的庄稼在适当的季节得到雨水，春天的雨水。解冻的季节到了，北风把松散的泥土吹到天上，形成一团团沙尘。三月，阳光和尘雾交替着，天空没有一丝云彩，大地也没有一丝湿气。四月来了——会这样带着雨水一直持续到六月吗？应季而来的雨水对庄稼至关重要。庄稼是财富，更是华北的生命。

农家房梁上挂着的玉米棒子，屈指可数。罐子或箱子里装着粮食、小米——

[1] 乞丐桥：北京前门正阳桥，清朝末年因为不允许车辆通行，就成了街溜子要钱、叫花子要饭的聚集地，西方人称之为乞丐桥。

实际上就是我们喂鸟的谷粒。可能还有几个柿饼，别的什么也没有。家庭主妇量米下锅，一天做两次饭。连家里最小的孩子也知道，如果放开肚子吃饭，那点粮食吃不了多久，他们知道青黄不接时饥饿是什么滋味儿。如果雨水没能如期而至，如果庄稼颗粒无收，饥荒就会逼近他们的土地，残酷、无情，谁也无法逃脱它的手掌。

想想吧，就像我在北京的那个四月天，看着倾盆大雨，任思绪飞向远方。想想那些无语、无助的农民。他们望着万里无云的蓝天，罐子里的粮食不断地减少。他们眺望着，盼望着，哪怕最轻薄的一缕白云也能给他们干涸的心田带来一丝湿润。那些自以为了解中国的人告诉我，中国人是宿命论者，他们从来不会看得那么远。说这话的人难道不是用西方人的眼光来评判中国人吗？中国人是很少抱怨，但他们精耕细作，想象着丰收在望。他们深知——怎能不知道呢？——如果没有收成，一家人，老婆孩子就都完蛋了。即使幸免一死，生命也将是灰暗的、空虚的、支离破碎的、毫无价值的。为了在价格奇高的市场买到救命的粮食，他们卖掉可怜的家产，甚至可爱的孩子也难以幸免。凡是见过中国家庭的人，没有谁怀疑他们相互之间的爱有多深。但是为了活命，他们或许会为两块钱——区区四先令——把小女儿卖到大城市的妓院。等到那点钱花完了，又得卖儿为奴。卖儿卖女听起来很可怕，但除此之外还能有什么办法呢？有些人必须牺牲，其他人才可能有活下去的机会。即使不被牺牲，他们的命运也是在明亮的天空下，在无情的阳光下慢慢死去。这就是困扰农民的幽灵。这是他的祖先遭遇的事，也是他遭遇的事，以后还会落到后辈儿孙头上。没有人能保护他们，晴朗的天空永远威胁着他们。

“仁慈的主，从天灾、瘟疫和饥荒中，救救我们。”

在英国的教堂里，是否有人像中国农家母亲那样，在小心翼翼地量米做饭时，虔诚地祈祷？即使祈祷，会不会像她们一样，如此彻底地领悟了其中的含义？或许只是换一种说法："哦，仁慈的上帝，悲天悯人的主！救救我们免受饥荒之苦，救救我们免受饥荒之后紧随而来的瘟疫和灾难之苦！"

所以，当我听了那些目睹中国农民苦难的人描述这一切之后，当我看到布满乌云的天空，听到雨滴打在屋顶上的声音，看到春水在水沟里哗哗流淌时，我自然会为那些可怜的农民喜悦。

我见过冬天的"满洲"平缓的山坡上，种植着著名的大豆。一望无际的、似乎永远走不到地平线的辽阔平原上，蒙古人放牧着羊群和牛群。勤劳的汉人，越过保护他们的长城，在肥沃的土地上撒下豆子和燕麦。河南是种植棉花、玉米和高粱的地方。滋润万物的春雨，使中国北方的花园和农田生机盎然。蓝天下，褐色的土地，赤裸裸的泥土，没遮没掩。一亩接着一亩，一顷连着一顷。人们弯腰曲背、精心耕作。这是我从未见过的如此精耕细作的土地。人们充满希望——只是希望——希望今年是个丰收年。然后，人们开始求雨，阳光从来没有像此刻一样不受欢迎。雨终于从天而降，六个小时连续不断的雨。总与中国农民如影随形的饥荒的幽灵，随着那些古老的、不愉快的、早已被遗忘的事情，暂且消失在人们的视线中。第二天早晨，北京城外所有土黄色的田野上，都染上了一层淡淡的绿色。我们知道丰收在望，也知道这地方不久就会宛如一块美丽的绿宝石。农民家的女主人，耐心无知，任劳任怨，满怀喜悦地往锅里倒米。男主人看着扎着红头绳的小女儿，松了一口气。他知道，至少这一年，女儿会安然在他的庇护下快乐成长。谢谢老天给予的这场及时雨。

雨中的北京是一个不舒服的地方。它是为阳光而建的。城里的街道到处都是积水和烂泥。狭窄的胡同更是寸步难行，除非蹚过没膝的泥水。大雨已经下了整整六个小时。天降甘霖对这个国家来说，每持续一分钟，都是价值连城。

二千五百万两白银的贷款[1]加上高额利息，在这样的豪雨之中意味着什么呢？那天有十多万人受大雨影响。大家都为降临到头上的好运而欢欣鼓舞。这一大群人，按最低限度计算，六小时之内也有二千五百万磅雨水落在他们身上。大雨过后，我房间的窗户模糊了。大地一片生机，至少在一段时间里，这里和平安宁。在中国，和平安宁与丰收在望有时是可以互换的。此时此刻，在中国北方，列强在贷款问题上争吵不休。美国许诺，英国犹豫，沙俄威胁。可这又有什么关系呢？无论是皇帝、总统还是独裁者掌权，对于普通老百姓又有什么关系呢？全国各地的代表迟迟不来首都又有什么关系呢？他们犯了什么错又有什么关系呢？对于这些事情，辛勤耕种田地的农民，量米烧饭的农妇，又知道多少呢？他们都关心些什么呢？比这一切更强大的因素，比人更强大的力量已经介入。感谢上帝，中国那天下雨了。

[1] 此处应指清政府遗留下的对列强的赔款。

第七章 世界奇迹之一

彬彬有礼的美国人——南口的烽火台——人迹罕至的山丘——“布尔巴斯[1]建了一堵墙”——小城镇——“守望的人，夜里会是怎样的情景？”——荒废的瞭望塔——沉思的中国侍者——明陵——中国的轿子——石板路——中国最宏伟的牌楼——荒山中的圆形剧场——永乐之墓——黄檀树干——雄心勃勃的中国卫士。

在中国，无论走到哪里，都能听到战争的谣言。这似乎使我的旅行在一定程度上受到了限制。可是有一个地方我必须去，那就是中国的长城。早在满怀好奇，观赏祖母珍藏的古玩的童年，我就听说过长城，知道那是世界上的奇迹之一。我不可能不去亲眼见证就离开中国。

“过两天就去。”朋友说，他是一个我刚来北京时对我悉心关照的年轻人。“我星期二去长城，你最好跟我一起去。诗人也要来。”他补充道。

[1] 布尔巴斯（Balbus）：奥古斯都皇帝的母亲阿提亚·巴尔巴·恺撒的姓。

这是一位名副其实的诗人。我想，他和我一样，不喜欢到人多的地方凑热闹。起初，他向我们透露太多他自己的事情。还有一个百万富翁——来自美国的百万富翁，他和他娇小的老婆，大女儿，还有瘦骨嶙峋的未婚妹妹在火车上挂了一节观光车厢。列车员主动来和我们说，如果我们这些普通旅客愿意坐观光车的话，百万富翁会很高兴的。

我独自一人去了那么多地方，现在有机会碰到志趣相投的人，结伴同行自然是一件令人高兴的事情。不过，我打心眼儿里觉得不该乘火车去南口。倘若坐一辆骡子轿车，或者北京大马车一定更有趣。可话说回来，能尽可能舒适，也是好事。

古时候，居住在中原地区的汉人勤劳、富足、爱好和平。外族从北方而来。他们是来自蒙古高原剽悍的骑兵，来自“满洲”山区强壮的山民。生活在冲积平原上的汉人害怕侵略者，就在南口（跨越人迹罕至的崇山峻岭的必经之地）建起了瞭望塔，并命人把守着。直到今天，那些瞭望塔还屹立在山口通往平原的山峰之上。灰色的塔楼上设有瞭望台和弓箭手射箭的“窗口”，还有能点火传递敌人入侵消息的烽火台。我们沿着山口向上走了十三英里。潺潺溪水在四月的阳光下欢快地流淌，流过被水磨蚀了的岩石，在怪石嶙峋的山崖刻出一道裂缝，彰显着永恒的奇峻之美。

连绵逶迤的群山，坚不可摧的巨石，仿佛被一只巨大的手，堆在一起。放眼望去，沟壑纵横，幽深的、黑魆魆的峡谷，仿佛中间曾经有一座烈火燃烧的熔炉。山涧漫开的地方，是块块洼地，绿草如茵。山羊啃食青草，果树林中坐落着一座整洁的农家小院。粉色和白色的杏花、桃花、梨花竞相开放。在那乱石丛生的、贫瘠的山坡上，凡是有泥土的地方，都会种上一棵树——果树——这是因为中国人是严格的实用主义者。只有在先人的墓地才会种上一株株柳树。嫩绿的柳枝在

长城

早春的微风中飘拂。

在中国，哪儿都能找到人的踪迹。雄伟的山岭中，小小的村镇挤在一座座岩架上，果树点缀其间。柳荫下先人的坟墓记录了群山的永恒。一道道石头墙通向难以攀登的远方，抵御着敌人的军队，只有山羊才能爬上山巅。无穷无尽的石头墙让我这位幽默的年轻朋友断定，这里的村长只要有一点空闲，他就会说："哦，今天天气不错，石头也很多，我们出去垒一堵墙吧。"于是第二天，邻村的村民走出家门，一抬头，便会赞叹道："天哪，又垒起一堵墙。我们不可能被打败。"但依我所见，从前，山上的村民的日子可不像说辞中这般轻松。

一座座瞭望塔屹立在山顶之上，"遥相呼应"。瞭望塔之间是在山谷中连绵不断的城墙。塔楼上面很宽，配有供箭手防御的垛口，与后面的城墙形成退守喘息的空间。以至于即便入侵外敌占了上风，也很难真正攻克。沿着山谷往上走的时候，城墙和瞭望塔时时映入眼帘，用它们自己的方式讲述过去生活在这里的人们艰苦辛酸的故事。

长城下，蜿蜒曲折的路上行人络绎不绝。他们缓慢地、坚持不懈地向前走着，仿佛自历史的黎明起就一直在这条路上艰难跋涉。他们牵着骡子、驴和马。为了不让这些牲口吃路边的草，都给它们戴着笼头。骡子、驴和马背上驮着粮食、皮毛和各种各样的商品。身穿蓝色衣服的苦力用竹扁担挑着沉重的货物。那货物在两头晃荡。还有骆驼——来自蒙古的单峰骆驼，驮着沉重的货物，排成长队，沿着河边乱石丛生的小路，缓慢前行。骆驼、长城、瞭望塔融为一体，形成一道奇妙的、迷人的风景。

我们顺着山谷一直往上爬。过了一道拱门，那里至今还是收取关税的地方。接着往上爬，越爬越高，越爬越高，一直进入深山，爬上一段陡峭的台阶，最终来到绝壁之上。站在蓝天之下，我终于看到世界奇迹之一——中国的长城！这里到处是卧牛巨石，干旱的山坡，放到世界的任何一处，只能是岩鸽与野兔出没的地方，而中国人用双手创造了奇迹。千百年来，凡未失去判断力的人都见证了中国人巨大的创造力。更重要的是，他们用个人的牺牲换来了国家的安宁。长城像一条巨龙，逶迤向前，越过一条条山谷，跨过一座座山崖。长城上有瞭望塔，有宽阔的路。哨兵日夜守卫在这里，警惕地注视来犯的敌人。也会消灭那些抢夺农民的粮食、拐骗倒卖妇女，或者劫持富有的乡绅当人质换取赎金的土匪。

“守望的人，夜里会是怎样的情景？夜里会是怎样的情景？通往北方的路宁静吗？嘘！嘘！隐没在群山之下的是什么？是什么在风的呼啸中鸣响？”

“群山下总是影影绰绰，那只是一块石头落在沟里发出的响声。”

“啊，暗影掩盖了一队满人弓箭手，蒙古小马的蹄子踩落了一块石头。守望的人，夜里会是怎样的情景？夜里会是怎样的情景？”

诗人诗兴大发，也道出了我的心声。下了火车，坐一乘小轿，走过荒凉的山野，到达南口。站在那里，我忘记一切，眺望着从孩提时代就听说过的长城，仿佛梦见它过去的样子，忘了当下，忘了时间的流逝。群山起伏，仿佛只有我自己置身其中——这也自然是诗人的希望。这时，一个尖锐的声音把我带回到现实中。

“喂，孩儿他妈，”百万富翁说——因为他有一节观光车厢，我们就以为他是个百万富翁，但实际上，他可能只是比一个普通作家更富有一点罢了——“科拉上哪儿去了？”

“我可不知道，”妈妈很冷静，“不信你搜一搜呀。”

他当然不可能在她身上“搜一搜”。也许因为看到她只有五英尺高，而且又小又瘦，不可能把一个身高六英尺、丰满健壮的年轻人藏在身上任何地方。

突然未婚的姑妈用手指着山顶上乱石林立、杂草丛生的古城墙。

“像只蹦蹦跳跳的小公羊。”她说，然后三个人都扯开嗓门儿喊了起来，古老世界的山崖发出“科拉！科拉！！科拉！！！”的回响。

诗人的抒情让我战栗——如果他在弓箭手的射程之内，此刻或许会有什么不测。我的同伴，陪伴着科拉，一步步向上攀登。听见呼喊，他转过头，看了看手表，对女孩儿说了句什么，慢慢地往回走。女孩却加快步伐，好像下决心走到山那边，不管发生什么。

“这是位有见识的年轻绅士。”妈妈说。

“没事儿，他转身了，她就会回来。”未婚的姑母尖刻地说。尽管那姑娘确实正从那些荒废的烽火台折返，我还是觉得这位姑娘不应该受到这样的冷嘲热讽。

瞭望塔空无一人，满目荒凉。没有一位深谋远虑、肩负重任的长官从拱形窗口向外眺望，没有一个手握梭标站在石头台阶上的士兵，没有一个站岗放哨的人向北张望。长城因年久失修而坍塌。石头缝里长满杂草。世界奇观仿佛要变成巨大的废墟。然而即使风雨剥蚀，它庄严依旧，因为在普天下再也不会有人创造出这样至伟的奇迹。它爬上一座又一座高山，刺破蓝天，跨过沟壑。可以想见为建造它千千万万人流下的泪水、汗水和鲜血！老话说，基础要打好，就必须打在活人身上。意思是，生命建立在牺牲之上，生命中每一件美好的事物都必须赋予其价值。因此，为了保护中国的安全而修建的长城，夺走了成千上万人的生命，而维护和看守长城的费用超出了我们的想象。

我们回南口青儿酒店，又一次回到现代生活中。这是一家离铁路很近的、中国人开的小旅馆，很是简朴，代表了当下中国的水平。一个大房间，被分隔成一

南口关

长城入口，南口关

个大厅和许多小房间。前面房间里的人压低嗓门儿说话，后面房间里的人也能听见。总共六个房间，一个公用的卫生间。卫生间里最小的流水声也能从这头传到那头。

虽然住宿条件有限，但丰盛的食物使我不得不对这家小旅馆好感倍增。

他们周到细致地对待每一位客人。虽然百万富翁一家亲情浓浓，但诗人毫不在意。他从长城回来，激情满怀，甚至也没有注意到已经在餐厅就座的我。他浑身尘土，径直走过来，正如我想象的那样，诗兴大发，滔滔不绝，赞美他刚刚看到的人间奇迹。剃着光头、穿着蓝色长衫的中国侍者不想扫他的兴，让他慷慨激昂了几分钟之后，轻轻地、恭恭敬敬地扯了扯他的衣袖。

"瓦什[1]。"他严肃地说，脸上没有一丝笑容。

"瓦什。"诗人笑着，从狂想回到现实。大伙儿都笑了起来。

"嗯，好的，好的！"他看着自己满身尘土说道，"我去洗一洗，马上回来。我可以坐在你旁边吗？"

我的第二站是明十三陵。

圣保罗教堂和威斯敏斯特教堂坐落在一座伟大城市的中心，永远被死者的宁静、生者的喧嚣所包围。尽管每天都矗立在生者的视线中，却为人们所淡忘。在中国，坟墓散落在每一块土地上，是人们生活的一部分。死者远离日常生活的喧嚣，在人们的记忆中获得永生。南口离北京有两个小时的路程，明朝皇帝的陵墓离南口有九英里，位于群山的中心。进入山口的路满目荒凉，之后的九英里更如走进一片荒漠。在那里，背负着世间罪孽的羊被以色列人驱赶着艰难跋涉[2]。这是一条漫长的、布满石头的九英里长的骡道，只能通过一头驴、一匹小马，或者一乘小轿。几个世纪前，这条路一定是现在的十倍远。中国人埋葬了曾经坐在真

[1] 原文为 Vash：中国侍者不会说英文，把 Wash（洗）说成 Vash。

[2] 典出《圣经》。

龙天子宝座上的皇帝，在这里建起凡人通往天堂的桥梁。现在虽然学习西方建起的铁路使南口离京城更近了一些，但寂寥依旧。铁路开通以前，这块土地的偏远与孤寂更不言而喻。我的同伴骑着一匹小马，我只能坐轿子。四个身穿蓝衣的苦力抬着轿子。他们剃光了头发，长长的辫子盘在头上。轿子在通往山岭的狭窄的石头小路上晃来晃去。时值早春，放眼望去那一座座山，岩石裸露，光秃秃的，和长城穿过的山岭没有两样。石壁上似乎长不出任何绿色的东西，只有棕色、粉红色和灰色的岩石和泥土。辽远的蓝天飘着一朵朵白云。白云投下影子，给山野蒙上一片片紫色。放眼望去乱石丛生，几乎看不出路在哪里。带轮子的交通工具无法通行，即使中国北方最原始的大车在这里也派不上用场。我甚至觉得就连独轮手推车也无用武之地。我怀疑在这布满嶙峋怪石的山坡，只有抬轿的苦力才清楚是否真的有路。他们走路的步子很稳，不时把轿杆从一个肩膀换到另外一个肩膀。我坐在轿子里，虽然舒服，但心里很不好受。以这样一种方式出行，我觉得是一种残忍。

我的同伴不时骑着马跑到我身旁。他觉得对我的安全负有责任。不管怎么说，被人照顾是件好事。

“你没事吧？”

当然没事。放眼望去，山野无垠，阳光灿烂，中国北方的空气清新干燥，就像香槟一样令人神清气爽。我真愿意永远这样走下去，感受那种幸福和快乐。来明十三陵似乎只是一个借口。在这广阔无垠的大地上，深深地吸一口新鲜空气，此刻过去和未来都不重要。这是多么美好的事情啊！在金色阳光的照耀下，在辽阔的天空下，置身荒野也好，大漠也罢，我别无他求。

一路都是乱石丛生。有时苦力爬上石头松动的堤岸，一抬脚，石头便会滑落下去。但他们脚步稳健，灵巧得就像山羊一样。这里的人们有时候把石块堆在两边，羊肠小道从中间穿过。有时候就任由石头漫山遍野地待在那儿，即便是最勤劳的中国人也懒得去清理，只是在石头间耕种土地。这里并不是渺无人烟的沙漠，尽管看起来很荒凉。我们总会遇到用石头围起来的小村庄。男人和女人在地里干活，面色红润的孩子们站在路边，向路过的陌生人挥手致意。还会有铃声响起，骡子或毛驴像苦力一样机警，总会平平稳稳地择路而行，根本用不着那些衣衫褴褛的赶牲口人操太多的心。这是一群生活最为窘迫的人。男人也好，女人也罢，都穿着非常相似的脏兮兮的蓝衣服，到处都是破洞，露出里面的棉絮。

也许他们什么都不懂，对他们那个黄尘满目、石头遍野的小村庄之外的世界一无所知。他们向上苍祈祷，求天上的甘霖滋润自家干旱贫瘠的土地，给他们一口饭果腹，赏他们几个柿子享受。这就是他们对命运之所求。他们眼巴巴地看着几个外国人去探访陵墓，却从来没有想过外面的世界会是什么样子。也不知道，命运之神是否对这些陌生世界里的人比对通往明十三陵这条路上的贫苦的自己更慷慨。

中午时分，我们终于来到明十三陵入口的牌楼。这或许是中国最大的牌楼。站在那里，我发现，不仅那座拱门十分壮丽，明朝皇帝选择的永久安息之地也令人叹为观止。荒山野岭中，这里宛如一个巨大的露天剧场。圣保罗教堂或威斯敏斯特教堂无法容纳这样的坟墓。倘若海德公园坐落在这条山谷，恐怕连它的一个角落也填不满。山脚下，陵墓四周环绕的红墙，堪与紫禁城的围墙媲美。庭院里，苍松翠柏，古木参天。真是一个绝妙的安息之地！荒凉与偏远恰恰增加了它的尊严。穿过牌楼便是著名的神路。大理石雕刻的动物排列在大道两侧。它的神奇世界闻名。大理石大象和骆驼，跪着的马和泰然自若的学者。这些雕像有什么神秘的意义呢？也许人们只是泛泛地认为，所有这一切都是为了纪念那些埋葬在坟墓里的伟大的死者。雕像中间是大理石铺成的甬道，石块都采自山区。在那久远的

坐落在神道入口的牌楼

通向明十三陵的神道

过去，流血流汗的奴隶在石头的重压下艰难跋涉，又用一双双布满老茧的手将石块一块块放置在这里。也许他们和此刻抬着我来游玩的苦力除了名义不同，并无两样。都是为了赚几文钱养家糊口。三英里长的甬道上，大理石已经磨损、破碎。野草从石块的缝隙探出头来。石桥年久失修，但这些在永恒群山中的“圆形剧场”面前，实在微小。辽远的蓝天和明媚的阳光下，这一切只是一个纪念。人类用双手创造的这一切，与大自然相比，不足挂齿。

然而，尽管如此，这里的建筑还是无与伦比。我想，除了专门研究中国艺术或文物的人，没有人会逐一参观每一座坟墓。那至少需要一个星期。我们和大多数游客一样，能参观到埋葬永乐皇帝的长陵已经心满意足了。有一件怪事儿值得注意，一件可能在世界其他任何地方都不会发生的事情。这件事表明，中国人觉得自己与过去的历史永远不能分割。明朝皇帝是汉人，而刚刚推翻清朝王朝、建立共和国的也是汉人。为了表示尊敬，他们对这座明朝最伟大的皇帝的陵墓做了一些修缮。清洗干净洁白的大理石栏杆和屋顶金色的琉璃瓦，雕梁画栋重放异彩，亭台楼阁和宽敞的墓园打扫得干干净净。

中国的陵墓不会让我想到死亡。我们穿过一扇大门，门上镶满了沉重的铜门钉。庭院里杂草丛生，苍松翠柏郁郁葱葱。走过一条石板路，一座屋顶弯曲的建筑物赫然耸立在眼前。日久年深，屋顶的瓦片早已破损。沿着大理石台阶拾级而上，便是一个宽阔的平台。准确地说，台阶在两侧，中间是精美的浮雕。上面雕刻着象征皇帝的龙，还有马。有人告诉我，那是好运的象征。平台上，紫罗兰在金色的阳光下，从大理石的缝隙中长出来，仿佛铺了一块紫色的地毯。我们走进一个大厅，这肯定是最美妙的地方。光线稍稍暗了下来，大厅中央安放着一块红色和金色的牌位，从气势上看，和约克大教堂[1]一样富丽堂皇。屋顶是由檀香木柱子支撑，这些柱子光滑、笔直、呈褐色，足有六十英尺高，一直延伸到屋顶。五百多年已经过去，空气中依然充满檀香木的香味。他们从哪儿弄来这么粗的檀香树干呢？一定花了许多许多钱。中国北方从来没有生长过这样的树木。

另一座庭院在这个大厅后面。那里有一个大理石喷泉，已经修缮一新，泉水汩汩，据说可以治疗眼疾。还有一扇门，显然通往山坡。门后是一片柏树林。门敞开着，我们走进一条石板铺就的隧道。隧道向上，通往山中央的一座门厅。那里还有两条坡道，一条向右，另一条向左，一直通到外面。皇帝的棺椁被安放在山丘下面石砌的密室里，通过坡道可以到达。坡道很陡，一块块石头已经磨损，而且很滑。不知怎的，外面的树叶居然飘了进来。让人觉得非常奇怪。或许只有在中国才会发生这样的事情。而就在这座山丘之山——真正的坟墓之上，矗立着为死去的皇帝建造的纪念碑。它俯瞰着山谷和远处连绵逶迤的群山。那才是把这个神圣的地方与外面世界隔开的高墙。

十五世纪上半叶，朱棣皇帝（年号永乐）去世。在英国有多少人知道或关心亨利五世[2]埋葬的地方？

傍晚时分，我们沿着石头铺成的骡道往回走，经过一个个石头砌成的小村庄。村庄里，母亲正把孩子从地里叫回来吃饭，男人们聚在一起聊天儿。他们都聊些什么呢？已经在坟墓里躺了几百年的皇帝，还是都城里新成立的共和国？皇帝似乎离村民们更近。一阵古怪的东方音乐飘逸而来。一个盲人乐师坐在石头上，夕阳映照着他的盲眼和瘦削的脸。一小群人围在旁边听他弹琵琶。村民们转过脸，看着从身边走过这些难得一见的洋人。盲乐师继续叮叮咚咚地弹他的琵琶。对他

[1] 约克大教堂（York Minster）：英国最大的哥特式教堂。

[2] 亨利五世（Henry V，1386 或 1387—1422）：英格兰兰开斯特王朝第二位国王（1413—1422 年在位）。

来说，夜晚和白天没有区别。西边的天空乌云密布，在越来越浓的暮色中，乱石丛生的土地显得格外凄凉。苦力们一定累了，但他们还是继续赶路，把轿杆从一个肩膀换到另一个肩膀。抬着轿子上山难，下山更难，但他们没有抱怨。这是他们的工作，晚上就可以休息了。夜幕很快降临，我们的旅程也已接近尾声。群山愈显阴冷、阴郁、令人生畏。这时，云层在他们头顶散开，落日的余晖从云层洒下银色、紫色和金红色的光辉。夕阳终于沉没在荒山背后，最后一缕金光像一个祝福，预示明天的希望。我们走进小客栈的院落。苦力们放下轿子，一个接一个，向我深深鞠躬。辛苦一天，他们总算赚到几枚小钱。

第二天，我们从南口返回北京。

青儿酒店为我们提供了火车上吃的午饭，咖喱鸡、羊排、布丁、奶酪、面包和黄油，样样都不错。我们也都兴致勃勃，显得和蔼可亲。即使“仙气飘飘”的诗人也从“云端”落地，和我们一起吃喝。等到我们发现，我们只顾把好吃的东西都堆到一个盘子里，而且想在开车前吃完时，我们都笑了起来。

正在大快朵颐的时候，列车员走了过来，又收了我们一块九毛钱。因为我们是乘观光车厢来的。付完钱后，我们对百万富翁好一顿抱怨。但凭我对中国人的了解，我相信我们是冤枉了他。我敢肯定，这个善于察言观色的列车员一定对我们做过了一番认真的“评估”，他发现我们压根儿就不认识那个美国人，所以敢跟我们要饭钱。各为其主，为了他的上司——中国铁路官员的利益，他这样做，也算难能可贵。

过去，我们很少想到中国人会有浪漫情怀，但南口之行却彻底颠覆了所有想法，并为我们提供了一个同样适用于野蛮的意大利或中世纪普罗旺斯[1]的背景。

[1] 普罗旺斯（Provence）：法国东南部一地区。

长城烽火台一隅

神道上的石象雕塑

只是需要记住——我们这些西方野蛮人常常特别容易忘记一点：在中国，事物总是在更为强大的轨道运转。也就是说，如果西方世界十个人参与其事，在中国就有一百个人；西方一百个人，中国就有一千个人；西方一千个人，中国就有一万个人。

冬天寒冷的夜晚，南口会是什么样子呢？星星像钢刀闪着寒光，河水被冻成凝固的铁流。凛冽的风吞噬着枯草与山石。火焰在山腰的烽火台上燃烧，发出红光，传递恐惧和警告的信息。守围城墙的士兵被打败了，蒙古人的铁骑越过屏障，蜂拥而入。每一个看到烽火的人都拿起武器，来到边关守城，在鏖战中死去。一方战死，一方得胜。入侵者把死者的尸体扔给狼和乌鸦，然后继续前进，把大片的土地据为己有。

但南方依然是汉人的天下。历史悠久的中国，就这样融合了很多民族，蒙古人，满族人，还有来自西部边境的人，他们与它融为一体。

这就是我在南口看到的现实。通常我不相信眼下能看到的东西，总是反复求证。但那天南口给我留下的深刻印象却久久不变。中国人的精神没有死。构思和建造这道坚固城墙的圣灵，至今仍然活着！沿着古老的骡道，沿着山口，有一条新路，一条与西方世界完全相同的路——一条铁路通向远方。这条路完全是由中国人自己规划、铺设和建造的，除了中国人的下一代在美国和英国的学校里学到技术之外，他们没有得到西方的任何帮助。他们不但建成了铁路，而且比许多西方人的铁路更好！更重要的是他们把中国人的精神融入其中。这种精神，不只体现在他们在贫穷中挣扎，为一个馍，一餐饭拼搏，更体现在他们构思、建造伟大的长城、美丽的喇嘛庙、宽敞的庭院和辉煌的紫禁城。他们开凿了运河，修建了河堤，打通了隧道，建起了拱门。美丽、壮观。而那美丽与壮观是前所未有的。现在，他们修建了一条与南口相称的铁路。这些人是两千年前建造长城的人的后裔。万岁，万岁！

后来，一个铁路职员对我说。这条铁路可能很漂亮，但它的代价也是极其高昂的。铁路是欧洲的舶来品。这来自文明国度的国民当然可以被信任，无论是他们的想法还是制造一件奇妙东西的能力。问题是，他们可以规范地管理一条铁路吗？这位职员认为不能。我不知道他这样认为的原因何在。好吧，只能拭目以待。有一件事似乎是肯定的，西方人和中国人之间，有一条巨大的鸿沟。我们向鸿沟那边张望，有时好奇，有时怜悯，有时钦佩，却难以真正理解。

第八章　两家慈善机构

弹琵琶的盲人——“先生”Before born——希尔·默里牧师——“信息”——地理学——结婚——一个勇敢的小探险家——屠杀盲人——一毫积蓄——传教士的职业生涯——慈善的中国人——佛教孤儿院——参加葬礼的请柬——知识分子的修道院——最年轻的孤儿——怜悯和慈悲。

盲人乐师在夕阳下为村民弹琵琶的情景一直印在我的脑海里，挥之不去。为什么会这样，我不知道。在中国这种场面很常见。失明的痛苦无疑是可怕的。但中国人，由于他们不讲卫生的生活习惯，或多或少造成人们因罹患眼疾而失明。洗澡还没有成为他们的生活习惯。即使居住环境肮脏，他们也乐在其中。他们忽略保护新生儿的眼睛。孩子们饱受天花、眼疾之苦。理发师不但用极易传播病菌的剃刀刮胡子，刮脸，出于值得称道的好意，甚至会翻起眼睑鼓捣几下。这种行为的恶果，在北京的大街上，或者中国的任何一个城镇经常可以看到。在中国，乞丐总是给人面目可憎的印象。他们都属于某一个丐帮，为了引起人们怜悯，故意把自己弄得蓬头垢面。虽然中国也有很多爱整洁的人，但我觉得他们对于干净的理解和我们这些傲慢的西方人所说的干净相去甚远。而盲人乞丐是我见过的最脏的人。我曾经在一条人来人往的大街，多次看到路边坐着一个半裸的男人。那人看上去好像从出生起就没见过水，没洗过澡。他衣不蔽体，而所谓的“衣”只是肮脏的破布。本来应该是眼睛的地方只有两块难看的伤疤。他是那么可怕的一个人类的标本，让人看了难有怜悯之心。然而，盲人总能从自己的同胞那里得到一定程度的尊重和关怀，即使是最穷的中国人。就连粗鲁的、拉黄包车的苦力都避免叫他“瞎子”。这是一种失礼。虽然他只是一个乞丐，一个饥肠辘辘、蓬头垢面的底层人士，过路人仍然称他为“先生”。须知，“先生”是人们对老师、医生以及地位和年龄比自己高的人的尊称。

尽管人们给予他们尊重，但那些因失明而致残的人的命运却令人叹息。这样的残疾人在任何地方都困难重重。在中国，他们的日子恐怕更不好过。因为即使健全，也有成千上万的人处于饥饿的边缘。能使他们免于饥寒交迫之苦的援助非常、非常有限。即使是近亲也帮不上什么忙。连强者都受苦，弱者只能处处碰壁了。而且盲人能学的手艺很少。他可以当算命先生，或者说书人，也可以学乐器，当个吹鼓手。可是如果没有干这些行当的天赋，很难想象他们该怎么活下去。他只能依靠别人的救济，可是被依靠的人自己也食不果腹，自然没有什么可以施舍的，即使有那么一点点，也得小心翼翼地保护起来。人一旦失明，就没有什么事情可做了。美丽的蓝天、金色的阳光都从他们眼前消失，取而代之的是无边的黑暗。在包裹着无助和饥饿的无尽黑暗中热一阵，冷一阵，在中国式禁欲主义的忍耐、顺从中半饥半饱，这是他们最好的境遇。

从前，在鞑靼城的城墙外，有一个人站在北京乞丐桥上卖《圣经》。他和别人一样，注意到从他身边走过的盲人不在少数。“难道没有人可怜可怜他们吗？”牧师希尔·默里问道，“那么多献身于把《福音书》[1]传给异教徒、帮助他们的人，就没有一个可怜他们的人吗？”

“什么？”有人回答，“难道你不知道中国人已经宣称我们传教士带走他们的孩子是为了用他们的眼睛做药吗？你会为盲人设立一个布道所，再给他们的指控提供枪炮子弹吗？”希尔·默里仍然坚持自己的观点。那些人便说：“他们需要我们，需要我们的帮助，没错儿。既然你这么热心，为什么不自己做呢？”

对希尔来说，这是不错的“反馈”。是呀，他为什么不自己动手做呢？说干就干，他立刻开始工作。那是几年前的事了。我不知他付出了多大的代价，做了怎样的努力。一个阳光明媚的四月天，我在北京鞑靼城东城胡同里散步的时候，看到一所房子，或者更确切地说，是一座带小花园的四合院儿。那便是盲人布道所。

牧师希尔·默里已经去世，但他的妻子和女儿们继续着他的使命。她们等待在英国训练的小儿子回来接替他的位置的那一天。布道所共有五十个学生，男孩和女孩都有。传教士是从不同地方派来的。孩子们在这里接受教育，按照布莱叶盲文系统学习读写，学习演奏乐器，为成为传教士做准备。老传教士当然认为这是所有职业中最重要的。我呢，唯一关心的是那些不幸的孩子在这里是否开心。或者在这种环境下，能不能快乐。我在想，这位传教士，尽管自己也有诸多的烦恼与痛苦，依然觉得自己举足轻重，有资格指导他的同伴。对他来说，这是多么重要的时刻，这是何等的幸福。女孩子们在这里，除了学习编织和做力所能及的家务之外，与男孩子们享有同等的教育。

那天早晨，我的心里很难过。因为虽然阳光明媚，但这些年轻的孩子将永远生活在黑暗里。不过我得说，也许只是我“自作多情”。姑娘们笑着来到前院，手

[1] 福音书（Gospel）:《圣经新约》中的《马太福音》《马可福音》《路加福音》和《约翰福音》四卷福音书。

盲人布道所，北京

盲人布道所的女孩们

里拿着毛线活儿，想看看——看看，哦，别逗了！——陌生人给她们拍照。阳光，四月金色的阳光，流泻在铺着石板的院子里，盆里的花草都开了花。姑娘们穿着中式服装，朝别人指给她们的我的方向深深鞠了一躬。这座院子古香古色，灰色瓦屋顶，雅致的花格窗，摆满东方特色的家具什物。起初，女孩子们都很拘谨，因为她们知道站在面前的是一个年长的女人。这个女人地位比她们优越。因此她们认为在她面前说说笑笑，不合礼仪。等到我说她们不该这样严肃，默里小姐也告诉她们用不着一本正经时，姑娘们才爽朗地笑了起来。

“哦，她们很快活。并不觉得命运不公，至少现在还没有。她们很自豪，因为学到了很多东西。会读会写，会编织，还学过地理。”

地理似乎是一门非常有用的知识。不一会儿，等到女孩子们知道，不必拘束之后，便说笑起来。都说为自己上了“画片儿”自豪。她们坐在那儿编织，甚至说话的时候，也针针不漏，完全按照规范编织。因为像所有的中国人一样，她们那种“契合感”很强。有一次，一位朋友带来一个留声机，放上唱片，让她们听。

“我本来想让她们大吃一惊，”默里小姐说，“可她们硬是在‘庄严肃穆’中一声不吭。”放留声机的人走了之后，她责备她们说：“你们连一丝微笑也没有。”

十几个女孩儿急切地回答道：“哦，我们强忍着才没笑。我们很想哈哈大笑，但觉得这样做不合适。实在是太难了。”

“中国妇女的命运都很悲惨。但在我看来，这些可怜的女孩更是雪上加霜。别人至少还有获得幸福的唯一的机会——生个儿子。可她们连结婚的机会也没有。”我满心悲伤，对默里小姐说。

她那双明亮的眼睛露出笑意。“哦，说不清。有的人可能会结婚生子。她们都受过良好的教育。中国人崇尚教育，一家人倘若有好几个人干活儿，双目失明的妻子也不是那么没用。就在几天前，听说从我们这儿出去的一个女孩儿结婚了。”

听了这番话，我感到一丝欣慰，对她们也另眼相看了，希望有许多家庭愿意为他们的儿子娶个懂地理的妻子。

我们从外面的庭院走到里面的院子。那是一座花园，按照真正的中国风格建造的园林。假山奇石，小桥流水，亭台楼阁，还有一个小湖——现在湖里没有水了——还有许多蔓生植物，把石头藏了起来。真是一个迷人的去处。但是盲人是不允许独自去的。太危险了。然而，有一次，一个好奇的小男孩违反规定，自己探险去了。他在黑暗中摸索着，掉进河里。河两边都是陡峭的水泥堤坝，他爬不上去。你或许认为他会大声呼救。但并不符合中国人的行为方式。他破坏了制度，便是咎由自取，就必须忍受痛苦。他在河沟里静静躺了一整天。晚上点名时，才被不见他踪影的伙伴们在小河中找到。可是他并没有接受教训。不久又一次被发现掉进假山后面一个岩洞里。对他来说，那都是未经探索的地方，他愿意冒很大的风险去“看看”它是什么样子。

在院子里他们熟悉的地方，这些孩子都能到处跑，上下台阶，进出院子，穿过走廊，和正常视力的人没有两样。孩子们读书、写字、唱歌、吹口琴，像其他国家的孩子一样，从教室里出来，就跑来跑去玩要。

他们一天吃两顿饭——早上一顿，下午四点钟一顿。茶和面包随时提供。默里太太为餐厅地板上的石头太潮而表示歉意。这是一幢中式房子，石头地板并不意味着贫穷。石头地板之所以湿，是因为十二点的时候，孩子们自个儿来倒茶，常常弄得一团糟。厨师很忙，不能总去照顾他们。因为这个慈善机构的运作非常简单，人手很少。只有一个厨师，一个勤杂工，一个管理女孩子的女人和一个看大门的人。那人年事已高，身体虚弱，站在门外，只是胡同里的一道风景。还有两个人专门制作盲文书。因为这活儿需要有眼的人去做，装订成册盲人干不了。除此之外，盲人全都自力更生。他们学习，玩要，吃饭，完全自理。

在我拍的一张照片中，男孩子放学后玩猫捉老鼠的游戏。大家手拉手围成一圈，一个男孩蹑手蹑脚地进进出出，另一个男孩在后面追。我不知道这些盲孩子在一片漆黑中是怎么做到这一点的。但他们嘻嘻哈哈地说着，笑着，高兴地叫着。至于他们说些什么我当然听不懂。这些孩子，不论男女，都穿着普通的蓝棉布衣服。男孩子们的头发剪得很短，因为已经不再留辫子了。姑娘们的穿着打扮和乡下妇女一样，裤脚紧紧地扎着，乌黑的头发在脑后编成一条辫子，和英国女学生差不多。小男孩的头剃得溜光，很丑，但符合中国人的习俗。他们总是在光头上留一小撮头发，或者在头顶，或者在脑后，编成小辫扎起来。

在孩子们玩耍的院子里，有一个摇摆木马。这是一件破烂不堪的玩具，没有尾巴，没有鬃毛，也没有眼睛。如果你知道这个玩具的历史，就会觉得它很可怜。木马是希尔·默里先生的孩子们用省下来的零花钱买的。他们也想用自己可怜的积蓄，为盲人做点什么。可是，木马落入这些双目失明的孩子们之手，就被他们挖出眼睛。因为这些小家伙不想让木马在他们看不见自己的时候监视他们。

他们按照当地人的生活方式生活。食物应该是比较富裕的下层阶级的食物：面包——蒸的而不是烤的——蔬菜，汤，里面还有一点肉。这些食物他们早已习惯，也是他们最喜欢的食物。他们睡觉的床，叫“炕”——一个石头平台，下面有一个小“壁炉”，可以用来生火取暖，“炕”上面铺着席子。夏天睡三个人，冬天睡五个。每个男孩都有一床棉被。白天把棉被卷起来。

我原以为传教士搞的这个盲人布道所是一件美好和伟大的事情，不会在任何人心中造成痛苦。他们救助了盲人。然而在狂热的义和团运动爆发的时候，四十个学生和他们的老师痛苦无助，在“布道所”外面的胡同里被对这个西方人以及他的工作深恶痛绝的人杀死，尽管他们所做的工作都是慈善事业。

在中国，也许比任何一个我去过的地方更容易让我想起《圣经》中的故事：耶

从学校走出的盲童

盲童与“猫捉老鼠”游戏

稣基督与门徒到耶利哥传教。一个盲人坐在路旁乞讨。听见许多人从这里走过，就问是什么事，人们告诉他，“是拿撒勒人耶稣经过”。我们现在也许无法给盲人以视力，但是如果走在北京的大街上，如果走进给孤苦无助的盲人无微不至的关怀、给他们黑暗的生活带来光明的盲人布道所，我们便知道，那个站在乞丐桥上充满怜悯与同情的人，一如他的主曾经怜悯同情受苦受难的人一样，凡他能做的，都做了。后来的人也都沿着他的足迹，忠心耿耿地继承他的事业。还有谁能比他做得更好呢？我认为没有。真的没有了。

“你要我为你做什么呢？”“世界之主”问盲人乞丐。

他说:“主啊，我要能看见。”

那些负责照顾盲人的人，现在可能不会这么忠心耿耿了。他们的角色其实也比较困难。他们以永不衰竭的耐心和不懈的努力照料着那些盲人，然后站在那里，等待着。

我对盲人布道所极尽赞美之能事。我一直认为，传教事业应该面对自己国家的人。可是现在，我认为至少在中国这片土地上，也是合情合理的。在这里，政府对贫病交加的人没有给予足够的照顾，慈善事业更不为人知。我经常这样说，碰到的外国人都同意。后来，我见到一两个外国人，他们立即让我明白，在对事实一无所知的情况下进行推论是多么愚蠢。

在中国的外国人分为两个阵营。支持传教士的和反对传教士的。双方的态度都很急进。

和伦敦或纽约的贫民窟一样，中国需要治病救命的传教士。中国会如愿以偿。因为成千上万的人认为，关注信奉唯物主义的中国人的灵魂，比关注他们饥饿的身体更重要，比关注信奉基督教的国家贫民窟里的孩子们的教育更重要。传教士从前的日子比现在还糟糕。他生活在一个鄙视他的民族之中，经常遭受苦难、做出牺牲。即使没有遇到需要殉道的困境，也必须遵守一些令人不快的规定，这显然是不明智的。因为你永远不可能让一个欧洲人看起来像中国人。管理教会的权力机构决定，传教士必须穿中国服装，甚至像中国人那样，剃光了头，只在脑后留一条辫子。他们说，一个大鼻子、瘦脸、扎着火红辫子的苏格兰人，看起来一定非常可笑。他们理所当然地认为这副模样会给天堂里的居民留下深刻印象。至于新来的人是否有意这样做，不得而知。辫子长到一定的长度需要几个月的时间。所以大多数传教士刚来中国开始他们的职业生涯时，都戴一条假辫子。有一个故事讲的是，上海一个倒霉的年轻传教士干了半天活儿，才发现丢了辫子。他连忙顺着原路往回走，到去过的每一个地方找。最后，来到香港汇丰银行。银行高高的墙上钉着他丢失的辫子，一个爱开玩笑的职员在旁边写了一行大字："这里不收一两银子的存款！"对于外行来说，一两银子也不是个小数。随银价的变化，值半克朗到三先令。

但那些日子已经成为过去。如今基督教"差会"[1]更明智，医疗传教士愉快、开朗。那些辛勤工作的男人和女人和蔼亲切、体贴入微。为受苦受难的中国老百姓做了无数的好事。我看了之后不由得心生怨恨，西方大城市的街头，有那么多孩子，哦，不只是孩子，还有那么多贫病交加的大人需要他们，他们却在这里为异教徒竭尽全力。传教士也为这些人的灵魂而烦恼，他们知道必须树立良好的榜样。我再一次对东方人充满嫉妒，尽管我已经意识到世界上有许多行善的方法。但有时确实觉得传教士在反复灌输祈祷和赞美的重要性以及劝诫人们信守比一般人更高尚的美德方面太过勤奋。这种对他人身体和灵魂的关怀是否超过了别人的接受能力？然而，我得说，存在即是合理的。我自己什么也没做，压根儿就没有

[1] 差会：指基督教新教差派传教士进行传教活动的组织。

资格指手画脚。不过，有时我还是会不由自主地想起那两个婴儿讨论问题的情景：一个白白胖胖，另一个骨瘦如柴。

瘦子说："你是怎么长这么胖的？我的牛奶已经消毒了，送牛奶的也消毒了，连推车也消毒了，可你看看我。"说着，他伸出那双瘦骨嶙峋的手。

"啊，我的也是，"胖娃娃平静地说，"但是，当没有人看见的时候，我爬下来，在地毯的角落里咀嚼，得到足够的细菌来维持我体面的生活！"

听传教士的谈话，听他们指责吸烟的愚蠢，喝酒的罪恶，以及各种形式的罪过，我真希望——不只是怀疑——那些要皈依天主的人在没人看见的时刻，偷偷地到墙角，去嚼嚼地毯。

并不是说很多传教士不努力实践他们自己的道德准则。事实上，他们中的许多人都在这样做。许多人都过着非常清苦、克制的生活。我们都知道，罗马教会的传教士放弃了一切，一旦走进传教这个领域，就再也不指望回到自己的国家。而许多来中国内地的传教士，除了在独身问题上和他们不同之外，其他方面都与他们相似。他们的工资非常非常少，没有假期可以指望，生活在孤独与寂寞之中。就连收入高得多的美国传教士也完全没有属于自己的生活。我相信，牧师挣的钱比在自己国家挣的多，因为人们乐于为传教服务。而在国内，牧师的薪水往往是一个亟待解决的问题。"远处的田野永远是美丽的"。但是一个聪明的外科医生一旦被中国人欣赏，就得从早到晚努力工作，得到的报酬却比他应该得到的少得多。他可以毫无顾虑地结婚生子，因为每个孩子在成年以前，每年可以得到二十镑的收入。他们每年都有六周的假期，每七年有一年的休假，妻子儿女回家的路费全由教会支付。如此说来，没有一家企业能够为其员工提供比这更好的待遇。

在中国，服务又好又便宜，食物和厨师都很好，气候宜人，至少在北方是这样。传教士们在尽心尽力地履行自己的职责，而且做得很好，他们是西方文明的先驱。紧随其后的是贸易，尽管这是他们当中大多数人最少想到的事情。在我看来，美国传教士面临的唯一问题是，笼罩在头上的危险。这种危险也是其他生活、工作在中国的外国居民面临的困难。当人们看到彬彬有礼、谦恭顺从的中国人时，很难想到危险，但是正如罗伯特·哈特爵士[1]所说："在中国，任何时候都可能发生任何事情。"尽管新成立的共和国做了许多承诺，爵士的话仍然值得人们三思。

"你真的认为，"著名的中国问题作家庄士敦[2]说，"在基督教传教士向中国人宣讲慈善之前，中国人对慈善一无所知吗？"

我怯生生地说，我就是这样想的。

"中国人，"他有点气愤地说，"是世界上最仁慈的民族之一。"

然后他告诉我——一个对中文一无所知的陌生人，即使在中国度过好几年，也无法真正了解这个国家。他说，首先，中国人的家庭关系远比欧洲人的家庭关系密切。在中国，人们觉得自己必须帮助自己贫穷无助的亲戚。在一般基督徒看来，他们帮助的方法甚至荒谬。此外还有许多社会团体帮助那些由于天灾人祸孤苦无依的人。有救助病人的社团，有照顾孤儿的社团，还有其他慈善机构。甚至还有专门为穷人支付摆渡费的社团！中国当然有很多河流，但我必须承认，这种社团给我的印象是"多此一举"。我不认为这种捐助有多大的价值，因为我所见过的大多数穷人都是穿着衣服涉水过河的。

[1] 罗伯特·哈特爵士（Sir Robert Hart，1835—1911）：英国皇家普通中等教育委员会（GCMG）准男爵，英国驻华领事官员，1863—1911年担任中国皇家海事海关总署（IMCS）第二监察长。

[2] 庄士敦（Reginald Fleming Johnston，1874—1938）：英国苏格兰人。庄士敦毕业于爱丁堡大学和牛津大学，1898年赴中国，先后在香港、威海卫的英国殖民政府任职，是一位地道的"中国通"。1919年，庄士敦应邀至紫禁城担任溥仪的英语、数学、地理等西方学说老师，备受溥仪的敬重，师生情谊深厚。从1931年到1937年，庄士敦在伦敦大学任中文教授，撰写了大量有关中国的论著，如《佛教徒的中国》《威海卫狮龙共存》《儒教与近代中国》《中国戏剧》等，兼任伦敦东方语言学校远东语言文化部主任。他撰写的《紫禁城的黄昏》是心血的结晶也是历史的回顾，在西方国家产生很大影响。

然而，我们自己也有相当多愚蠢的慈善机构。中国的慈善机构无疑没有覆盖所有的领域，但我们必须记住，中国在很多方面都是“古老”的。这些慈善机构按照“古老”的办法运行，自然会使那些熟谙西方卫生知识的人感到震惊。我们只要读一读查尔斯·狄更斯和夏洛特·勃朗特的小说就能看到维多利亚时代早期慈善机构管理方式的一些缺陷。如果我们可以看一眼中世纪的麻风病院，会作何感想？毫无疑问，中世纪也不乏善良慈悲之人。中国人口众多，在慈善事业上碰到的问题或许和我们在亨利七世时代碰到的问题相似，还有什么可大惊小怪的呢？

“你想看看佛教孤儿院吗？”庄士敦先生问。

我说当然愿意。他答应带我去一个他们试图按西方模式管理的孤儿院。

那是一个温暖宜人的星期天，一阵风把北京的尘土从路上吹起，扑面而来。我们先找到两个拉黄包车的苦力，问他们是否知道我们要去的那个地方。更准确地说，是他问他们。因为我一句中文也不懂。两位车夫指天发誓，说他们知道。可庄士敦先生看上去仍然有些怀疑。

“你为什么不坐他们的车呢？”我说，误以为城里别的地方的尘土和风都不如六国饭店外面的尘土和风大。

“因为我想弄清楚他们是否真的知道我们想去的那个地方。他们总是指天发誓，说他们知道，因为害怕失去赚钱的机会。”

最后我们找到两辆黄包车，车夫似乎熟悉我们要去的地方。穿过前门，进入外城，一路向西，穿过迷宫般狭窄的胡同。胡同两边，挂着长长的中国人叫作幌子的标牌。走过密集的店铺，店铺里出售瓷器、陶器、棉制品、食品、灯笼和一排排中国布鞋。街上车水马龙。有黄包车、驮东西的驴、装着百叶窗遮光的有篷马车。叮叮当当的铃声和骑马的侍从告诉街上的行人有大人物经过。骡子，骆驼，步行的男人有的挑着担子，有的两手空空。竹子扁担颤颤悠悠，小脚女人步履蹒跚。人们都扯开嗓门向整个世界表达自己对事物的看法。

“多么希望能听懂他们在说些什么呀！”有一次，我对同伴说。

他笑了。“有时候你还是听不懂为好。”然后他又纠正了刚说过的话，免得误导我，“不，总的来说他们相互之间都很有礼貌。”

有一次，我们碰到一个手里拿着一摞纸的人。他站在什么东西上面，让自己稍稍高出路人一点。他显然把路人分为三六九等。大概我们俩都被认为配得上那张纸，所以得到一张，我很想知道那上面的象形文字是什么意思。那是参加葬礼的请柬，“导游”告诉我。一位为更多妇女接受教育而工作的妇女去世了，她的朋友们将为她举行葬礼，以表示对她奋斗精神的感谢。中国的变化由此可见一斑。

我们继续往前走，房子越来越少，农田里正在收割高粱和谷子，这是我九月份参观的第二个慈善机构，灰色的城墙遥遥在望，但还没有寺院的踪影。车夫气喘吁吁，汗水顺着面颊淌下来，打湿了薄薄的外衣，但他们仍然脚步不停，拉着我们往前走。即使开口问问路以便减轻他们的劳动，也不肯。因为那样做，就等于告诉坐在车上的外国人，他们并不认识路，那就会丢面子。

倒是车上的外国人自己看出点名堂，坚持打听了一下。结果，原路返回不一会儿就到了寺院。管理寺院的住持接待了我们。还有一位个子挺高的中国人。此人会说德语，对孤儿院非常感兴趣。

这是一年中最重要的一天。他们正在举行一年一度的运动会。大门口装饰得十分华丽，标志着这里正在发生一件重大的事情。这个地方是按照中国的建筑风格建造的，里面有许多庭院，庭院四周是低矮的房屋。主人领我们走过一个又一个庭院，最后来到一个很大的院子，或者更确切地说是运动场。和尚和他们的侍从，还有一些被邀请来观看比赛的观众都聚集在这里。只有男人，因为在中国，男女有别，公开场合聚在一起是不被允许的。第二天才是女性专场。主人非常热情地邀请我再次光临，但我觉得一次就够了。我们在前排桌子旁边的长凳上坐了下来，一个男孩奉命备茶。我趁机环顾四周，以观察和我们一起观看比赛的都是些什么人。

这里有三十名和尚，照管着二百五十名孤儿，教他们读书写字，学习各种各样有用行当的技能。这些技能为他们走向社会创造良好的开端，给他们提供谋生的机会。到处都是灿烂的阳光，院墙在一定程度上挡住了风和灰尘，比赛正在进行中。操场正面，一个可以将比赛尽收眼底的房间里，坐着住持和他的一些下属。他们穿着宽松的长袍，腰间系着黑色的腰带，唯一的装饰品——如果能称之为装饰品的话——就是一串念珠。头剃得溜光，也不留胡须。他们介绍我认识了隔壁寺院的住持。他看起来和蔼可亲、极有教养，满口漂亮的乳白色牙齿。我觉得非常遗憾，我不会中文，不能和那个人交流。不知怎的，我觉得我们好像是在一架飞机上相遇。在那里，国籍和种族无足轻重。但那是因为他的博学、见识和开阔的心胸，而不是因为我有什么了不起。

我还看到那些孤儿。他们胖胖的，一望可知是吃穿不愁。他们穿着未经漂白的印花布裤子和我所见过的最鲜亮的蓝色外套。为了庆祝这一节日，人们都在胸前佩戴了一朵鲜艳的粉红色康乃馨，头都剃得溜光，像个台球。看上去幸福安康，但在西方人看来，剃光头是讲究卫生、预防疾病不得已而为之的终极措施（我猜想是这样的），这毕竟破坏了他们应有的美貌。他们赛跑，套在麻袋里蹦来蹦去，滚铁环。六个人一组站在一起，用尖细的童声唱歌。他们唱的歌曲古怪而令人难忘。人们告诉我，这些歌都是爱国主义歌曲，表现出他们对中国充满希望。比赛结束，三个第一名的名字用黑字写在白旗上，白旗在场地上飘扬，然后是颁奖。奖品是一块手帕或诸如此类的小东西。

佛教孤儿院

有趣的不是体育运动本身，管理良好的学校都有体育课。让人耳目一新的是，这是中国学堂里的“新事物”，而且完全是中国人自己努力的结果，标志着他们向现代文明迈出一大步。

然后他们给我带来年纪最小的孤儿——一个胖乎乎的八岁小男孩儿。小家伙看上去很好，但似乎不像个八岁的孩子。也许他确实不到八岁。据我所知，中国人认为从娘胎里一落地就是一岁。即使生在一年的最后一天，也算一岁，第二天元旦，就是两岁！小孩子总是非常可爱。这个小家伙面带微笑，很招人喜欢，尽管穿着不合身的白布上衣和裤子，头也剃得溜光。有人告诉他我是谁的时候，他便向我伸出一只手。我给了他一枚小钱，小家伙深深地鞠了一躬，小跑着穿过操场，跑到一个正在观看表演的年轻和尚那里。他抓住和尚的长袍，依偎在他身上，那人伸出一只手，充满爱意抚摸着他。按照出家人的规矩，他永远不会有自己的孩子，但他是这个孤独的小流浪儿的慈父。是流浪儿吗？他吃得很好，衣着得体，我亲眼看到他得到充满柔情的照顾，别的孩子还能比他得到更多的温情与关怀吗？别人能做得比这些和尚更好吗？参观盲人布道所时，我认为不会。现在我依然认为不可能。但有一点我敢肯定，和尚给予这些孩子的温情，这种使他们的生活变得更安宁更温馨的温情，是任何西方人都不可能给予一个异族孩子的。

> 有人带着孩子来见耶稣，要他触摸他们……他把孩子抱在怀里，手放在他们头上，为他们祝福。[1]

这些和尚所信仰的宗教在基督教诞生之初早已存在。但他们仍一如既往地忠

[1]《圣经》马可福音 10:13–14。

佛教孤儿院的拔河比赛

于自己的信仰，其笃信的程度不亚于基督的信徒。其实你的信仰是什么，有多大关系呢？叫它什么名字又有什么关系呢？在这座古老的东方城市里，人们正在用实际行动宣讲爱与仁慈的福音，没有人能比他们做得更多。

我们总认为慈善和怜悯只是基督教信仰的属性。这种看法对许多怀抱其他信仰的善良和圣洁的人来说真是一种侮辱。我并非嘲笑基督教传教士的仁慈和自我牺牲，但在可能的情况下，对中国人的仁爱和同情最好来自他们自己的种族。因为，不管外国人多么温柔善良，他还是个“局外人”，而且从某种意义上讲，受益者必然是孤独的。因此，我要加倍感谢庄士敦先生把我带到这个孤儿院，在那里我看到中国人对他们自己的人民的流浪儿和孤儿照顾得多么好。

怜悯和慈悲并不只属于西方国家。乞丐桥上，上帝派来的基督教传教士卖《圣经》，可怜、同情盲人。寺院里，信奉佛教的和尚把被遗弃的小男孩儿的福祉放在心上。对于我们在这个世界上找到的爱，只能低下头表示感谢。

第九章　中国旅店

前往热河——段先生——北京大车——中国公路——露营的好机会——“万人堂”——人类居住——多年的灰尘——窗口的眼睛——旅途中的餐饮——中国鸡，切碎。

下定决心离开魅力无穷的北京后，有两个地方我特别想去。一个是清东陵——安葬慈禧太后和大多数清朝皇帝的地方。另一个是热河，满族王公贵族狩猎的地方，在内蒙古北部，或者河北省最北边。在那个偏远的地方，各省的边界模糊不清。

我在想是否可以把这两次旅行合二为一，而不是参观陵墓后回到北京，再翻山越岭去热河。带着这个目的，我开始调查，结果发现，虽然许多朋友认识的某个人，或者听说过的某个人曾经走过这条路线，但我一直没机会向这样一个知识渊博的人当面请教。一切只有靠自己了。我知道我会遇到许多困难，最麻烦的是要坐二百八十英里的北京大车。这种安排唯一的缺点是，如果遇到困难，只能自己克服，绝无退路。

因此，我雇了一个多少懂点英语的仆人。谈论无关紧要的事情时，比如晚餐，我大致能理解他的意思。谈论重要事情时，比如路上会遇到什么困难，就只能猜测了。或许日久天长，不明白的东西自然而然变得明朗起来。这位先生个子不高，讨价还价是把好手。他在重要场合穿黑色锦缎长袍，两边开衩。在所有场合，辫子剪掉之后剩下的短发就像黑色的马鬃披散在脑袋后面。他满脸麻子，诙谐幽默，是个出色的仆人。他把我的行程安排得很好，省掉许多麻烦，对于他的“讨价还价”也就不太介意，尽管在一些小事上，我明知道，我所支付的不是双倍，而是七倍。不过，要想积累经验总得付出代价。他是我的第一个仆人，我每个月付给他三十块钱，所以从某种意义上讲，我是被他敲诈了。在中国待了六个月后，我便明白只要每月付十五块钱，就能找到一个同样好的用人。我确实给了他很高的薪水。

他姓段，读起来好像是以字母“D”开头的。他为我订了两辆北京大车，每辆车一个车夫、两头骡子。我和随身携带行李用一辆，另一辆拉仆人、一些简单的厨房用具和行李。五月一个星期天的早晨，天气晴朗。其实没必要说“天气晴朗、阳光明媚”之类的话。因为在中国北方，五月里很少有阴云笼罩的早晨，倘若那样，人们会欢呼雀跃，盼望一场细雨降临。马车出现在六国饭店门口，准备出发。至少除了我，一切准备工作都已经完成。我四肢疼痛，确信患了流感。该怎么办呢？此时此刻，我真想赖在温暖的床上，真不想冒险到我一无所知的中国蛮荒之地旅行。但我已经以每天七块钱的价格租了那两辆马车，实在不能再在饭店逗留了。暗自想，也许新鲜空气对我有好处。不管怎么说，值得庆幸的是，爬上马车时，没让我特别费劲儿。这只能说明我对北京马车知之甚少。和我熟悉的一位绅士和一个女孩，一大早就起来，骑毛驴陪我走了十英里。前面有一片墓地，松柏参天，我们在树荫下一起吃了午饭，然后和他们二位道别。异国他乡，带着朋友的祝福上路，我心里不由得升起一股暖流。

北京大车象征一种令人尊敬的进步的模式。当我们的祖先还在用靛蓝轻涂肌肤打扮自己、对轮式车辆没有任何概念的时候，中国妇女已经坐着北京大车探亲访友了。大车上有车篷，主人坐在车篷里，路人看不见她的尊容。仆人坐在前面还算“舒适”的地方——如果有哪个词汇可以用来形容北京大车的话，非它莫属了。因为，尽管大马车有着悠久而高贵的历史，我还真没有见过比它的发展更缓慢、更难以给人舒适之感的交通工具。简言之，那只是一块没有弹簧的板子，装在一对轮子上，上面固定着蓝色棉布车篷（如果你不是皇室成员的话），后面放着沉重的行李。中国人坐在空荡荡的车篷里，并不介意，但像我这样的西方人，即使把床上用品都铺在车底板上，把能弄到手的靠垫都塞到车篷两边，也毫无用处，只能任其颠簸，听天由命了。他们会告诉你，大马车有一个优势，车本身没有什么怕打碎的东西。如果真的碰到马车东倒西歪、上下颠簸，有什么东西被打碎了的时候，最大的安慰是，木制马车安然无恙，唯一碰得鼻青脸肿、浑身疼痛的是坐在车里的人。哦，即使在最平坦的路上，我也不推荐北京大车。

何况中国的路并不平坦。我们都知道在爱尔兰，人们用“蛇”来描绘、比喻道路。“那里没有蛇。”如果以同样的方式描述中国道路的话，真该谢天谢地了。中国作为一个人口稠密的国家，所谓“路”自然很多，路上行走的人也络绎不绝。但我很少看到比村庄周围的小路更平坦、更好走的路。这次旅行，我常常看到的是，从农民的家门口到不远处刚耕种过的田地的道路最平坦。华北地区，似乎只有乱石丛生、干旱无水、不能种地的地方，才能用于道路的开发。

离开北京，前往东陵，在最初的两三个小时里，你会沿一条铺着石板的大路行驶。这条路应该是经过规划、设计完成的。一块块巨大的石头一定是做苦役的人铺设的。有几百年的历史不得而知，但现在已经坑坑洼洼，有的石头不翼而飞。

辞别六国饭店，向大山出发

路边摊

虽然我无法想象，偌大一块石头怎么会被人搬走。车夫总是尽可能让马车靠边儿走，因为至少那儿积的尘土比较厚，钉着铁钉的车轮碾压过去时，刺耳的响声和剧烈的震动还能勉强忍受。

坐马车离开北京的近郊要花的时间和开汽车离开伦敦一样长。出了城门，城墙留在身后。城外，尘土飞扬，阳光灿烂，满眼土黄的颜色，小房子多得难以计数，路边摆满小摊。新鲜蔬菜、水果看起来十分诱人，但是肉、骨头看起来倒人胃口。羊脊骨上的肉已经剔得精光，还在出售。鸡蛋，成堆的蛋糕和小馅饼，鞋子，衣服，俄式茶壶。原始社会穷人可能需要的东西，在这儿都能找到。路上的人川流不息，大多数人穿着蓝色棉布衣服。步行的男人，用竹子扁担挑担子的农民，毛驴驮着装满粮食的麻袋和筐。也有胖乎乎的男人骑着毛驴。小脚女人出门走亲戚也得骑驴。路上还有大马车、骡子、小马。这些忙忙碌碌的人几乎和几千年前毫无二致。我想知道，在伊丽莎白幸福的回忆里，我要是到伦敦郊外去看看，看到的情景会不会是这个样子呢？当然不是这样啦。这里的天空明亮清澈，阳光灿烂，人们的脸庞泛着东方人特有的黄色。这群人就像在巴比伦或尼尼微采石场辛勤劳作的人一样，也许比世界上任何地方的同类人都更满足于自己和自己在人类社会的地位。这种印象是我住在北京的时候形成的。离开大城市，来到乡下之后，这种印象就越来越深了。

但是过了好长好长一段时间，我才觉得自己真的到了乡下。土黄色的土地，土黄色的房屋。那房屋显然是用泥土建造的，瓦屋顶却别有风韵。到处都是穿蓝色衣服的人，到处都是干活儿的人。农田精耕细作，没有围栏。中国人太过文明，不需要用栅栏围起他们的土地。他们用石头砌墙，只是因为石头不能随便乱扔，必须以某种方式处理。刚刚长出来的高粱像麦苗一样碧绿，一片连着一片，灰暗之中平添一抹亮色。偶尔会有几棵树——柳树、杨树或冷杉，看起来赏心悦目，但那是墓地的标志。然后，正当我开始希望就这样待在乡下的时候，一座城墙围起来的城镇隐约出现在眼前。

暮色苍茫，我们停下脚步，第一次走进既不舒适也不方便的中国旅店。

我们出发就晚了，又花了很长时间和朋友们告别，所以没能按计划在天黑前赶到要去的那个小镇，只能住到一个小村子里的小客栈。这是我第一次在中国“住店”。像大多数中国客栈——车马大店一样，这是一个很大的四合院。院子四周都是平房，房屋之间混杂着牲畜栏，里面关着骡子和小灰驴，偶尔还会有一两匹小马。院子里还散乱地放着喂牲口用的石头或木头食槽。时值五月，天气很好，没有必要把所有的牲口都关到马厩里。而且旅客太多，马厩里容纳不下所有的骡马、毛驴。

这里充满了美妙的东方风情。我想起，不由得想起，有一次，有一群人来到这样一个小客栈，他们都又饿又累，“他们在那里的时候，马利亚的产期到了。生下头胎的儿子，用布包起来，放在马槽里，因为客店里没有地方”[1]。

我还在想那一小群人的时候，北京大车颠簸着碾过客栈门口的台阶——所有中国人家的大门都有这样的门槛。在中国，似乎谁也不把是否舒适放在心上。不管颠簸、震动有多大，反正大马车不会散架。进了大院儿，就有人送上一个条凳，让我踩着从马车下来。我本想自个儿跳下去，但是一百里——大约三十英里——的路程，把我折腾得四肢僵硬，疼痛难忍，只得由他们摆布。因为感冒，头也疼得厉害，查看提供给我住宿的房间时，我十分沮丧，真希望这个特别的旅馆没有房间，这样我就可以在外面露天睡觉了。

第一天，穿过平原的时候，虽然没有山，但大车缓缓地向山地驶去。我便意

[1]《圣经》路 2:6。

客栈前院的北京大车

闲聊的人们

识到，在中国，没有宽阔的道路，也没法睡在夜空之下。要歇息就必须在客栈里，像在伦敦郊区那样露营只是遥远的梦。事实上，在索比顿[1]或里士满[2]一带，你很容易找到比在中国北方贫瘠的山丘或精耕细作的谷底更适合露营的地方。我一连三天抱着一线希望，想在外面露宿。我有一个舒适的睡袋，晚上天气又好，即使没有帐篷，在路边睡觉也一定很舒服。第一天晚上，闻着房间里难闻的气味，我就开始羡慕那几头骡子，我对自己说，下一回，我肯定要睡在外面。

“万人堂。”客栈老板说，门上贴着红纸，上面用黑字写着店名。我心里想，除非那些旅客很小很小，否则他怎么能把他们都安置在这个四合院里？想起一个朋友说过的话，我真有点不寒而栗。他说：“我最不能忍受的是整夜没完没了的流浪汉。”我估计这个季节来的客人不多，也真的会招待流浪汉。客栈里还贴着醒目的红黑相间的告示，上面写着店主对任何未委托他保管的贵重物品概不负责，并告诫客人们小心防火。看着腐烂的茅草和灰色墙壁，我觉得一把火把这个客栈烧了是最好的事情。你看，今天晚上我特别挑剔。我想下一家客栈可能会更好。我有很多东西要学。中国有句谚语说：“东山的老虎和西山的老虎都是一样的。”所以无论在哪里，中国客栈都是最糟糕的。这种鸡毛小店的客人大多是车夫。有钱人，只要有寺庙，就去寺庙里住。这附近有没有庙，我不知道。要是真有庙的话，能不能去住也是个未知数。所以只好听天由命了。我绞尽脑汁，也想不明白，是什么样的诡异的命运把我送到这个地方。当然，我也可以打道回府。从某种意义上讲，我是自己的主人。但是在这个世界上，毕竟没有人拥有自己。我要写一本书，舒舒服服住在六国饭店不可能获得第一手材料。因此虽然很不情愿，也只能走进这个房间。我从来没有住过这种卧室和餐厅合二为一的房子。泥土地面，动一下

[1] 索比顿（Surbiton）：伦敦西南部的一个郊区，位于泰晤士河畔的金斯顿皇家自治市内。

[2] 里士满（Richmond）：伦敦郊区的一个镇。

脚都会尘土飞扬，至于气味更是“闻所未闻”。我对段说，我必须住一个稍微干净点的房间，他只好找来两个苦力打扫。地面上的尘土简直积攒了至少一千年。应该说，怎么扫也扫不干净。那一夜，除了做买卖的客人不知道还有多少蛰伏在小店里的可怕细菌被我们从梦中惊醒。若是撇下那些细菌不管，它们会被深埋在那里，或许不会靠近我。但是现在它们应该都复活了。话说回来，这也公平。中国客栈毕竟不会每天都来外国女人。我从来没有见过从人住的房间里一次性清理出那么多灰尘和垃圾。我吩咐他们拿来一桶水，泼洒在地上。等到尘埃落定，才进去查看它成了什么模样。

中国客栈的房间，就像一家人，长得都是一个模样。我总是想住一间门窗对着院子的小屋，这样可以让更多的空气流通。一般来说，中国人似乎不怎么需要新鲜空气。段先生按照他的生活方式，总是门窗紧闭，似乎为了更私密。我也只能住在一个密闭的房间，只有糊着白纸，或者说曾经是白纸的花格窗照进一点亮光。冬天，烟熏火燎，飞扬起来的灰尘，落在窗棂上，堆积在那里。但我需要新鲜空气，在尽可能保护隐私的前提下，我把最上面的窗户纸扯了下来。可是窗户外面的人胆儿更大。他们很想看看外国女人是什么样子，就把手指弄湿，在下面的窗纸上轻轻地戳个窟窿，然后一只眼睛就出现在窟窿里。这情景让我觉得还不如干脆把窗户纸都扯掉，我也可以舒舒服服待在里面。我破门而出，故意让那些人觉得，我很生气。段为了我的尊严，也为了他的尊严——如果我是个无足轻重的人也就没什么尊严了——安排车夫为我站岗。我再次回到那间不舒服的住所。这间屋子铺着石板，在中国客栈里算是高级的了。差一点的房子都是夯实了的泥土“地板”。屋子里有两把黑木椅，高高的、窄窄的，很不舒服。还有一张桌子，高得也叫人不舒服，当然还有炕。现在大多数人都不知道什么是“炕”了，但我第一次见到“炕”的时候，把它当作一件类似工作台的家具。这是一个大约两英尺高的石头平台，下面可以烧火，非常小的火，通过一个烟道系统来传递热量。炕上通常铺着席子，摆着一张“炕桌”——大约十八英寸见方、一英尺高的小桌子，上面不知道积了多少油腻。

第一天，我满腹狐疑地望着炕。在我看来，我没法儿在这样的地方过夜。我打心眼儿里希望把对中国的描写留给更有经验的旅行者去完成。炕上铺着草席，遮掩了它的冰冷和尘土。我在上面撒了一些硼砂粉，还洒了大约半罐杀虫剂，直到那时我才敢把床支起来。旁边放着印度橡胶浴盆。那是一位朋友送的礼物，比我原先那个旧帆布浴盆好多了。每天晚上我都发自内心地感谢她。确信车夫还在为我站岗时，我就赶快洗漱，脱掉衣服，爬进睡袋。

在我住过的中国客栈里，只有一家给旅客提供食物。我想，那是店老板把客栈和餐馆的功能合二为一的结果。当然，一般来说，外国游客不会想到吃中国食物。我和其他人一样，自己做饭吃。我带了大米、茶和面粉。段在一个古怪的小炭炉上给我做饭。在这个炉子上还能煮鸡蛋。除了很少几家商店可以买到日用品之外，就得靠买乡下人的东西过日子。买鸡、鸡蛋、洋葱和梨。段负责采买，钱当然是我掏。我不禁好奇，按他的收费标准，六国饭店每天得花多少钱为它的客人提供饭菜呀！我曾经认为，论“韧性”，当属西非的鸡。现在我却不这样认为了。和中国的鸡相比，它们实在是小巫见大巫。我们经常买到鸽子大小的鸟，但是老鸵鸟的肉也比它嫩。谢天谢地，我的牙齿很好，但即使“铁嘴钢牙”，中国鸡也让它们望而生畏。后来我看明白，段为什么给厨房拿来一把砍刀——他管那玩意儿叫“厨刀”。原来他下了一道“命令”——必须把鸡剁成小块儿，要不然密斯不再吃鸡肉了。

但第一天晚上，他们送上来的鸡肉，我连看都不想看一眼。等到硬得像木头一样的梨和米饭端上来之后，连开玩笑的心情也没有了。我什么都不想吃，只想躺在床上喝茶。风从撕掉窗纸的几个小格里吹进来，吹灭了摇曳不定的蜡烛。我一会儿冷，一会儿热，非常难受。明亮的夜空被窗棂切割成一个个小方块。我觉得浑身每一根骨头都疼，心想是不是要大病一场？

第十章　清东陵

北京马车是治疗流感的良药——狭窄道路——“死者为大”——不幸的妇女——缠足——“打你，打你”——丢失的行李——“你必须让你的丈夫来取”——在困难的情况下写的信——一个没有主人的女人——马兰峪——世界上最完美的墓地。

我没有病倒。和以往一样，我发现我常常自寻烦恼，为一些不曾发生的事情费心劳神。一件事可能改变，也可能无法改变。如果改变不了，面对是最好的解决办法，任何担心都是徒劳的。我此行完全出于自愿，现在碰到困难，除了争取最好的结果，别无他法。到了早晨，即使不会太好，也不会更糟，而不顾一路鞍马劳顿返回北京，只能使自己变得荒唐可笑。我和太阳一齐起床。那是一轮温暖、明亮、让人欢快的太阳。吃过早餐，喝了茶，准备出发。整个村子的人都来观摩我如何爬上大车。我没有力气走下那截台阶。大车载着我，车轮隆隆地响着，驶向坑坑洼洼的大路。

坐在大马车上看风景可不是什么好主意。因为马车左右晃荡、上下颠簸，只能让你对眼前的风景心生厌恶。那时候，别的都无所谓，你唯一盼望的是，车能停下来，休息一会儿。那天早上，除了因为感冒头痛欲裂、自艾自怜之外，我还开始同情我的出版商，担心他会在我身上赔钱。似乎是拜伦说过，老天爷或者某个无名的人，总是关照出版商。这也许就是为什么我会认为乘坐北京大车旅行是治疗流感的最好办法。如果我一直在床上躺着，有人无微不至地关心、侍候，端来牛奶和苏打水，安抚我的情绪，我可能要花两个星期才能康复。可事实上，一路走来，因为从早到晚都在户外，短短三天就结束了我的痛苦。即使难受的时候，我也能坐起来，兴趣盎然地看看眼前正在发生的事情。

一路向前。渐渐地，我们仿佛忘记了那座包罗万象的大城市，周围的环境也变得更加“乡村化”了。这条路，不是石头，就是沙子，布满来来往往的车辆留下的很深很深的车辙。这一带地势平坦，极目远眺都是一个个小村庄。越往前走越没有意思，只有坑坑洼洼崎岖不平的路和路两边的耕地。世界上一定从来没有这样精耕细作过的土地。一片连着一片，一直延伸到遥远的如黛的青山。有时候，路中间陷得很深。因为路窄，交通问题有时很棘手。有一天，我们遇到一辆乡下的大车，比北京大车还长，上面盖着草席，一头骡子和几头毛驴拉着。显然，这两辆迎面而来的马车无法同时通过狭窄的路。我不知道会发生什么事，因为两辆车都装满了东西，也根本没有办法掉头往回走。他们要我先下车，我很不情愿地爬了下来。我们那两辆车被拉到离田埂很近的地方，右边的轮子就悬在垄沟上面。他们想让那辆车先过去。可是没用，大车还是原地不动。十几个男人围在车旁，都穿着脏兮兮的蓝布衣服，头上戴着尖顶草帽，看上去好像老式茶叶罐上画的人。这些人个个显得聪明能干，七嘴八舌，自以为是。即使到了斯塔福德郡[1]也毫不

[1] 斯塔福德郡（Staffordshire）：英国英格兰郡名。

逊色。但这几辆大马车都不会因为他们能言善辩、指手画脚而变小。最后他们决定把车赶到田埂上面的农田里。他们试了又试，用鞭子不停地抽打可怜的骡子和毛驴。可是，尽管他们使尽平生力气，前拉后拽，车上的东西实在太重，骡子和毛驴根本拉不动。中国人是出了名的耐心，但真正让我大开眼界的是骡子和毛驴表现出的坚韧。我爬上田埂，坐在一块石头上看着他们折腾，提不出什么宝贵的建议。因为这些男人一定赶着大车沿着这些路走了一辈子，对这里的一草一木、一砖一石了如指掌。而我，活到这把年纪，从来没有见过由两头毛驴和一头骡子组成的"团队"，更没有处理过它们可能碰到的困难。最后，它们被狠狠地抽打了一顿，鼓起劲往前拉，却后退几步，又在原地停了下来。我看着可怜，站起身开始"干预"。不是请求，而是发号施令。我让他们把我雇的那两辆大马车上的辕马卸下来，套到他们那辆车上。辕马起初不肯，好像在说，它们从来不与毛驴为伍。可是后来它们老老实实拉起那辆车。不到两分钟，"障碍"清除，道路畅通，三辆马车各奔东西。我一直搞不清楚，为什么没有我的"命令"，他们就不敢用我车上的辕马？因为按道理说，我没有资格也没有权威对他们指手画脚。他们有自己处理问题的方式和能力，我只是一个乘客。

那天，那条狭窄的道路又一次被堵住，这次是遇上一支送葬的队伍。那口十个人抬的大棺材把路堵得严严实实。在中国，死者为大，死人享有优先通行的权利。我们别无选择，只好让路。好不容易才退到路一侧的田埂下面，然后又上了田埂，穿越农田，继续赶路，完全越过送葬队伍，才重回正轨。

在中国，就我的体会，你永远不会有远离人群的时候。这里的乡下，人口密度远远超过伦敦周围的乡村。走在萨里郡[1]的大街上，常常连一个问路的人也找不到。中国的乡下却总是人来人往。诚然，这里没有萨里郡和肯特郡那样绿树成荫的小路，但平坦的地势伸展开去，直到远处的山脚。天越来越热，男人光着膀子在地里干活，大多数小男孩一丝不挂，漂漂亮亮的小家伙儿。当然要能洗一洗就更好了。小女孩不管穿什么衣服，都在胸前别一块蓝色的方手绢，还在腰间扎一条围裙。但在更远的山村里，我看到小女孩像小男孩一样，一丝不挂。只有女人不管天儿多热，衣服扣子一直扣到下巴下面。路旁总是有绵延不绝的小村庄。妇女坐在门口的台阶上缝东西。我看到的大多是纳鞋底。还有的女人推碾子、拉磨，加工玉米、小米，供家人食用。有时候也能看到用小毛驴干这活儿。毛驴价格不贵，花不了太多的钱就可以买一头。但通常这都是家里女人的活计。她们的脚那么小，推着沉重的石磨或石碾，在磨道一圈一圈艰难地走着，用粗糙的手制作出细细的面粉。

可怜的女人！中国人常说：女人吃苦。如果以我对她们生活的一知半解为标准的话，那她们一定是吃过苦的。每逢早上或夜晚，我从村庄走过，常常听到孩子们的哭声。人们似乎都说中国孩子调皮，可是没有人查问过他们为什么调皮，为什么哭泣。有的孩子可能生性乖张，但有一位女传教士和一个对传教士和他们从事的工作嗤之以鼻的男人告诉我，早上和夜晚，小女孩脚上的裹脚布会被勒得更紧，这才是她们哭泣的真正原因。那是钻心的疼痛，唯一能缓解的办法就是把小腿紧紧地贴在炕沿边儿上，使血液暂且停止流动，使两脚麻木。但这种压力维持不了多久，随着血液再度流动，疼痛感便卷土重来——这种疼痛感会随着裹脚布

---

[1] 萨里郡（Surrey）：位于英格兰东南部，郡的北部和东北部与大伦敦接壤，东部是肯特郡，东南部是东苏塞克斯郡，南部是西苏塞克斯郡，西部和西南部是汉普郡，西北部是伯克郡。萨里郡议会位于泰晤士河畔的金斯顿，自 1965 年以来一直是大伦敦的一部分。

收紧而加剧。

“打你，打你，”母亲用棍子抽打可怜的小姑娘，“再哭我就捆住你的脚。”中国女人不能表露自己的感情，最重要的是绝不能抱怨。当然，这是这个民族的特点。男人也会毫无怨言地忍受很多痛苦。

在中国，对以上种种，我始终难以释怀。我的心无时无刻不被怜悯和恐惧刺痛。如果说传教士只做了一件好事，那就是他们极力劝说妇女解开裹脚布，使不幸的小女孩免受终身的痛苦。

毫无疑问，小脚女人的步态也是一大奇观。她们走路的样子好像腿是木头做的，从臀部到脚后跟都伸得很直。她们的脚很小，穿的绣花鞋形状像大约四英寸长的小蹄子。要想走路，必须伸出双臂保持身体平衡。我对她们的痛苦深表同情，可是有人却嘲笑我，说我夸大了中国妇女的苦难。我特地询问过四个医生。他们每天都接触这些女人。三个人的看法完全一致：女人非常痛苦。少女时代的绑扎自然疼痛难忍，即使绑扎完成之后，脚也会经常发生病变，红肿溃烂时常发生。最好的情况下，最轻微的活动，也会痛得钻心。

“不信你试试看，”一位医生说，“把脚趾压在脚底，足弓向上提，直到整个脚只有四英寸长，只能用脚跟走路，看看你是不是全身都痛。”他继续说：“虽然中国有许多和蔼可亲的老人，但女人都是泼妇。这一点我信。她们从小就经历了那么多的苦难，你还能指望什么呢？哦，在中国，女人的日子可不好过。对女人而言，我不相信世界上还有比这儿更糟糕的地方了。”

如果有人觉得这不过是在夸大这一习俗对妇女造成的伤害，那就请他去问问那些在中国行医多年的医生。让他们告诉他，不少女孩，因为小脚溃烂变成坏疽，危及生命，不得已截去下肢。我熟知的一位大夫曾经对我说：“其实对于一个中国女人而言，安假肢和缠小脚也没多大区别，都是终身残疾。”

和平常一样，许多事情的开头，我无从得知。成年妇女很少迈出家门，抛头露面，小女孩更是只能待在家里。但是，有一次旅途中，在山里一家简陋的小客栈里，聚在一起参观我这个外国女人的人群中有两个八九岁的小女孩。她们显然是客栈老板的女儿。在一群衣衫褴褛的村民中，她们穿着讲究。蓝色棉布上衣，整洁的红色小棉裤，脚踝扎着带子，脚上穿着一双很小的绣花鞋，也就三岁小孩穿的鞋那么大。她们的脸颊抹着胭脂，遮盖了让人心酸的苍白。被长期的、持续不断的痛苦折磨的表情在她们脸上还依稀可见。小姑娘站着的时候，把手放在同伴的肩膀上。走动时，就非常困难了。没有人关注她们。她们不过是些受苦的小女孩。按照习俗，女人在被认为是一件体面的玩物和男人的奴隶之前，一定要受苦。女人想有地位，就必须这样受苦。那些可怜的、毫无怨言的小女孩虽然有说有笑，但苍白的脸在胭脂下不时痛苦地抽搐。那一幕整个夜晚都萦绕在我的心头。我觉得自己站在一旁，目睹小姑娘的痛苦，是对同为女性的她们犯下的罪过。

缠足可能导致死亡。曾有个女孩儿，父亲是个鳏夫。因为父亲不知道如何拉扯小孩，便以很低的价格把她卖给一个声名狼藉的女人。“小奴隶”已经五岁了，但还没有缠过脚。落到女主人手里之后，便给她缠脚，希望有朝一日把她嫁出去的时候可以卖个好价钱。小黄兰——女孩的名字——虽然缠着脚，家务事却照做不误。每天早晨，尽管她还只是个五岁的孩子，却不得不早早起床，生火烧水，然后把热水送到女主人面前。而女主人完全没有注意到她可怜的小脚早已溃烂，流着血水。直到她连站都站不起来，只能躺在床上呻吟。收养她的女人从此厌弃了她，把她当作眼中钉。最后，住在同一个院子里的一个男人对那个可怜的女孩产生了怜悯之心。这个男人是个泥瓦匠，曾经在城外外国人建的一座医院里干过活儿。那时黄兰不到七岁。他将她抱到医生那里。泥瓦匠说，她不停地哭。他想，如果他不收留她，她会死的。医生认为，不管她是否被收留，可怜的小女孩都会死去。他拿起一把剪刀，剪断绑在脚上的两条带子，一只脚立刻掉了下来。那只脚还套在肮脏的小鞋里。小姑娘整条腿都生了坏疽。医生护理了一个星期，直到她的身体恢复到可以截肢的程度。尽管医生不住地摇头，她还是有所好转。传教士们最后决定把她留下，等她康复之后，给她做一副拐杖。女孩虽然年纪很小，但已经意识到等待她的是什么。医生给她量身高时，她哭得很伤心。中国人对任何残疾都深恶痛绝。小黄兰觉得，只要终日坐在炕上，她身体的残疾自然就会不为人所知。最终她还是接受了现实，并终于能够毫无顾忌地拄着拐杖，在传教士的院子里跳来跳去。小女孩长得挺好看。很快就找到无视她的残疾，或者更重要的是教她忘记自己身有残疾的朋友。有人给了她一个洋娃娃，她把这个宝贝夹在腋下，从一家跳到另一家，开心极了。中国人和外国人都很宠爱她。但是，医生的判断是正确的。病毒早就侵入她的身体。从她被送进医院的那一天起，不过六个多月，她还是没能保住性命。可怜的小黄兰！这六个月，她过得非常幸福。那个送她来医院的泥瓦匠给她做了一口棺材。帮助、关心过她的“洋人”把她和她一直骄傲地抱在怀里的玩具娃娃一起放进棺材，并通知认识她的中国人来和她做最后的告别。人倒是来了几个，可是——哦，让人百思不得其解的人性！有人居然从小黄兰怀里偷走那个可怜的玩具娃娃！

当然，虐待儿童是一种罪恶，在离我们更近的那些国家也是屡见不鲜。事实上，在信奉基督教的英国比在中国更常见。因此而造成的死亡，究其原因是极其低下的女童的地位，以及缠脚的残忍习俗。

不是成百上千，而是成千上万的妇女在受苦。听人们说，这种做法在城里比较开明的人家中正逐渐消失，但在离北京不到十五英里的乡下，缠脚的恶习依然盛行。“三寸金莲”不仅被人们认为美丽，而且人们普遍认为，裹着小脚的女人比长着天足的女人更容易得到主人的爱怜。在中国，男人不能自主选择妻子，都是

“父母之命，媒妁之言”。他婚前甚至看不到妻子，但是可以提出关于她的问题。他通常问的不是：“她长得漂亮吗？”而是：“她的脚小吗？”而且，即使他不提这样的问题，家族中的女性也会替他考虑。

一位妇女告诉我，在直隶北部，新郎家的妇女按照习俗聚集在刚过门儿的新娘周围。新娘坐在炕上，沉默而恭顺，女人们对她的外表发表评论。

而最让人无法忍受的嘲讽就是：“哎哟喂，她的脚好大啊！”

许多人会告诉你，坚持裹小脚的不是男人，而是女人。如果这样，对我而言，只会愈加觉得悲哀。想想看，女人和男人之间的距离该有多大啊！她们理所应当地认为，女人要想讨男人的欢心，就必须残废。话说回来，这些妇女无可指摘。如果她们无知到相信长着大脚的女人就没有希望成为妻子和母亲的话，除了把小女孩的脚束绑起来，还能指望她们做什么呢？有哪个女人敢让自己的女儿不裹脚，从而剥夺她成为妻子和母亲的机会呢？哦，中国女人的命运被古老的东方文明异化为男人的玩具和奴隶，何其悲惨！我宁愿做一个黑女人，一个像商品一样被人贩卖的塔克女人，或者一个能干、独立的凯塔[1]家庭主妇，也不愿意做一个中国女人！愿上帝保佑！

似乎很难让中国人明白，除了男人，女人也享有权利，即使是外国女人。我永远不会忘记有一次在直隶省会保定府发生的一件事情。保定府是一座城墙环绕的古城，距离北京只有三个小时的火车车程。路上我丢了三分之一的行李。因为站务员是新来的，把我的行李分成三部分，收了一元五角运费。结果没等我找到最后一件行李堆放的那个角落，火车就已经开了。我只能望车兴叹，眼看着我的行李正以每小时二十英里的速度离我远去。站长向刘易斯博士保证说，第二天就

[1] 凯塔（Keta）：加纳的一座城市。

可以把行李送回来。刘易斯博士是一位传教士，我住在他家。

第二天，在一个不会说英语的苦力的陪同下，我步行到火车站找那件行李。他们已经告诉那位苦力如何和车站交涉。我以为事情很简单，认领行李之后，最多再交点钱就万事大吉了。始料不及的是，女人的身份和地位竟会在这样一件小事上给我带来那么多麻烦。

没人会说英语。在五分钟的时间里，我得说，保定府车站的全体工作人员都站在我的周围，吵吵嚷嚷向我大声发表他们的看法——从天气到最新的政治动态。如果他们说的是行李的事儿，我也听不懂。有的人穿着土黄色的制服，有的人穿着深色衣服，戴着制服帽，大多数人的辫子刚剪掉不久，散乱的头发披在脑后。大约有十几个人，还有几个一望便知是游手好闲的看客，他们穿着带补丁的脏兮兮的、褪了色的蓝布衣服。有的人还留着辫子，不过看起来一个星期也没有梳过。他们都急于向我这个外国女人表示善意，想让我明白他们的意思。不过一点儿用也没有。我什么也听不懂，想象不出他们到底想干什么。终于人群分开，人们七嘴八舌地议论，我猜一定是说："解决问题的人来了。"一个身穿黑色衣服的小个子男人走到我的面前，非常礼貌地把一根手指放到我的胸口，似乎要劝告我做什么事情。他好像会说几句英语，不过水平实在太差。我突然想起，这条铁路是法国人管辖的。

"你会讲法语吗？"我用法语问，不知道我这点儿法语能否和他交流。

他摇了摇头。事实上，在中国，人们倘若需要说另外一种语言的时候，只能说英语，虽然那不过是洋泾浜英语。而我这位新朋友的英语似乎还说得过去。不过，连我自己也不明白，为什么我在一个陌生的国家，指望他们能听懂我说的话，理解我的意思。

"您的行李在这儿。"他慢吞吞地、一字一顿地说。

“谢天谢地，”我叹了口气，“带我去取吧。”但他好像没听见似的。

“你，”他一本正经地说，“必须让你的丈夫来取。”

这可是道难题。“我丈夫，”我态度温和地说，“死了。”

事情似乎陷入僵局。显然，要把行李交给一个丈夫已经去世的女人是不可能的。站台上的人，包括那些闲散人员，纷纷出谋划策，希望能够帮助解决问题。我说，我的丈夫已经死了很长时间了，我孤零零一个人，没有兄弟。他们可能讨论我是否会有别的男性亲戚，后来也就打消了这个念头。那个会点英语的人又想出新主意。

“你——住在——哪里？”他结结巴巴地说。

“在刘易斯医生家。”我说。

“那你就请刘大夫来吧。”

“可是，”我不同意他的建议。“刘易斯医生很忙，再说他又不认识哪个行李是我的。”

又是一阵长谈之后，一个绝妙的主意像流星从人群中划过。“你回去写封信。”我的那位“语言学家朋友”果断地拍了一下巴掌，往后退了退，所有的人都看着我，似乎一致同意，这是解决问题的最好办法。

我和他们争论，表示想看看行李。

“行李在这儿，”我的朋友拍手击掌，不无责备，好像为我的愚蠢而遗憾——“你一定要回去写封信。”

“我可以在这儿写。”我说。大约又争论了一刻钟之后，他们把我领到车站后面一间办公室，费了好大劲儿才找到一个快干了的墨水瓶和一支笔尖都锈了的破笔，可是没纸。所有的人都开始四处搜寻，从天花板到长凳下面无一遗漏，直到终于有一位“智多星”找到一个硬硬的黄色行李签，让我写在背面。除了那支秃笔难以书写之外，纸上似乎还涂了胶水，我费了好大力气才写下“敬启者”三个字，请求他把行李交给我的仆人。然后在那张行李签的“方寸之地”尽可能地用花体字签上我的名字。

屋子里的人都伸长脖子看我签的这份宝贵的文件。他们拿起来横着看，竖着看，反过来看，倒过来看，谁也没看出个所以然。最后，那位“语言学家”像先前一样，拍了一下手，说：“看——不——懂。”

哦，我当然可以读英语，于是我以极大的热诚，面对不无赞赏的人群，大声朗读这份博学多才的文件，包括我的名字，仿佛给了他们极大的恩惠。写在行李签上的文字极具魔力，大约两分钟，丢失的行李就出现在眼前，交给我请来的那位等待多时的苦力！可是，等我走了之后，疑云又起。那帮人再次怀疑。一个女人，一个没有丈夫的女人，能被信任吗？站长给刘大夫捎话说，一定要给个回信，证明一切正常！

如果女人在一座对外国人并不陌生的城市里尚且无足轻重，那么在偏僻的地方我还能指望被如何重视呢？所幸我并没有期望太高。人们走过来看看我，无一例外彬彬有礼，以一种古老的礼节对待我。这种礼节一定是代代相传下来的，但他们并不嫉妒。我强烈地感到，其实内心深处，他们对我充满轻蔑。和我在澳大利亚矿业小镇看到底层阶级的人群时的感觉一样。和我在伦敦街头与一个穿着奇装异服的陌生人擦肩而过时的感觉也没有区别。这些乡下人也用那样好奇的目光看我。他们的生活平平淡淡，看到一个外国女人，觉得稀罕，看热闹罢了。

没多久，这种轻蔑和好奇就让我心烦意乱。我不知道自己是否真的感到害怕，但我逐渐明白，为什么人们显然都满怀善意的时候，传教士却会惨遭不测。这些人无疑不会抢劫我，但是如果我在北京遇到强盗，我敢肯定他们中没有一个人会伸出一根手指来帮助我。他们甚至不会抗议。我离他们的生活太远了。

终于到达马兰峪。地平线上紫色的山丘连绵逶迤，遮住了我们的视线。此行第一阶段的旅程完成，眼前就是清东陵。那天，我们在坑坑洼洼、高低不平的路上走了四十英里。大车隆隆隆地穿过肮脏的城门，走进拥挤的小镇时，我长长地舒了一口气。

我们住在我所见过的最小最脏的旅馆里。中国的城镇，即使最小的村庄也总是让人联想到贫民窟，而马兰峪的情况更糟。但是因为累得筋疲力尽，我睡得很熟，第二天早上太阳升起时，我就吃了早饭，去看陵墓。我坐着自己雇的那辆大车，前面还多套了一头骡子。我坐在车篷里，仆人和车老板坐在车辕上。后来我才发现，如果说载满东西的大车让人苦不堪言，没有载东西的大车的颠簸之苦更难以言说。不过，头天晚上我们已经看到陵园的围墙，就在镇子那边，我安慰自己，再辛苦，时间也不会太长。

清朝皇帝为寻找最后的安身之所时，可以在整个中国选择风水宝地。他们以东方人的漠视对待地位较低的人。唯一的可取之处是，尽管他们的选择是残酷的，但也是睿智的。他们从山脉开始的地方建造安息之地，绵延几英里。这里的土地都是由雨水从山上冲刷下来的肥沃的土壤堆积而成。中国人口众多，寸土寸金。在过去的三天里，我看到农民最大限度地利用土地。房前屋后，巴掌大的土地，只要能种一棵果树，收一把粮食，都精耕细作。可是现在，我们宛如走进一座巨大的公园。皇家漠视人民的需要，把方圆几英里的良田变成他们的陵园。它坐落在群山环绕的盆地。一座座贫瘠、多石的小山紧紧相连，山上没有一点点绿色。这些小山与陵墓构成一道完美的风景线。我原以为明朝皇帝的长眠之所是极好的，但是毫无疑问，满族皇帝安息的东陵更胜一筹。

进入大门，马车就颠簸着走上一条几乎看不清的小路。不一会儿便进入一片冷杉和红松混杂的森林，越往前走，树木越密。白杨树和其他落叶树随处可见，五月的绿色将它们涂抹得郁郁葱葱，凸显出松树和冷杉的苍凉。它们暗绿色的枝叶给周围的景色平添了几分肃穆。透过微风中摇曳的枝叶，可以看到深蓝色的天空。那蓝色不时向外伸展一点，把远处光秃秃的小山推到我们的视线之中。起伏的山峦有棕色的、橙色的、紫色的，美不胜收。山影在云朵之上互相追逐，消失在常青松柏的褶皱里。宽敞、宏伟、静谧，皇帝和他们的皇后、妃嫔安葬在这里，隐藏在神秘、务实的中国的核心地带，再一次向我展示了中国的另一面。这景致和它的意义和我每天在大城市和乡村、田野和公路上看到的成千上万辛勤劳动的人们那样的不同。

在这座巨大的陵园里，古墓星罗棋布，相互之间有很长的距离。粉红色的围墙将帝王安息之地保护起来。每一座陵墓都有一个人看守。他们寻找到全世界人都喜欢的舒适的房子，风景如画、精美古雅，远离喧嚣的城市。那该是一个人辛劳一生应得的最好的安息之地。我待的肮脏的旅馆、散发着臭气的马兰峪尽管与陵园大门近在咫尺，但和宫殿般宏伟的清东陵相比，就像诺丁戴尔的贫民窟与帕克街的豪宅、穷街陋巷的帕丁顿和国王居住的白金汉宫一样不可同日而语。无数的鸟儿——中国人喜爱的鸟儿在大树枝头歌唱，欢迎我们走进五月美好的早晨。唯一不和谐的是我被大车颠簸着，不由自主地呻吟，车老板骂骂咧咧吆喝[1]骡子的喊声。根据别人给我的解释，他们的女性亲属的道德水准大概很是可疑。

树林里，不时能看到叫作华表的大理石柱子，高大威严，柱身雕刻着攀缘而上的龙，顶部是张开的翅膀。就像我们在巴比伦和尼尼微看到的标志性建筑。一座大理石桥雄伟壮观，野草从巨大的石板缝隙之间顽强地生长出来。在中国这样的石板到处都是，似乎标志着人的血肉之躯多么廉价。因为这些巨石都是人工开

[1] 这里暗指车老板的吆喝中带有粗话。这是一个委婉的表达。

圣山脚下

慈禧陵入口

采，并且是用双手放置在这里的。竖起来的石碑上面雕刻着龙纹和云彩象征吉祥富贵。大理石桥下没有小河。显然只是一种力量的表现，一种压倒一切的力量。桥那边是一条大道，大道两边排列着用大理石雕刻的动物，矗立在绿色的草地上。那绿草在贫瘠的土地上忍饥挨饿，一直延伸到牌楼的基座。那些石马、石象，还有传说中令人难以置信的野兽经历了悠长岁月的洗礼，守卫在皇家安息之地的入口。这条路远不如明十三陵的神路那么壮观，只不过汇集了古朴的中国建筑，精雕细刻的石柱。是那无处不在的寂静、遮天蔽日的苍松翠柏，以及陵园背后连绵逶迤、亘古不变的群山，赋予了它们尊严。

现在段先生变得非常重要。开始我觉得，他虽然为了我的利益，一路精心安排，但糟糕的是，他总把最好的部分留给自己。来到一片荒野之后，他们叫我下车。可是没有可踩的地方，下车总是一件麻烦事。我被颠簸得浑身僵硬，又不会像杂技演员那样做些危险动作，跳下马车。而段总是觉得自己有责任伸出手臂来接住我，或者防止我摔倒。他个子不高，又胖，圆滚滚的，这就让事情变得复杂。我生怕压到他身上，把他砸伤。但是我的反对没有用处。对他而言，唯一正确的选择就是帮他的"密斯"平安下车。所幸，马车旁边散发着香气的松针积得很厚，像一块松软的垫子，我连滚带爬从马车上下来，没有像平常那样感到歉疚。我们在一座长满树木的小山陡峭的山坡上停了一会儿。一条狭窄的小路环绕山坡，攀缘而上。和我们在萨里山陡峭的山坡上看到的小路十分相似。小路通往一条幽静的峡谷，但大车无法通过，只能步行。我沿着那条小路拐了一个弯，眼前突然出现一条新铺的路。这在中国可是难得一见。早晨，微风吹过，在轻轻摇曳的松针中发出神秘的啸吟。蓦然间，道道金光在眼前出现，琉璃瓦覆盖的、雄伟壮观的陵寝便是那位曾经统治中国的女人[1]的安息之地。她曾经反对外来侵略，却功败垂成。现在，一个外国人——一个手无寸铁的女人，孤零零地站在她的墓前。

也许这是参观它的最好方式。再说我也没法进去。大门钥匙在马兰峪，至少得花半天时间才能返回去取到手。不过我也不想进去，不愿意让自己尚且美好的记忆被任何俗丽的细节所破坏，就像在皇太后的葬礼上看到的那些俗不可耐的细节那样。这时，我雇的那个伙计神神秘秘地走过来，朝守陵人偷偷地指了指，说钥匙不在他的手里。这件事让我心底生出一丝不悦。

“不过假如密斯再给点赏钱，再给我一块钱，就能进去。”

我知道，这个人已经多赚了六毛钱。因为段先生一心想让这些人记住，他的“密斯”是个非常重要的女人。

破费一点值得，非常值得。

他们说，旧中国正在消逝。“看哪，有报好信传平安之人的脚登山。[2]”难道他们要扫平这些坟墓，把土地还给百姓吗？我想不会，我希望不会，我祈祷不会。中国的现在与过去密不可分。“犹大啊，可以守你的节期，还你所许的愿吧。[3]”有时候，为一个国家保留美丽，即使要付出巨大的代价，也值得。

---

[1] 指慈禧。

[2] 引自《圣经·旧约》那鸿书第一章 Behold upon the mountains the feet of him that bringeth good tidings。

[3] 引自《圣经·旧约》那鸿书第一章 O Judah, keep thy solemn feasts, perform thy vows。

第十一章　城墙高耸的城镇

城墙高耸的城镇——飞扬的尘土——通州——灯光下的浪漫——城墙环绕的小城——大门入口——好客的女主人——光头——房东的房间——回礼——“被斩首的罪魁祸首”——即席裁判——在西安府救助传教士——兄弟会——原始的攻击和防卫——阿城的悲剧。

哦，这是我进入的第一座城墙环绕的城市！是许多类似的城市中，我真真切切看到的第一座。这些城市有的很小，从一个城门走到另一个城门只用一刻钟的时间。但是，走进小城就像打开一扇通向过去的门，进入我们的祖先在我出生和长大的那个国家尚未出现之前的生活。我还是个小女孩的时候，心里珍藏的愿望是嫁给一个德国男爵——中世纪住在一座城堡里的德国男爵。现在，我的感冒好了，又有了思考的能力。这是我的德国男爵时代的城镇——肮脏，杂乱，如此等等。童年时代，我从来没有想到过什么是肮脏，也许那时候不介意这种事情。但有一点是肯定的，在我童年时代那片干净的土地上，我从来不曾想过密集的人群和沸腾的人类生活会产生怎样的污垢和垃圾。中国人为了安全，甚至为了安静，生活在拥挤的城镇。即使进入二十世纪，这一点依然至关重要。中国似乎与中世纪的欧洲有诸多相似之处。尽管城门内，也没有绝对的安全，但至少比城外的旷野更安全。

走过通州时，夜色柔和，月光落在城垛和城墙上。那是一个民族所建，不但实用，而且是世界上最富有诗意的建筑。穿过蓟州，清晨树影斜长，阳光带来新的一天的希望。一辆辆大马车从城门出来，还有驮着货物的毛驴，七头骡子拉的满载谷物的大车，都向南边的都城驶去。

我之所以记得这两个小城，或许因为在众多的城镇中这是我最初走过的地方。但遵化将永远留在我的记忆中。那是我独自仔细探索过的古城。日后，每当想起城墙环绕的城市，我的思绪总是飞回那座小镇。遵化小城方圆四分之三英里，坐落在山脚之下，标志着华北大平原到这里结束。

段先生建议我们应该进城。我本想在陵园逗留，但他语气很坚决。

“密斯要照相。最好在遵化停一下。遵化的风景很好。”

遵化压根儿就没有好风景。段和车老板建立了深厚的友谊，也许城里有他们俩喜欢的赌场或者歌女。不管怎么说，我们进城了。而我，出于某种难以解释的原因，也乐意去一探究竟。

从陵园出来的路令人毛骨悚然。陡峭的山坡上一条小路崎岖不平，路边便是万丈深渊，那是我见过的最荒凉的地方。说我上下颠簸、左右摇晃，只是对一路艰辛的轻描淡写。我坐在一个垫子上，把床上用品塞在周围，双手紧紧抓住车身。倘若松开疼痛难忍的手臂，头或身体其他部位就会撞到我以为绝不会撞上去的木头框架上。小溪将路切断，十分简陋的桥梁跨过潺潺流水。从桥上走过时，我特别害怕。因为无人管理，小桥和土路连接的地方坑坑洼洼，马车剧烈地摇晃着，简直能让我灵魂出窍。马车走得很慢，我觉得还不如下来步行。山路崎岖，那头骡子一个小时只能走三英里半，比起一小时能走三英里的我，也快不了多少。于是，我决定“自力更生”，尽量把损失减少到最小，绝对不会在那条路上多逗留一个小时。然而，这条路虽然糟糕，却是我回到北京之前最好的一条。也许还有比中国山路更糟糕的路，也许还有比坐大马车旅行更糟糕的经历，但我尚未体验，眼下这条路已经把我折腾得够呛了。

暮色渐浓，我们走进遵化城。和往常一样，车轮隆隆响着走进拱形大门的时候，我仿佛又回到十字军远征，或者更遥远的巴比伦时代。城里就像我见过的其他城镇一样，肮脏、污秽、拥挤，高低不平的人行道，想躲也躲不开。守护城门的瓮城里，摆着卖糕饼的小摊子，有煎饼，有点缀着芝麻和粉红蜜饯的小烤饼。还有卖各式各样陶器的摊贩。大小不同的瓦盆和坛坛罐罐应有尽有。人们都盯着我这个外国女人看。在他们眼里，我是一个雇得起两辆马车的外国富婆。女人独自旅行在中国闻所未闻，虽然有时候外国女传教士会这样做，但总有一个中国女人陪伴，而且一个女人不可能有两辆车。但有一点是肯定的，除了没有男人保护之外，我的装备一应俱全。这就使得我在乡下人和我所经过的城镇里的人们眼中，成了一个有钱有势有地位的女人。几头骡子可能会提高我的尊严。不过不管怎么说，拥有两辆大马车确实很气派，就像一个人独享一节头等车厢。

据我所知，遵化没有外国人。义和团运动期间，传教士逃离此地，再也没有回来。这样一来，我越发成了众目睽睽的“西洋景”。尽管事实上，我无论走到哪里，人们都会围在马车周围，睁大眼睛注视着我，七嘴八舌，叽叽喳喳，对我指手画脚。

人们告诉我，中国的车老板大多是无赖，但在我和我的车老板分手之前，就很喜欢他们了。

他们似乎都有点迟钝，身穿蓝色衣服，头上围着肮脏的毛巾遮挡尘土。我没

城墙外景

城门内外

有理由认为他们比其他人更喜欢水。我由此认识到，我对水“情有独钟”，并非像先前以为的那样，是因为渴望清洁。他们都有一双艺术家的手，都是指甲很脏的艺术家。我觉得我和他们之间可能有一种兄弟之情——但愿读这本书的人能把我也看作一个艺术家。我不知道为了那些好奇的人，他们在我身上编织出怎样的浪漫故事。但他们和那些“看客”交流的结果是，看热闹的人挤得更近了，盯得更紧了，身上散发的臭气扑面而来。他们似乎一辈子都没有洗过澡。我不再因为大车颠簸得浑身疼痛而着急，只是纳闷会不会还有更糟糕的事情在我身上发生，以及如何发生。这些围观的人大概一辈子也没有见过外国女人。我也奇怪，他们为什么没有成为某种可怕的瘟疫的牺牲品。

进入遵化城，我没有发现什么可以称之为美的东西，尽管从城墙外面看，这座小城不无浪漫色彩。我们穿过臭气熏天的街道向旅店驶去。街道狭窄得令人难以置信。两边的墙上贴着红白相间的长条纸，上面写着告示。猪、小孩、吱吱作响的独轮手推车和挑担子的人不时挡住去路。不过，我们终于颠簸着，走进旅店。那是个有很大的院子的很热闹的旅店。旅店里还开了一个饭馆。我浑身僵硬地从车上爬下来的时候，正好一个仆人端着托盘走了过来。托盘里放着一小盆汤、炖菜和别的食物。那家伙只顾好奇地盯着我看，结果撞到车老板身上。托盘打翻，饭菜洒了一地，两个人恶语相向，吵了个不亦乐乎。

院子里挤满了人。有蓝布篷大马车，骡子，毛驴，各式各样的人。但只有一个小房间给我。屋子脏得要命，我累得要命。怎么办呢？

“很多中国绅士都住在这里。”段先生说。我相信他的话。每个花格窗户房间的门口，都站着一个或者两个上层阶级的中国人。他们身穿长衫，留着辫子，手里拿着烟管很长的银烟袋锅，一口一口懒洋洋地吸着。他们垂着眼帘看我——一个外国女人。这是非常礼貌的做法。这个外国女人很脏，很累，很不舒服，她的房间看起来令人绝望。车老板说这是镇上最好的旅馆，不管怎么说，我也想不出去哪里另找住处。这时，一位小脚老妇人摇摇晃晃地走了过来，一朵小黄花插在脑后的发髻上。中国结了婚的妇女都梳这样的发髻。我想，男人们对自己的头发不会太介意，因为几百年来，他们至少要剃掉一半的头发。但女人格外珍视满头秀发。只要条件允许，就会把乌黑的头发梳理得非常漂亮。

这个妇人是旅馆老板的妻子，非常善良。她说，我不必在那个房间睡觉，可以住她的房间。她去她母亲的房间里睡觉。这让我大吃一惊。我真希望，等我像她那样老的时候，还有个母亲可以求助。

现在，我一般来说不会拥抱女房东。在英格兰，我甚至无法想象自己会对一个穿着肮脏的蓝布衫、蓝布裤的小老太太感到亲切。可是，此刻面对一个如此善良、好客的中国女人，我不可能无动于衷。我不会说她的语言，又不相信段先生会准确地向她传达我的谢意，便把她那双脏兮兮的小手紧紧地握在我的手里，希望她能理解我的感激之情。

然后我去看了看她的房间。入口的过道存放着石灰，屋子里光线昏暗，面积不算小，不过一边堆放着餐馆需要的各种用品。看起来好像鱼胶片的粉条，不新鲜的鸡蛋和其他难以形容的食物。一盘炕，当然是那种能睡一家人的大炕。墙上挂着一面大镜子。这一路，我忘了带镜子，所以迫不及待地朝那面镜子张望，结果吓了一跳。我当然不会指望这次旅行能使我变得更漂亮，但我确实没想到我的一边脸颊会肿起来，一只眼睛也会肿起来。我不想和那面镜子一起待在一个房间里，但还有比镜子更糟糕的东西。那扇漂亮的格子窗自从第一次糊上白纸后，显然就再也没有打开过，而那种人住过的气味是我可怜的笔墨无法形容的。我起初瞧不起的那个肮脏的小屋，至少有一扇门，可以通风，呼吸到院子里比较新鲜的空气。我告诉段先生，让他向那位老妇人解释，虽然我很高兴参观她的房间，并且非常欣赏里面的一切，但不能为了自己剥夺她的舒适。她当然很友好。我又照了照镜子——我想，一定要像个真正的女人那样，把一路颠簸，散落下来的几缕头发，拢到脑后。她连忙拿出好几把她自己用过的老旧的梳子，要替我梳头。这份盛情未免太过分了，我不得不拒绝。我相信她会认为我是因为谦虚才这样。然后，她要给我一些粉条。我想说，我没有什么可以回报的东西。段说："作为朋友，应该收下。"就这样，作为朋友，我从中国大山里一位老妇人手里接过一把粉条，没有任何东西可以回礼。我希望她对我友好，就像我永远对她友好一样。

并非只有外国人觉得回礼很难。有时候，中国人也觉得难。有一位在洋行工作的旅行者告诉我，有一次他到一个村子里招待几位长者吃饭，请他们喝他们喜爱的白兰地，和这些纯朴的乡亲们认为应该敬神的利口酒。第二天，他要离开那个村子的时候，来了一群人。其中一个端着一只托盘，上面放着一个中国的无柄小杯子，杯子上面还有一个盖儿。他们说，他会说中文，所以不需要翻译，还说他给他们带来一段美好的时光，非常感激，想送给他一件礼物，让他记住他们。但是他们的村庄又穷又小，没有什么能拿得出手的东西。他们商量了很久，最后的结论是送给他一点钱，这样他到北京或其他大城市时，就可以给自己买些东西。说到这儿，他们打开杯盖儿，杯子里放着一枚一角钱的硬币，大约值两便士半。对于这些没有现金收入的农民来说，这已经是一份相当丰厚的礼物了。

我想女房东不会介意我拒绝她的好客。她可能只是希望我去看看她的"辉煌"。不一会儿，她就带我去我先前那么鄙视的那间小屋。现在看来，这个屋子即使不是休息睡觉的好去处，至少也能呼吸点新鲜空气。屋子里有两条硬木板凳，炕上摆着一张雕刻得挺漂亮的炕桌，只是桌面油腻腻的，让人看了不舒服。

"一定要让密斯舒舒服服的。"段先生说，这话他总是挂在嘴边。

令我吃惊的是，凳子上都铺着红色羊毛挂毯。挂毯的图案我在斯塔福德郡荒原的一个小镇见过很多次。他们的工作就是印染。我们管这种挂毯叫“沃德尔挂毯”。真没想到，在中国北方的群山中，我居然看到了他们的劳动成果。

那天晚上，我累得什么也做不了，一吃完晚饭就上炕睡觉了。像往常一样，我把自己随身携带的寒碜的桌布铺在炕桌上吃饭，一双双好奇的眼睛望着我，我也看他们端着装满食物的托盘或者端着摆满空盆空碗的托盘，在院子里来来回回地走。

第二天早上，那位友好的房东太太又带着两个小脚女人来看我。她们都抽着长长的烟袋锅。通过段的翻译，我知道她们的年龄分别是四十岁和六十岁。几个女人饶有兴趣地打量我和我的行李。她们一定觉得我脚上那双“彼得·亚普”造皮靴又好又大，看个没完没了。后来，我寻思，她们一定是想看看我的脚，便脱下靴子和袜子，任凭她们上上下下、前后左右地查看。她们认真地看着，好像一辈子也没有见过这样的东西。我看了，先是觉得好笑，随后又很难过。虽然她们伸出自己可怜的小脚让我看，但并没有像我希望的那样回报我的赞美。过了一会儿，她们带我穿过院子，来到另一个房间。和别的房间一样，这个屋子的格子窗也许好久没有打开。两个女人坐在炕上，还有两个剃着光头的小孩。两个女人都很年轻，又高又壮，两只脚却那么小。我的注意力被她们吸引，觉得任何一个人高马大的女人都不可能靠两只小脚支撑自己。她们不允许我的仆人，包括段先生进屋，我没法和她们交流，只能微笑着喝茶。

这两个年轻女人，显然地位比较高。她们头发梳得溜光，衣服穿得华丽。一个穿着紫底黑花锦缎外套，另一个才十八岁，但是已经结婚，不再梳辫子，而是在脑后盘着发髻，额头光洁，皮肤白皙，身穿淡蓝色外套、草绿色裤子，面料都是上好的丝绸锦缎。和中国上流社会的妇女一样，她们脸上都是冷漠的表情，不过看到我还是嫣然一笑。显然喜欢饱受折磨的小脚被人注意。炕桌上放着一把茶壶，她们很有礼貌地给我斟茶倒水。过了一会儿，四个女人和那两个穿着漂亮衣服的小孩儿摇摇摆摆地走进院子里。年老的女人领着蹒跚学步的小孩，挽着两个年轻女人的胳膊，帮她们踩着板凳爬进两辆马车。两位老年朋友则坐在马车的车辕上。我据此断定，年岁更长的她们是仆人或者家奴。

“中国人的妻子。”段先生说。但她们是一个男人的妻子，还是两个男人的妻子，就不得而知。我当然不会像那两位年轻女人那样，打扮得漂漂亮亮，坐着大马车奔波在崎岖不平的土路上。但中国人有句老话：“出门穿新衣，在家无所谓。”在她们眼里，我这一身灰不溜秋的行头，或许同样不合时宜。

她们走后，我便出发去游览这个小镇。

小镇不大，四四方方，两条主路，一条由东向西，一条由南向北，在中心处成直角交叉。路面坑坑洼洼，除了一辆没有弹簧的“北京马车”，没有任何车辆想要穿过这条“马路”。在这座城市漫长的岁月里，除了一辆马车或一辆独轮手推车，没有人想到会有其他车辆穿街而过。剩下的街道都是臭气熏天的小巷子，跟主路相比，狭窄得令人难以想象。主路上挤满了人，两边店铺林立。这些商店没有玻璃橱窗，除此之外，和英国大城市贫民区的商店没有多大的区别。显然这里没有“市议会”统筹安排，规划街道的用途。染坊把一条条蓝布挂在自家门口，一直延伸到大马路上，全然不管行人是否方便。卖布的人在小桌或长椅上堆满了白色和蓝色的棉布。在切尔西[1]的国王大街，我也见过这样的景致。屠夫也在马路边摆摊设点，展示看起来并不诱人的商品。有的人家修理房子为图方便，就在家门口的马路上制作土坯。卖熟食的人，把炉灶、桌子搬到大街上，现场制作、出售肉汤、馒头、煮老的鸡蛋、肉饼，吸引着南来北往的人。

[1] 切尔西（Chelsea）：伦敦自治城市，为文艺界人士聚居地。

这座小镇，隐藏在浪漫的灰色城墙之后，暮色苍茫时，我急切地想知道它的模样。到了早晨，我发现它和其他城市没有什么两样。这里没有北京的宏伟、壮丽，大街上熙熙攘攘的人群都是北京城内那种下层阶级的穷苦人，只是似乎有更多裸体的孩子和小脚女人。那些女人精心打扮，头发梳得溜光，走起路来摇摇摆摆，全靠两条胳膊保持平衡。路上，我遇到一群人，鼓乐喧天，彩旗飘飘，原来是在举行婚礼。新娘坐在红色的轿子里，要永远离开父亲的家，去丈夫的家里。人们都希望她能得到丈夫和夫家女人们的青睐。也许她能取悦于后者更重要。

送亲的队伍闹闹哄哄。不过话说回来，整个镇子都是嘈杂、肮脏、拥挤，散发着难闻的气味。唯一安静的地方是紧靠城墙的那座小庙。庙门外立着两个面目狰狞的泥人，伸出双手，摆出吓人的姿势。庙里还有更多泥塑的鬼神，全都涂着最鲜艳的色彩。他们是来自何方的神仙，有什么寓意，我不得而知。但他们做工粗糙，非常可怕，实在算不上精美的艺术品。

“记录天使”[1]黑着脸，拿着一本打开的书——毕竟“记录天使”必须经常板着面孔。还有膝盖上放着婴儿的母亲的塑像。那是永恒的象征。在这个国家，传宗接代、接续香火是最重要的事情。在我这个西方人的眼里，这些雕塑都很丑陋，唯一使我着迷的是院子里的寂静、清洁和安宁。在这个繁忙的小城市里，这是唯一安静的地方。

我雇段先生陪我出游的时候，以为他会任由我差遣，替我做所有我需要他帮我做的事情。但我似乎犯了一个错误。离北京越远，他的架子就越大。等到了遵化，他连最轻的披肩都不肯给我拿。他的工作似乎就是支使别人干活儿。一个衣衫褴褛的家伙拿相机，另一个拿装底片的盒子，还有一个拿我用来遮住脑袋以便

[1] 记录天使（recording angel）：在西方文化中，记录天使据说会记录每个人的善恶行为。作者对中国庙宇一无所知，这样解释想必是误解的结果。

供奉在遵化的神祇

庙宇庭院，遵化

正确对焦的黑布。我提出异议也没用，好不容易摆脱一群围观的人，不到两分钟另一群人又围拢过来。我经常想，既然他们觉得看我一眼是乐趣，就看吧，反正谁都得付出，只能听天由命了。

在镇上所有游手好闲的人和孩子们的陪伴下，我爬上城墙的坡道。城墙整整齐齐，方圆三英里，顶端宽十五英尺到二十英尺。中国人最不贪图舒适。坡道几乎和城墙一样陡峭，到处都是石头，爬上去很困难。段以中国人常用的方式帮我——把手放在我的胳膊肘子下面架着我往上爬。一上城墙，遵化城就在我的眼里彻底变了样。又变成我在夕阳下从平原上看到的那座浪漫的城市。清晨明媚的阳光洒落在宛如层层波浪的弯曲优美的中国屋顶和数不清的树木上。春天娇嫩生动的青翠，是对这个经历了漫长、严酷的冬天的小镇的回报。

大多数中国城市的城墙都是方形的，四个角都是直角，但我去过的两个城市——通州和保定府，至少有一个角呈弧形。起初我还挺佩服这种设计的效果，后来发现这是一个极其可耻的标记。如果城里发生过一起弑父案，这样可怕的事情，就必须拆掉城墙的一角，然后重建。如果发生了第二个类似的案子，第二个墙角被拆掉重建，以此类推。倘若第四个这样的案子在某个不幸的城镇发生，城墙必须被夷为平地。所幸这样的奇耻大辱在中国历史上从未在任何一座城市发生。而他们漫长的编年史比世界上任何一个国家都要长得多。据说，如果一座城池如此不幸，以至于有四个十恶不赦的罪犯生活在它的高墙之内，他们就会设法支付一笔巨款，再建一座城市。它的城墙角落完好无损，尚可承受令人发指的耻辱。

我深深怀疑，只有当罪犯地位很高，他的罪行才会被如此“纪念”。我只听过两个案子。然而在不久之前，1912 年有一个可怕的谋杀案，震动了整个保定府。好像有一个懒惰的儿子，不为家里干活，而是整天照顾笼子里的鸟。提着鸟笼出去遛鸟，鼓励它唱歌，在城外的墓地里为它捉虫。可怜的老母亲为他的游手好闲而叹息。

“全怪那只鸟！”她说。

在中国，一个年轻人会因为一只鸟、一只云雀或一只画眉而堕落，就像现代欧洲的年轻人因为赛马而毁了自己一样。由此可见，全世界的人性都是一样的。这位中国母亲对她儿子虚度一生耿耿于怀，有一天趁他不在家，打开鸟笼，让小鸟远走高飞。

年轻人回家后，向母亲要那只鸟。母亲什么也没说，只是用她那把又大又锋利的刀继续把菜切碎，放进一大锅沸水里做晚饭。年轻人又要那只鸟。母亲还是没有理睬。结果小伙子夺过母亲手里的刀，把她杀死，还十分凶残地切成小块，放进锅里。年轻人被抓起来之后，经过审判，被千刀万剐，凌迟处死——是的，即使在1912年的现代中国还有这样的刑法——但他们认为没有必要拆掉城墙的另一角。也许他们觉得保定府有了旧时代的耻辱足够了。

遵化的城墙还是最初建造时的样子，长方形，四个墙角完好无损，四座城门上面矗立着瞭望塔楼，从远处看十分壮观。但走近之后，我发现塔楼多处坍塌，大门铰链脱落，窗框破损，一片荒凉破败的景象。

“这里曾经有士兵把守。”仆人用半通不通的英语对我说。

“为什么现在没有？”

“现在没有士兵了。都到离家九十里的金矿干活儿去了。金矿是总统的。”

段先生说，一位总统代替了清朝皇帝。但是我很想知道，遵化城里的居民对这种改朝换代意味着什么到底了解多少。回“密斯旅馆”的路上，我一直在想，务实的中国人因其思想的局限性，恐怕无法想象一个共和国所代表的自由、平等和博爱对于他们有什么意义。对于大街上的普通老百姓来说，所谓总统不过就是取代了皇帝位置的那个人，依然是统治他们的人。他的士兵撤退了。他们不知道，

城墙的西北角，保定府

街上的挑夫，遵化

在蒙古爆发了战争，南方发生了叛乱。遵化街上的人只知道，士兵总得派上点用场，现在他们到九十里外的金矿，给总统干活儿去了。

有一天，一个外国人到一家中国裁缝店，想做一套衣服。他抱怨说，自从上次请这位先生给他做衣服以来，手工费上涨了很多。裁缝应付自如，解释说，自从“革命”之后，很多中国人都喜欢穿外国服装，所以他不得不收更多的钱。

“你也是革命党？”外国人十分好奇，急于知道“自由、博爱和平等”对中国人已经渗透到什么程度了。

裁缝看着他，与其说是嘲笑，不如说是悲哀。他怎么能这么傻呢？

“我不是革命党。”他小心翼翼地解释道，就像是在不该说长道短的地方指手画脚一样。这件事不言自明：“我就是个裁缝。”

当革命降临到这个国家老百姓的头上时，他们意识到的——如果他们还能意识到什么事情发生的话——只是不再有皇帝，因此可能不再需要纳税。当他们发现有没有皇帝都得纳税时，就把总统放到皇帝的位置上。我很怀疑，如果城墙之内的大部分居民被问到关于革命的问题，他们会像裁缝一样回答说：“和革命无关，我们不是革命党，就是遵化人！”

但事实上，中国的文明与巴比伦和尼尼微的文明仍有许多相似之处，所以如果可能的话，穷人最好还是抹杀自己的存在。他们不求荣华富贵，只是祈祷能平平安安过自己的日子，不与统治他们的权贵接触。因为不管谁对谁错，痛苦的经历告诉他们，他们总是受苦的那群人。

在西方，当我们谈到中国时，我们并没有充分认识到这一点。我们用自己的标准来评价它。若干年之后，这种评判方式或许正确，但现在时机未到。我们或许更应该像《旧约》时代那样判断，像尼尼微和巴比伦时代那样判断。那时候，在上帝和人类眼中，无产阶级和奴隶都无足轻重。

有一个英国朋友告诉我，1912年夏天，他在中国内地旅行，来到华中地区某省的一座小城。这个小城和遵化没有两样，和中国境内成千上万个小城也大同小异。驻扎在那里的士兵好久没有领到军饷，就跑到城里抢劫。被抢劫的城里人不识时务，非但没有屈服，还把他们的不幸电告北京政府。北京政府的命令传到指挥那支部队的将军那里，要求他必须处决抢劫的罪魁祸首。但是没有一个明智的将军会对自己的士兵严加惩处。这位将军当然也不会。不过，“正义”还是要伸张，他没有不知所措，而是派了一群士兵到被抢劫的商店去。倒霉的人正在那里伤心地整理损坏的财物。将军立即下令抓捕。我的朋友对我说，被逮捕的却是店铺的主人、他的帮手和苦力。这对那些不可理喻的士兵来说算不了什么。总得有替罪羊。反正没有来自中央政府的不准他们四处抓人的命令。那些倒霉的人，一共二十个，有的被他们当场打死，其余的被拖到衙门。那个旅行者愤怒而无奈地跟在后面。当然，商店主人有罪自然是意料之中的事。在中国，他们从不处决那些不低头认罪、不承认判决公正的人，但他们有办法确保这些人认罪伏法。不一会儿，那几个不幸的人又出来了，他们光着上身，双臂绑在身后，实际上是准备上刑场。士兵拖着他们往前走，几个人大喊冤枉，老婆孩子跟在旁边跑着，拽着押解的士兵和被施以酷刑的丈夫和父亲，祈求宽恕。他们跌跌撞撞，士兵——那些穿卡其布军装的士兵——把他们推到一边，从他们身上踩过去，拖着受害者继续向前走去。没有人注意那位紧紧跟随的英国旅行者。尽管他的心很痛，但又能做什么呢？那几个要被杀死的人穿过狭窄肮脏的街道，经过自己被抢劫的商店，惊惶失措地环顾四周，可是没有人帮助他们。刽子手手里拿着大砍刀耀武扬威地走在前面。那些穿着现代制服的士兵总是以这样的方式凸显他们的野蛮。不一会儿，他们把呼天抢地、号啕大哭的女人拉开，押着“犯人”走到城墙外面。但是那个英国旁观者还跟在他们身边。

“有一个还不到二十岁。”朋友说，猛地吸了一口气，擦了擦脸，继续讲这个可怕的故事。

那几个人在保卫他们自己的城墙下面跪作一排。刽子手一个接一个地砍他们的脑袋。刽子手手起刀落，第一个人死得很快，但是，走到最后几个人跟前时，刽子手的胳膊已经累得抬不起来，没能把最后两个人的头一刀砍下。

“我看见一个人临死前，跳了四次。”吓坏了的旅行者说。

然后，他们发电报给北京，说秩序已经恢复，罪魁祸首已经被处决。

自从听到这个故事，每逢听到中国某个城市已经恢复秩序的消息时，我总是不寒而栗，不知道又有多少无辜的人受到伤害。我听过的这样的故事，不只是一个城市的故事，也不只是一个人讲的故事，而是各种城市的故事，不同人讲的故事。为了现代社会的利益，为了恢复秩序，谁在乎二十多个人被杀？在这个小城市里，血淋淋的头颅被挂在城墙上，尸体躺在城外，被野狗和秃鹫撕成碎片。

听过这样的故事，我就想知道，一个女人独自旅行是否安全。当然，是安全的。这并不奇怪，因为中国人实际上比欧洲人更守法。没错儿，中国男人可能比别的男人更容易侮辱女人或抢劫女人。因为长期以来，他们认为女人远不如男人重要，所以在这个问题上，不相信有哪个国家会有不同的意见。不过，在这片土地上行走，还是安全的，就像从兰兹角[1]走到约翰·奥格·罗茨[2]而不受骚扰一样。当然被抢劫和谋杀的可能不是没有，英国、中国都一样。中国人经常被抢劫和谋杀，确实很可怜。而且他们也不会默默忍受。一有机会就会报复。

英美烟草公司有个年轻人，二十八岁，给我讲了这样一个故事。有一次，他在一个城墙环绕的小镇，碰上一帮大声咆哮的乌合之众。于是他作出一副英国人

[1] 兰兹角（Land' s End）：位于英国西南端的康沃尔半岛的海角，直译为陆地尽头，也被称为英国的天涯海角。

[2] 约翰·奥格·罗茨（John o' Groats）：苏格兰大陆最北端的城镇。

的气派，分开众人，气宇轩昂地走到前面，看见那些人围着一个装满生石灰的坑，坑里埋着一个人。那人眼睛被挖了出来。

“如果我手边有一把手枪，”讲故事的人说，“我就会开枪打死他。我是情不自禁。因为这似乎是使他摆脱痛苦的唯一办法。不过，我想他毕竟已经没有知觉了，而且不知道倘若我真的朝他开枪，那些人会拿我怎样办！”

他问人们怎么回事，人们告诉他，这人是个强盗，抢劫，杀人，无恶不作，毫无怜悯之心。现在落在他们手里，要报仇雪恨。我想，这里是巴比伦呢，还是尼尼微呢？既然这样的事情发生在中国，人们就会觉得巴比伦和尼尼微时代还没有过去。只要和去过内地的人聊聊，你就会意识到对于这样的城镇，修建城墙多么重要。

我已经走过一座又一座城墙环绕的城市。此刻，抬头眺望遵化城的城墙时，真的不敢肯定。在这样的背景之下，对事物的判断更为客观。和生活在这里的人们友好对话，似乎跨越了时空，让我走近已经逝去的岁月。让我明白——我从来没有这样清醒过——那些曾经在这里生活、受苦、取得胜利的人，那些曾经在这里生活、受苦，最终倒下的人，和我一样，都是有血有肉的普通人。

回到旅馆，我的朋友——女房东带着她的小孙子来看我。小家伙似乎没洗脸，但很快活，头剃得溜光，穿着一件显然也没洗过的布衫。我想，夸他几句，她一定心满意足。能把小孙子带到这个世界、让他长大成人，她一定觉得自己吃多少苦都值。他那胸前别着蓝色手帕的小妹妹在一旁观看，虽然在别人眼里她没有哥哥金贵，但也手足情深。当我爬上马车，车轮滚滚，正要走出大门的时候，突然听见一个吓坏了的孩子的尖叫声。回头一看，只见一个小丫头抱着小孙子，追我的车，假装要把他送给车上的外国女人。奶奶和院子里的人都笑眯眯地看热闹。只有小妹妹被蒙在鼓里，尖叫着表示反对。

我一直在想美索不达米亚[1]平原上的城市！这使我回想起自己的童年时代和巴拉腊特周围的小山。年轻的时候，我经常看到有的人家的孩子被送给“蔬菜约翰”，小弟弟小妹妹们惊恐地尖叫着抗议。“他们很好，喜欢孩子，不会慢待他。”现在，我代替了童年时代那个面带微笑、和蔼可亲的中国人约翰。毕竟，人类的本性在世界各地都是一样的，无论是在巴拉腊特阳光灿烂的山上，还是在中国北方山脚下城墙环绕的城市。如果我们能在两者之间架起一座桥梁，就会发现，幼发拉底河两岸和巴比伦城墙下，情况都是一样的。

[1] 美索不达米亚（Mesopotamia）：是底格里斯河—幼发拉底河水系地区的名称，与今天的伊拉克、科威特、叙利亚东北部以及土耳其东南部较小的地区和伊朗西南部较小的部分地区相对应。

第十二章　九龙寺

穿越滦河——沙尘暴——新开的旅馆充满“危险”——圣山——被毁的城市——我的“翻译”——陡峭的山坡——不能生育的女人——难以下咽的食物——寺庙——乞丐——烧香——美丽的道路。

离开遵化，我们还在大山里艰难跋涉。我相信尊贵，虽然尊贵不是我的“强项”。抬起头，仰视头顶巍峨的高山。陡峭的山崖仿佛是造物主用一把钝刀劈砍而成。我看到其中一道绝壁，距离山谷底部大约一千英尺。午后阳光的照耀下，绝壁之上，山石之间，建筑群依稀可见。我觉得精力不济，话说回来，长时间坐大马车的人很难精力充沛。感谢上苍，我用不着去那儿。我心里想，即使那是世界上最美丽的寺庙，我也不会去那座山参观。这只能说明我不想依赖那几个中国仆人。有些人或许靠一己之力就对付得了中国人，可我不行。现在我明白了，如果仆人想做什么，肯定要打着为了“密斯”好的旗号，最后也一定会达到目的。所以，你和他们争论也没用，最好一开始就表示同意，显示一下自己的风度。

接近滦河的时候，乌云密布，似乎要下雨。自从踏上这次旅程，这还是第一次。

“必须快点走。”段先生望着灰蒙蒙的天空说。坐着大马车赶路，一定是一个痛苦的过程。

到达河岸时，正刮着猛烈的大风。和平常一样，大风席卷整个华北的大部分地区。滦河又宽又浅，河水混浊，向前奔流。几股河水的交汇处正好是山谷最宽的地方。两岸都是大片的黄沙，有足够的“材料”让风吹来吹去。风卷起黄沙，好像以前从来没有机会与它们在河边嬉戏，现在一定要充分展示自己的力量。沙滩上还有很多人和来自北京的马车、装满货物的大车。车上装着钉满铁钉的车轮，就像《潘趣和朱迪》[1]中的里德先生安到他古老的手推车上的车轮。还有驮着东西的驴和骡子，穿着蓝衣服负责指挥交通的人。有几家小饭馆和供人们临时休息的十分简陋的小棚屋。我到达的时候，那里空无一人，狂风把东西一件件地吹走，每个人似乎都紧紧抓着有可能被风吹走的东西，或者用一块石头压在上面，把它固定住。“快。”段一边帮我下车，一边说。风钻进我的外套，撕扯着蒙在头上的纱巾，吹散了我的头发。

这一带没有桥。我想，一定是夏天河水泛滥，把桥冲走了。人们都靠木筏过河。那是一种又长又浅的平底船，中间铺了厚木板，可以把大马车运过河。过河的时候，先把骡子从车上卸下，然后找来所有能派上用场的人——除了那个胖餐馆老板——齐心协力把车抬到船上。

“快。”段一边说，一边把我辛辛苦苦挣来的钱毫不吝啬地分给大家。我曾经认为，在中国，一两分钱并不重要，但是痛苦的经历让我明白，一两分钱虽少，但积少成多，而且他们不断涨价。

[1]《潘趣和朱迪》(Punch and Judy)：是一部传统的英国木偶剧，也是一部悲喜剧，距今已有400年历史。

一切准备就绪，我那头有点个性的、淡黄色的骡子，却尥了个蹶子，表示不赞成这种渡河的方式，然后脱缰而去。黄沙漫天飞扬，透过纱巾，我看见十几个人在后面追着，骡子好像故意奚落他们，时不时尥一下蹶子。我无法想象，这个一路辛苦从北京跋涉到这里的家伙会干出这等事情。这时，年轻的车老板想出一个绝妙的主意。他决定骑上那头套在另外那辆车上的白色骡子。这头骡子很温顺，总是按照主人的吩咐做事。但是狗急跳墙，拉着车走了那么长的山路，现在又有人想骑它，白骡子忍无可忍，猛地弓起背四蹄跳起，把车老板摔到地上，撒开四蹄就跑。这样一来，就有两头骡子在沙尘中狂奔。那架势好像非跑回北京不可。我跨过那条河，心里一片茫然，不知道下面的旅程如何走，不知道如果骡子丢了，是不是要让我这个外国女人赔偿。幸运的是，大约两个小时后，两个家伙被牵了回来。淡黄色骡子还像以前一样不服管教，那头白色的骡子因为没有尝够自由的滋味而郁郁寡欢，直到我跟它分手，也没有缓过劲儿来。

再次上路之前，沙尘暴已经平息。我把刮到衣服褶皱、头发甚至眼睛里的沙尘使劲抖搂出来。那沙粒来自山峦、戈壁、沙漠，或者别的什么地方。段先生又着急起来。

“赶快！”

但是急也没用，我们已经浪费了太多的时间，不可能按原计划到达小镇。赶在太阳落山之前，我们走进一个小山村里的小客栈。这个小山村坐落在大山脚下，山顶屹立着那座一下午都遥遥在望的庙宇。

让我喜出望外的是，这个地方很干净，真的很干净！！两个感叹号也表达不了我那一刻的心情。院子里没有别的客人留下的痕迹。我要住的那间小屋门口挂着崭新的蓝色印花棉布门帘，墙壁刚粉刷过，炕上铺着干净的席子，木头炕沿也是新做的。花格窗户上糊着干净的白纸。当然，地面只是坚硬的、夯实的泥土，

树丛中的庙宇

穿越滦河

但这无关紧要。我坐在炕上，便万事大吉。屋子里除了刚刚粉刷过的白灰味没有别的气味。我非常高兴，只要把窗户上面的纸撕下来，新鲜空气就可以“破窗而入”。但段先生从另一个角度看这个小客栈。

“要当心，”他说，“这是个新客栈。车老板都没在这儿住过，不了解它的底细。一定要当心。”他神情严肃，我真想知道我为清洁卫生会冒多大的风险，受到什么样的惩罚。

他们显然很害怕，因为通常行李都放在大车上，可是今天都搬下来，放到屋子里。话说回来，我也值得一抢。因为我的黑盒子里有大约二十七英镑。以我之见，这笔“巨款”足以买下热河和北京之间所有村庄。然而，不管段先生多么激动，担心也没有用。再说，不管怎么说，他也有点胆小，依我看，所有的中国仆人胆儿都不大。

他的恐惧似乎没有持续多久，因为没多久他就急急忙忙闯进来，一副兴奋激动的样子。

我正在梳头，想把头发上的沙尘弄掉，心里想，难怪那么多中国女人都不留头发。或许就是为了不让沙尘在脑袋上找到藏身之处。

“密斯，密斯，客栈老板说密斯来得正是时候。九龙寺。”他朝天上指了指。我的心不由得一紧，我明白他的意思是要带我去看山顶那座庙宇。可我早就拿定主意不去看热闹。“开放一次十天。今年最后一次。”他边说边仔细观察我是否理解了他的意思。我当然理解，心里明白我非去不可了，但嘴上还是表示反对。

“我爬不上那座山。”

“不爬，密斯，不用你爬山。可以坐滑竿。”

我仍然坚持着。“那会花很多钱。”

“三块钱，密斯，三块钱就够了。”他看着我，好像在说，我不该因为舍不得花三块钱——大约六先令——就错过这么好的机会。九龙寺一年只开十天，能碰到这个大吉大利的日子简直就是奇迹！

“你打算怎么做，段？我真的没有钱让你去买滑竿。”因为我知道在任何场合——即使应该步行的时候，他也要我骑马。他看着我，我想他已经看出我已经忍无可忍了，挺着胸脯说：“我年轻，也壮，可以步行。”

我又做了一次努力。“可是那座山离这儿很远，我怎么才能到那儿呢？”

“我跟车老板谈过了，他向密斯要两块钱。”

我一听就知道他在抬价。

“可是谁来照看这里的东西呢？”

“一个车夫一块。”他漫不经心地说。一切都安排好了，不管我喜不喜欢，去九龙寺已经由他做主了。段对这个新客栈是否安全，表示怀疑。我心里很不踏实，把所有行李，包括装钱的黑盒子，都搬到屋子里。我看了看房门，十分沮丧地发现里面没有门闩。

“我会提防的，密斯。”段傲气十足地说，然后继续指导我如何采取预防措施。

“客栈老板问密斯住多久，我说五天，也许十天。没有告诉他实情。”他说的确实不是真话。因为我第二天就想走，即使早晨一定要去山上的九龙寺。

我又看了一眼粗糙的门板，决定把我那口沉重的箱子拖过去，挡住两扇门。我把这个想法告诉了段。

但他语气坚定地说：“我会担心的，密斯。”我不知道如果真的有危险，他会不会挺身而出。然后他跟我道了晚安，走了出去，关上门，从外面反锁。我猜他把房门钥匙放在自己口袋里了。有些报纸尊称我为“杰出的旅行家”，我还有希望入选皇家地理学会！但现在我居然为了安全，被人家反锁在屋里。我很恼火，真想把他叫回来，但后来又改变了主意。“男人自作聪明，”中国谚语说，“女人才是智者。”

窗户看起来不结实。我知道，只要我愿意，就可以打破那扇格子窗，小偷也可以。因为太累，我睡得很安稳。事实证明，店主是个很诚实的人。

第二天，吃过早饭，太阳刚刚升起，我就动身去九龙寺。九龙寺坐落在高高的山顶之上。和其他山峰相比，像个锐角三角形。人们说照相机不会说谎，可是我这次拍下的照片，并没有真实地表现出那座山有多么陡峭。山崖染着淡淡的绿色，点缀着一株株冷杉，就像一所房子的墙壁，从狭窄的峰顶往下倾斜。它只是散布在中国各地众多的圣山中的一座。抬头仰望，似乎只有鸟儿才能飞上去。但我还是要试一试。爬上马车时，整个山野都沐浴在金色的阳光下，我们穿过一片废墟，那里曾经是一座非常富裕和繁荣的城市。现在，显然只有穷人中的穷人才住在那里。马车穿过一座已被毁坏、无人看守的城门，越过没有完全耕种的田地，驶向山脚下九龙寺附属的庙宇。

段先生在这里大显身手。到目前为止，他只是我的仆人，虽然重要，但仍然是仆人。现在，他突然摇身一变，成了我的翻译。

一个满脸严肃、脑袋剃得溜光、身穿深色长袍的老和尚以最周到的礼节接待了我。和尚们表现出来的友善我早有体会。老和尚把我领到一个大房间。房间一边是炕。一幅神像大而艳丽，面对着门。他问我多大年纪。显然他可以问最重要的问题——年纪在一个人的生命中当然是重要的因素。我和我的翻译——段先生在炕上坐好之后，他们把装着各种点心的碟子放到炕桌上。一个光头小和尚恭恭敬敬地给我们斟茶。这天，段穿着他最好的衣服——丝绸锦缎长袍。看着他正襟危坐的样子，我直想笑。他坐在那儿喝茶、吃糕点时，我无论如何不会戳穿他仆人的身份。不过，我很想知道他心里是怎么想的。他会不会担心我会让他解释为什么他大模大样坐在我旁边，好像和我完全平等？难道他认为我是个傻瓜，或者打心眼里感激我给了他自由和尊严？不管怎么说，除了喜欢勒索钱财之外，他确实给了我很大的帮助。毫无疑问，我的“地位”由于旁边坐着一个真正的、活生生的翻译而大大提升。老和尚有所不知的是，作为翻译，段先生有多么不称职。

不一会儿，他们就说“滑竿”做好了。

“系上新绳子了。”“翻译”指着已经绑扎好的绳索对我说。椅子固定在两根结实的竹竿上，四个苦力抬着。他们也许是明十三陵抬过我的那几个人的“自家兄弟”。竹竿上肩，抬起椅子，我们便出发了。住在山脚下、庙宇旁小村庄的村民——白发苍苍的老人，光屁股小孩儿，小脚女人——都跑出来看这个外国女人如何穿过陡峭、狭窄的山路，开始她的“朝圣之旅”。她是多年来第一个走这条路的外国人，可能也是今年唯一一个。我注意到，跟我上山的人一大帮。话说回来，如果不搞出这等“排场”，那就不是段了。他当然是最重要的领军人物。队伍中，一个人拿相机，另一个人拿伞和一束香，还有各种各样无关紧要的随从，当然还有四个抬椅子的苦力。

不管怎么说，“滑竿”上的椅子是最不舒服的玩意儿。它无疑放大了“同类”的缺点。座椅设计得十分狭小，没有足够的空间，而靠背似乎专门用来把不幸的乘客向前推。坐在这种椅子上走平路已经够糟糕的了，登上一座山，一座非常陡峭的山，简直是恶毒的诅咒，而下山之苦更是难以言表。这座山十分陡峭，但从外表看不出它的凶险。我从来没有爬过这么高的山，此刻虔诚地希望，今后再也不要爬到这么陡峭的地方。山渐渐退去，极目远眺，远处还是连绵不断的群山。我和它们之间是一个呈弧形的巨大的湾。没有树木的山上只有淡淡的绿色。脚下这座山上的树主要是冷杉和松树，偶尔还有杨树。正是五月，枝头一片嫩绿。矗立在蓝天下的树木和上面的山坡成锐角，和下面的山坡成钝角。空气新鲜，令人神清气爽。绿色的草地上长着像紫色番红花一样的球茎，芳香扑鼻的野茉莉花，

通往九龙寺的石阶

为九龙寺挑水的人

九龙寺入口

通往九龙寺的山中小路

还有娇柔的蓝色野生风信子。这种花在斯塔福德郡被人们称为蓝铃草。记得有一次，在特伦托河畔斯托克附近的萨瑟兰公爵[1]庄园一片风景宜人的树林里，我看到那里的地上开满鲜花，就像我在中国这座“圣山”上看到的一样。

我们拾级而上。脚下的石头算不上灰泥砌在一起的台阶。一路向上，不时看到一个个平台，供走累的人歇歇腿。因为山很陡峭，这些平台通常用石头垒成，似乎轻轻一推，就能滚到山脚。人也一样，一步踏空就会掉到万丈深渊。因为旁边压根儿就没有栏杆。这条山路十二华里——四英里长，供奉着各种各样神灵的小寺庙点缀其间。有一座供奉专司生育的女神。这座庙在半山腰。我们在那儿遇到一个小脚女人拄着一根棍子，步履蹒跚地向上攀爬。事实上，她在这条陡峭的山路上爬了一半的时候，就已经只能拖着疼痛的双脚，匍匐前进了。她告诉我们，她每天都要上来，到送子娘娘庙里烧香。她看起来年纪已经不小了。我想，如果她能怀上渴望已久的孩子，那真是奇迹。可见希望之火真的很难熄灭。然而，她一定也明白这个道理。可怜的人，可怜的疲惫不堪的女人，她的一生是怎样的悲剧？在中国，人们认为孩子犹如市场上的兴奋剂，到处都有。我为她烧了一炷香，希望那位怜悯之神能回应她的祈祷，消除她在男人面前的耻辱。

爬啊，爬啊，山坡越来越陡。我一阵阵目眩，不得不闭上眼睛，否则将难以承受坠落到空中的感觉。从路边寺庙的门道走过去的时候，极目远眺，山谷那边的群山似乎更加遥远。一只布谷鸟叫了又叫：“布谷！布谷！”有一次，我们停下脚步在路边歇息时，一个苦力从身边经过，肩上挑着一根竹扁担。扁担两边挂着两个非常现代的煤油桶。这可真是古老的巴比伦遇到了现代的美利坚！他们告诉我，山上没有水，每一滴水都得从山下挑上去。然后，他们抬起滑竿，继续往前

[1] 萨瑟兰公爵（Duke of Sutherland）：是英国贵族的一个头衔，由列维森－高尔家族的首领持有。

走。每次他们把竿子从一个肩膀换到另一个肩膀，我都觉得一定会掉到下面几英里深的山谷里。向上，向上，向上！他们全都汗流浃背。终于到了目的地。在我眼里，那是世界的最高点，犹如一个针尖。他们把我坐的椅子放到一溜台阶下面的平台上。庙门口已经站着迎接我的方丈和一群和尚。

到处都是人，无法估计人数有多少。有年轻人也有老年人，全都剃光了头，穿着深铁锈红色的袍子。还有一些身有残疾的人，显然是靠寺庙施舍过日子的人。在我看来，为了和尚们力所能及给予的微薄的救济而爬上如此险峻的高山，实在不值。寺庙很小，他们带我参观。对于一个在北京参观过雍和宫的人，这座庙实在小得可怜。我让方丈站在庙门前，给他拍了一张照片。他们给我看了他们的厨房，里面有一大缸正腌着的咸菜，看起来就没胃口。但很明显，咸菜加稀薄的小米粥是他们唯一用以糊口的饭菜。

拥挤，肮脏，破旧，但是庙里有十八根巨大的石柱。他们告诉我，这些柱子是明朝时从北京南边很远的地方运来，一根根抬上山的。那时候，山上还没有台阶。现在的二百二十四级台阶是一百多年前开凿的。对于中国，已经很“近代”了。我无法想象，即使有四英里长陡峭的石头台阶，怎么可能把十八根巨大的石柱抬上山顶！巴比伦！巴比伦！！我闭上眼睛，仿佛看见辛勤劳作的奴隶在死亡线上挣扎，仿佛听见工头高举的皮鞭在山谷间发出清脆的响声。耳边回响着被巨石压倒、压得粉身碎骨的人绝望的呻吟。

我们送上一份三毛钱的礼物，方丈接过，恭恭敬敬地鞠了一躬。段说这份礼不多不少，恰到好处。我相信这事儿他一定不会对方丈轻描淡写。告别之后，转身下山。一想到这件事，我的心情就沉重起来。外面有一个乞丐。在中国，许多人都快饿死了。这个可怜的、蓬头垢面、衣衫褴褛、几近裸体的家伙，跟在我们后面走了四英里陡峭的山路，就是希望得到几枚小钱。为了五分钱，他也深深地鞠躬致谢。我为自己的馈赠，羞愧万分。但是我那位自命不凡的“翻译”认为他有权处理这种事情，而且在其他场合他也总是小心翼翼地引导我。我看了看这把椅子，又看了看我们必须走过的陡峭的台阶，心里想，怎样才能不头晕目眩，不身体前倾呢？因为下山要比上山难得多。抬“滑竿”的那几个人告诉我，我必须坐上去，被他们抬着原路返回。

他们会滑倒吗？我心里真的没谱。相处这些天，他们一定知道我这个外国人孤孤单单，无亲无故，谁也不会帮助我。他们本来可以轻而易举地趁火打劫，向我勒索合同规定的三块钱以外的钱，但他们没有那样做，而是十分耐心，毫无怨言，抬着我稳稳当当地走着，小心翼翼地从沿途一座寺庙走到另外一座寺庙。每到一座祭坛，就停下脚步。我在椅子上坐着，看段烧香。庙里的住持破衣烂衫，又穷又脏。香烟袅袅，仪式结束，住持敲响手里的锣，悦耳的锣声在山谷间回荡。段穿着最好的衣服，跪在地上磕头。我不知道自己是否也能从这种“顶礼膜拜”中获得好处。因为不但香是我花钱买的，我还只花了一毛钱，就让那个衣衫褴褛、蓬头垢面的人把香带到山上。

哦，有一件事让我心中充满用言语无法表达的痛苦。五百年前，为了在高山之巅建造这座庙宇，人们付出多么大的牺牲。他们将荣耀归于神——我的神和他们的神，不管你如何称呼他。此刻，坐在那里眺望遥远的风景，眺望洒在树木和青草上的金色阳光，眺望山石与沟壑间缓慢流动的阴影，鼻翼间缭绕着茉莉花的清香，那是何等惬意。如果我不由自主地想到自己生活中失去的一切，想到把我送到九龙寺的命运，至少还可以盘点一下我的收获，包括眼前的美景。

我安全地回到山脚，心里感到一丝慰藉，觉得自己得到了报偿。因为那些小心翼翼把我抬下山的人欣喜若狂，还为我祝福，原因是我多给了他们一块钱。看到这情景，我既高兴又难过。他们四个人每人多得了二毛五分钱，或者六便士，就乐成那样，真是一件让人心酸的事情。他们说，腿疼。可怜的人，可怜的人！在中国，许多人的腿都疼，但是恐怕没有人会提供药膏。

就这样，在那个阳光明媚的下午，我们回到山脚下那座小旅馆。人们都把我们看作朝圣回来的人。段先生却从他“翻译官”的高位上跌落下来，忙着给我弄饭：一成不变的鸡、米饭和炖梨。我回头看了看刚刚爬过的那座高山，感到惊讶，也很高兴，就像经常为自己做了一件永远不必再做的事情而高兴那样。

九龙寺之行会得到报偿吗？但愿段的虔诚能得到神灵的回报，尽管他烧的香是我花钱买的。至于我嘛，嗯，天晓得。在山上，我被高高抬起。此刻，峡谷里，我只知道从高山上看到的景色——山丘和沟壑。圆圆的、没有树木的山丘上芳草青青。山谷里，刚冒头的庄稼地一片嫩绿。金色的阳光和中国北方辽阔的、半透明的蓝天，让我永远记在心间。说实话，有时候，那些本来值得做的事情却很难做到。

第十三章　大山深处

中国大车的礼仪——毁坏了的城市——长城的修建——骡子的忠告——一场灾难——靠不住的北京大车——美丽的风景——勤劳的人们——大山里的广告——小旅店的院落——人头——山狗——狼——贫民窟的人们——艺术家的手——“骑兵”——最后的关口。

现在我们已经到了中原地带过去的边境。这条路简直糟透了，常常需要沿着山洪冲刷出来的沟渠往前走。我们总共两辆车，我坐的那辆一直打头。即使有时候让另一辆车走在前面会方便很多，它也不会抢先走到前面。假如我们走在高高的河岸之间一条狭窄的小路上，转错了弯，必须掉转马头往回走，第二辆车就会拼尽全力驶上河岸，让我的车先走，而不是就势掉头走到我的前面。这就是中国的礼仪。就像大多数规则和习俗一样，倘若你一定刨根问底，就会发现深层次的原因。中国的道路通常尘土飞扬，第二辆车跟在后面就只有吃土的份儿了。

造访九龙寺的第二天，我们从兴丰口穿过长城。兴丰口是又一座城墙环绕的小镇。我们在那座古城的残垣断壁外过夜。城里几乎无人居住。古老的城门和一个古老的钟楼依然挺立在风雨中。城门口甚至还架着一门历史悠久的大炮。但超过半数的居民都已经远走他乡。还留在这里的人显然都是贫苦农民。他们还住在这里，估计是因为建筑材料便宜。和中国各地的贫苦农民一样，能勉强维持生计，他们就心满意足了。这里山势险峻，山谷很窄。在靠近一段坍塌的长城的高峰上，有一处烽火台的遗址。这里离旧时的边境很近，必须严加防守。我想现在这里的人没有什么可害怕的了，或者说现在他们没有什么怕被抢走的东西了。穿过一道破旧的门，我看见有人在院儿里养猪。另一个院落里，有人种瓜。不管怎么说，那些淡而无味的甜瓜并不值得让劫掠者大动干戈。

长城总是让人叹为观止。即使被岁月鞭笞，风雨剥蚀，它仍然壮美无比。这里的山山水水看起来就像巨人在辽阔的平原托举起来的奇迹，让原本水平的东西几乎直立起来。我无法想象任何人，更不用说军队，能从那里穿过：一边是陡峭的草坡，另一边是悬崖绝壁，崎岖难行，无法通过。然而在山脊的最高处，他们还是筑起长城。尽管日久年深，有些地方已经坍塌。地处高山之巅没能得到很好的维护修缮，亦在情理之中。我一直琢磨不透这样伟大的工程是如何完成的。按照传统的说法，他们是用山羊把砖和其他建筑材料驮到山顶上的。但在我看来，这些石块更像是被奴隶肩背担挑运上来的。阳光照耀着瞭望塔的塔顶，精心砌合在一起的一砖一石，傲视苍穹，守卫着这道山谷，艰苦的过去又栩栩如生地展现在眼前。历史的车轮早已从这里碾压而过。满族人成为征服者的历史已成为过去。蒙古人说，和汉人发生冲突时，他们总是赢家。可是现在，汉人推进到长墙之外，在蒙古人丰饶的牧场扎下根，开荒种地。现在没有必要修建长城了，汉人已经跨越了长城。

这里的道路越来越差，有时候在高高的堤岸之间穿行，有时候绕着山坡盘桓，有时候沿着山洪冲刷的河沟颠簸，但总的方向是一致的，穿过或沿着峡谷向陡峭的、连绵逶迤的群山走去。山上乱石丛生，了无生气，令人生畏，乍一看，无路可走。可是总有一条路能通到峡谷那边。过了长城之后，我想只有北京大车才能到达那里。后来，我又想只有非常幸运的北京大车才能走过这崎岖不平的漫漫长路。给我那辆车驾辕的是一头很壮的棕色大骡子，前面还有一头牙口比较轻的浅黄褐色骡子。[1]走了那么远的路，我不止一次想，这家伙是真的卖力拉车，还是只在前面探路。它是一头非常聪明的骡子，每逢走到一个路口，前面又没有什么清晰可见的东西时，它就停下来，环顾四周，仰起脖子，“咴儿，咴儿！”地叫了起来——你不能指望一头骡子多么优雅。它仿佛在说：“大个子可干不了这活儿。”

马车夫从车辕上跳下来，用中文对它叨咕几句。我想，这话可以大致翻译成：“它去不了那个地方？你有什么好主意？跟我说说。”

浅黄褐色骡子甩了甩尾巴，好像在说：

“哦，平安无事。你说行就行。我又不在车上，我甚至都没有出力拉车。再说，我和驾辕的那位先生又不是朋友。不过为了安全，还是下来走吧！”

结果证明双方的意见都是正确的。我们确实下了车，在我看来，那真是九死一生。一想到接下来的一小时左右，这种经历还会重演，我就连气也喘不过来。起初我非常害怕，决定干脆步行。可是很快就发现，过一座山就得报销一双靴子，而前面山连山，岭连岭，要想让我这身行头多穿几天，不至于光着脚到热河，最好还是相信这两头骡子。但是，每过一道山口，我都心惊肉跳，屏住呼吸，发誓永远永远不再坐北京大车到大山里“转悠”了。不过我终归要对北京大车充满信心。我腰酸背痛，身上青一块紫一块。我发现一路的颠簸让箱子里的新睡衣和新

[1] 原文如此，前文曾提到过这是一棕一白两匹骡子，此处大概是作者误作。

衬衣都磨出了洞，但我深信北京大车能走遍天下。可是接下去，我的这样的信心受到巨大的打击。

我们来到一个乱石丛生的地方。平心而论，这里虽然山坡陡峭，怪石嶙峋，但和我们已经走过的地方相比，并算不了什么。我们曾经从一边是悬崖峭壁，一边是万丈深渊的凶险之地走过，一旦掉下去，肯定车毁人亡。现在，山路两侧都是土埂，浅黄褐色骡子也没有东张西望发出预警。突然大车一边翘了起来。那时，我已经习惯了这种危险动作，没怎么在意。可是马车越翘越高，越翘越高，情况十分危急，我的脑袋几乎撞到车篷上。棕色大骡子向后退，挣扎着似乎想把车弄起来。

我看不出它怎么能做到这一点。但我对中国骡子的力量还是深信不疑。那一刻，我连想都来不及想，就在段先生和车夫们的大声叫喊中，从马车里被甩到山坡上。眨眼之间，骡子已经把我的那点儿“财产”弄得一团糟。车上的东西一件不落，全都从车上掉了下来。照相机，打字机，垫子，铺盖卷儿，装化妆品的袋子，就连用绳子绑在车后面的那个沉重的箱子也都一股脑儿撒落在中国人称之为路的泥土之中。至于对那头骡子非同寻常的力气的期待，倒没有让我失望。它以一种让人难以想象的方式，弄坏了大车上面的木头配件儿，蓝布篷子已经荡然无存。我们花了一个多小时才把车上的东西归置好。从那以后，我再也不敢相信北京大车的“稳定性”了。

我们现在正处于群山的中心，周围的景色十分壮观。近处有几座小山，贫瘠而多石。小山后面，一座座青山绵延不绝，消失在蓝色的远方。日复一日，我看到的景色在任何一个国度都堪称壮丽。而这里是中国。我的心里充满了惊奇。哦，这会是中国吗？这块美丽的土地，古老，讲求实际，看似平淡无奇。头顶总是蔚蓝的天空，总是金色的阳光和让人神清气爽的空气，这让我想起澳大利亚，而这

等待装货的骡车，客栈内院

种思乡之情我以前从未有过。

但是，尽管这些小山荒凉、贫瘠，偶尔有一两棵冷杉树在山石间摇曳，但山谷里总有一些人，总能看到他们精耕细作的土地，那是他们心灵手巧，辛勤劳动的证据。中国人的田地没有栅栏。他们不会拿围栏浪费宝贵的农田。精心侍弄的垄沟里没有一棵杂草。农民一天到晚在地里劳作，锄地松土，不让泥土板结，尽可能让干旱的农田吸收大气中的每一滴水分，从中受益。冬天一场小雪，四月一两次阵雨，七月或八月的夏雨，都是这片肥沃的土地要获得丰收所必需的。但我必须说，这片土地之所以硕果累累，完全是因为人们对它的精心呵护。除了中国农民，没有谁会像这些人那样辛勤劳作。每一条山谷的谷底，根据面积大小，都会有一个由一座座石头墙、茅草顶的农舍组成的小镇。一个小村庄，至少是一个庄稼院儿，被整洁的土墙围起来，或被别有一番风韵的黄色高粱秆儿栅栏围起来。无论走到哪儿，都能看到人的身影。即使是在非常偏远的山区，我也看到过身穿蓝布衫放黑山羊或猪的牧童。就算我以为自己到了人迹罕至的地方，也会突然碰到一个孤苦伶仃、衣衫褴褛的人——一位早已干不了活儿的老人，或者一个肩上挑着竹扁担，扁担两头晃荡着两只脏兮兮的筐子的小孩儿。他手里拿着铲子，正在收集牛马的粪便，晾干了烧火。因为他们没有足够的木材当燃料。中国人是如此勤劳节俭，他们的道路是我所见过的最干净的。

奇怪的是，即使在大山深处，也能看到外国企业的招牌。无论我们经过的地方多么荒凉，迟早都会看到英美烟草公司的广告。他们摆出一排很大的广告牌，为公鸡牌香烟、孔雀牌香烟和紫金山牌香烟做广告。还有六幅画，其中一幅倒挂着，目的是吸引眼球。我从没见过把它们放在那里的人，而且我讨厌这种破坏风景的俗不可耐的广告。但此时此刻，我怀着一种兴奋与激动与它们在中国的深山里相见。广告上画着和我种族和肤色一样的人。他们在地球上一个如此偏僻的角

翻车了

停在山里客栈中的我的骡车

落开拓事业。我向他们行了个屈膝礼并祝他们好运，没有人比我更了解他们过着多么孤独的生活。但他们正在把中国与外部世界联系起来。

渐渐地，马车越来越少。这儿的人似乎都比我聪明。他们用骡子和驴往城里运送谷物。那队伍川流不息，还没有看到骡马毛驴的身影就听到它们脖子上挂着的铃铛的丁零声。在客栈院子里，我们经常看到一队队骡子和毛驴，天不亮就出发。总是走在我们之前，虽然我们走得也很早。我要确保在五点钟之前吃早餐，天黑前住店。我反对夜幕降临后还在路上跋涉。我觉得道路上的“陷阱”已经够多的了，不能在重重困难上再增加黑暗。

越往大山深处走，客栈的条件越差。但我总能在客栈院子里发现一些有趣的东西。到了晚上，我累得什么也做不了，只能去睡觉，但通常会在院子角落的阴凉地方一边吃午餐，一边看外面发生的事情。院子里挤满了牲畜、骡子和驴，来来往往的人都认为这个外国女人是一道不容错过的风景。在过去的几百年里，这里或者直隶省都有传教士，所以他们一定见过外国女人，但从他们凝视的目光来判断，我的到来绝非常见的景象。也有富裕的中国人骑着漂亮的毛驴来住店。更有钱的人，骑的都是趾高气扬的骡子。院子里到处都是吃草料的牲口。所有那些驮东西的骡马毛驴似乎都需要无数的帮手。而那些流浪汉是我所见过的最可怜的人。他们连一顿饱饭也吃不上，恐怕连那些四处游荡、土里刨食的猪鸡都不如。偶尔看到一个老太太，极少看到大脚的年轻女人。不用说，她属于最底层的穷人。大多数都是穿蓝布衣服的男人。衣服早已褪色，补丁摞补丁，连原来的颜色也看不出来了。

老话说：“补丁挨补丁像邻居，补丁摞补丁是乞丐。”客栈院子里的那些穷人们已经不只是补丁摞补丁了，甚至连“摞”上去的那块补丁也撕成了破布。他们看上去比那些好天气里光屁股玩耍的孩子还要穷得多。但他们都有事可做。一个光头老人正从井里取水。他的头发早就该剃，拖在脑袋后面的长发与其说是辫子不如说是几缕杂草。另一个男人辫子倒是剪了，但头发蓬乱，正在清理院子里的马粪。一个小男孩，头发散乱，没人有时间给他梳理。他破衣烂衫，正在赶一头讨厌的黑母猪和它那一窝小猪崽。客栈里，人们从天刚亮到夜幕低垂，似乎都在铡草。一把大片刀的尖头插在一个木槽的末端，一个人把饲草推到该放的位置，另一个人抓住木头柄举起刀，用尽全身力气压下去。然后再举起来，不断重复这个过程。我曾经看到有人天还没亮就开始铡草，也见过夜深人静人们仍然这样干活儿。在中国，似乎没有人规定上下班时间。这些人的头发都乱七八糟。如果他们还梳着辫子，也没有好好编，脏兮兮地垂在脑后。前面剃掉的部分一个星期就长得像鬃毛一样奓起来。如果剪掉了辫子，黑发覆盖头顶，好像原来头上扣了个盆，把露在外面的头发都剪掉，只剩下那么一方天地。不过，头发蓬乱并不是客栈院子里的特有现象，在我去过的中国任何地方，这种现象都很普遍。院子里，总有许多孩子，头剃得溜光，只有这儿或者那儿留一小撮头发，编成小辫子，竖在头顶。还有车老板和赶驴的人，都是身穿蓝布衣服，腰里系着腰带的农民。还有来访的客人，穿着长袍马褂的绅士，商人，地主，富裕的农民。他们站在门口，朝院子里面张望。有时候，还会来几个女人，一个个涂脂抹粉，穿着色彩艳丽的袄裤，面带娇羞，偷眼朝我这边瞧，似乎一定要看一看这个外国女人在院子里走来走去是个什么模样。她们无法想象这个女人怎么会光天化日之下抛头露面，而毫无羞耻之心。有时候，他们请我到客栈老板女眷住的屋子里待一会儿。我坐在炕上，屋子里空气闷浊，大概自从房子建起来也没有通过风。在那里，我会看到所有年龄段的女人用的东西。从半大的女孩子——在英格兰，那个年纪的女孩正玩曲棍球呢——到养猫的老祖母，她们总是给我倒茶，我也总是接过来一饮而尽。她们还喜欢查看我的衣服，笑话我怎么怕她们在我身上摸来摸去，不就是棉布做的裙子嘛！有什么了不起。这些女人还想摸我波浪般起伏的头发，不过我有我的底线，我不准她们碰我的脸。起初，这一切都让你觉得怪怪的，但有一天，我突然觉得自己好像在这样的小旅馆里住了一辈子。一个人走的地方越多，越远，就越没有了新鲜感。小时候，从我家走出五十英里，在一个地方用不同图案的瓷盘子吃饭我就会觉得新奇，睡在一张陌生的床上，就会整夜难以入睡。现在，一个小时后——一个小时都不到——便觉得什么都不新鲜了，甚至身处在大山深处一家中国客栈的庭院也早已见怪不怪了。

我从来没见过这么多人长着甲状腺瘤子。热河的传教士告诉我，这种病非常可怕，得病的原因是生气发怒。我对他的解释表示怀疑，但我完全相信，那是非常可怕的疾病。因为脖子上长瘤子不但很难看，而且得了这个病的人必须时刻保持脑袋“直立”，一旦前倾，哪怕只有片刻，也会关闭气道，窒息身亡。我听说这种病是由水里的什么东西引起的。水，我在中国从来不敢随便乱喝。在客栈院子里，看到他们用柳条编的斗子从井里汲来的水很清澈，但我从来不敢冒险去喝生水，我总是记着伊丽莎阿姨[1]的故事：

水管工打了一口井，
伊丽莎阿姨掉在井里面。
我们必须买个滤水器。
过滤之后才能喝。

伊丽莎阿姨虽然冷漠，但性格还算开朗。她的遗产继承人可以找地方买个滤

[1] 伊丽莎阿姨（Aunt Eliza）：一本儿童故事书的主人公。《伊丽莎阿姨》也是美国艺术家 Cecilia Beaux 于 1905 年所作的布面油画。

水器，继续喝那口井里的水。我却无处可买。再说，我相信从中国客栈的水井里打出来的水不论用什么滤水器也很难过滤干净。所以我不喝生水，只喝茶水。因为沏茶必须用开水。

中国人打井的时候，总是做好有人——不一定是伊丽莎阿姨那样的人——找麻烦的思想准备。有一次，我认识的一个人准备在自家院子里造一口井。他告诉打井工人，他不需要像大多数中国井那样，井底比井口宽得多。但是工人摇了摇头。

他说，井底一定要有足够的宽度，以防男人或者女人——女人最容易寻短见——跳进去之后，能有回旋的余地。因为死到临头他或者她可能改变主意，想再爬出来。如果在一口不够宽敞的井里发现一具尸体，他——打井工就会被判犯谋杀罪。

这种对要自杀的人可能后悔的“深思熟虑”，是真正的中国式的周到。就我个人而言，我非常怀疑是否会有人费心劳神去看看井底到底多么宽。里面很可能有比伊丽莎阿姨更糟糕的东西。伊丽莎阿姨大概是个有钱的人，是个干净的老太太，而经常光顾那些院子的人却脏得难以形容。

小镇上的人们，尤其那些住在偏僻农村里的人们，喜欢养一种非常漂亮的狗。这些狗油光水滑，和周围那些衣衫褴褛的人、脏兮兮的东西形成鲜明的对比。有的狗黑白相间，有的是灰色的，但更多的是漂亮的黄褐色。很明显，它们和城市里最常见的宠物狗是同一个品种。二者的差异就像一只可怜的、肮脏的杂种狗和在一场盛大表演中获得头奖的名贵狗之间的区别一样。我很想在一场表演中看到这些大山深处了不起的狗，我相信它们很难被击败。这些狗看起来很凶猛。是不是真的凶猛，我不知道。因为我对它们总是敬而远之。段先生小心谨慎，一看到狗就连连摇头，离得太近，就让人用棍子赶走，嘴里嘟嘟囔囔那句常说的话：“必须小心。”人们告诉我，山里有狼。我完全相信，虽然从来没有看到过。隆冬时节，饿狼凶猛而危险，非常可怕。它们会溜进村庄，叼走无助的孩子，会猛咬路人，造成可怕的伤害。中国人会在各种各样很不舒服的地方睡觉，不止一个人半边脸被狼撕掉才突然醒来。受了这样的伤，人通常会死去。但还是能看到很多受过这种伤害的人。那样子真是万分凄惨。由此可见，狼的数量一定相当多，而且非常凶狠。冬天到来之前，狼就会伤害孩子。有一个孩子，很可爱，是家里唯一的宝贝儿子，父母和爷爷奶奶忙着收割庄稼，把他留在家里的门槛旁快乐地玩耍。没多久，大人们回来，发现小宝贝儿被狼咬得半死，没多久，人就没了。家里像天塌下来一样。但不幸的是，这些狼很难射杀。

“我从来没见过狼，”有人告诉我，“我在山里的时候，村民们一次又一次地跑来抱怨狼的凶残。我也亲眼看到狼对村民的伤害，但我从来没有看到过那狼。也许因为我有枪，它们一定是闻到了枪的味道。”

第一次听到狼的时候，我不由得笑了起来。我以为没有飞禽走兽能和中国人共生共存。中国人会吃掉它们。

“如果能抓住，他们会的，”我的朋友说，“但狼很难被抓到，尽管好多人都在寻找狼。中国人似乎不怎么擅长打猎。”

“肉！”有一次，一个可怜的农民揉着肚子说。那时正碰上饥荒，一位传教士给他吃了点肉。他不记得什么时候吃过肉了。就是一辈子最辉煌的时候，也没吃过“救世主”请他吃的这顿“盛宴”。

“你一年挣多少钱？”传教士问。

他想了一下说，碰上好年景，也许能赚十二块。可是并不是年年都是好年景。但就我们而言，必须记住，这些人属于另外一个时代。银圆的购买力比我们这里更强。

大雪封山的冬天，这里的人们一定非常非常孤独。即使现在已经是初夏，依然与世隔绝。他们对长城那边人们的生活知之甚少，更不用说其他国家的人过着怎样的日子。对这个阶层的中国人来说，这个世界除了中国，似乎没有别的国家。这里是他的家园，对他来说，这就够了，其他国家都是蛮夷之地。

山越来越陡，路越来越难走。停下来稍事休息的时候，围观我这个外国女人的人，目光越来越惊奇。后来我们到了一个地方，天太热，没有阴凉儿，没法待在外面，我只能走进一个屋子，坐到炕上准备吃午饭。屋子里还有六个年龄各不相同的女人。其中两个抱着大概从来没有洗过澡的婴儿，两个长着难看的甲状腺肿瘤，头发都在脑后挽成发髻。地上还有一窝小猪和三只母鸡。女人们的蓝布衫又旧又破，脏兮兮的，打着补丁。可是——啊，可怜的是，这些妇女，她们必须为生计而辛苦劳作，可能还得在地里干活，尽管裹着小脚。她们中只有一个是大脚，另外那几个其实都是“残疾人”。有两个女人的脖子上有伤。起初我寻思，那伤痕会不会是她们试图摆脱没有快乐的生活，上吊未遂留下的。后来才知道，那是为了治病用铜钱“刮痧”留下的瘀伤。虽然难看，但效果不错。

如果有人属于乡下人的话，他们无疑就应该是乡下人。可是当我冷眼旁观的时候，似乎真正明白了，在中国，我实际上没有见过所谓的乡下人。我从澳大利亚来，知道什么是乡下人，什么是丛林人。他们——是的——生活在大山里的人们，和生活在市井小巷里的人们、生活在贫民窟里的人们没有什么根本的区别，都是古老文明积淀的产物。我对一个在中国住了很长时间、能说一口流利的中文的朋友说了这个看法，他惊讶地看着我。

“怎么，”他说，“在我看来他们本来就是乡下人。城镇里的普通老百姓都是乡巴佬。”

其实我们俩的意思完全一样。我所熟悉的澳大利亚的乡下人，是有能力的、足智多谋的拓荒者。他们面对新情况，开辟新天地，随时可以应付任何紧急情况。如果不能建立一个新国家，就只能灭亡。他看到的是一块古老的土地上、沉睡的小村庄里的人们，那些在比赛中被落在后面的人们。所以我们的意思是完全一样的，只不过用不同的术语表达而已。这些人犹如农奴，为了填饱肚子，从早到晚辛苦劳作，在崎岖不平的道路上挣扎，被古老的历史束缚，进取心和创造力难以施展。他们走着父亲走过的路，受着父亲受过的苦。为生存而斗争如此艰难残酷，对改善自己的处境彻底绝望。

一切都很有趣，也很精彩，但我从来没有感到如此孤独。我渴望见到一个和我肤色相同的人，渴望和一个用我的语言说话的人谈天说地。

我不知道自己到底害怕什么，可是有时候，看到自己不理解的事情时，我就会想，如果真的发生了什么事，我该怎么办？考虑到在北京听到的一些事情，我如果不这样想，就奇怪了。有一次，我们来到一个地方，路边用白灰画着一个个十字。我很好奇，想起此前听到过的反基督教运动的故事，很想知道这些十字是否与另一次运动有关。这一切现在听起来很傻，但我记得当一个又一个“十字架”出现在眼前时，我很害怕。最后我叫来段先生，问他这是什么意思。

“有人捐钱修路，”他说，“用白灰做了标志，这样可以看出哪里修过，哪里没修过。就这么回事儿。”但是，我想象不出这条路修好以前是什么样子。

最后，在世界上最崎岖不平的道路上一天走了一百二十里，或者说四十英里之后，我们在夕阳的照耀下，在一座高大的砖石砌起来的城门前面，与一支风尘仆仆的骆驼队邂逅相逢。按照中文的拼写，这个地方叫巴沟，是一座城市。或者更确切地说，是一条长街。有二十里，差不多七英里长。长街两面的房子鳞次栉比，就像伦敦。段告诉我，最糟糕的旅程已经结束了。还有另外一段山脉要穿过，我们以前一直往北走，现在要往西走了。这将花费两天的时间，然后就到达热河。

在这里，政府当局第一次注意到了我。我们找到的第一家旅馆很脏，段先生到周围转了转，看看能不能找到一个“密斯”喜欢的地方。我坐在车上，看着熙熙攘攘的人群，觉得这辈子从来没有这样累过。我浑身疼痛，如果按我的意思，巴不得就在这个地方安顿下来，立刻睡上一觉。最后我决定，就住这个拥挤、肮脏的院子，因为实在没有比它更好的地方。我收拾好床铺，洗完澡，立刻上床睡觉。那方寸之地是唯一干净的地方。除此之外，我累得不想吃东西，心想不妨先休息。

但是因为有人看见我在大街上坐了一会儿，消息传开，镇上的地方官就派秘书来拜访这位“尊贵的旅客”，问她是否有护照。段先生接待了这位秘书，解释说，“尊贵的旅客”为自己卧病在床，无法会见大人物的秘书而抱歉，并让她的仆人——我注意到他穿上了最好的衣服，猜想他又假装成翻译——送来护照。段先生特别强调证件齐全，无一遗漏。回来的时候，表情严肃，神气活现。

“他说，一定小心。强盗很多。必须有士兵护送。”

这真让人进退两难。关于强盗的故事，我已经听过很多。这些人绝非可以以礼相待的善类。深山老林里强盗出没，并不罕见。但这些强盗对当地人来说可能比对外国人更危险。因为在北方，人们深深知道抢外国人是一件危险的事。话虽这么说，我心里还是七上八下。

如果将来还会遇到什么麻烦事的话，我的结论是，干脆累死算了。我什么也做不了，真的累坏了。从早晨五点起，已经风吹日晒，在外面待了整整一天。这一夜，大概是安全的。不管有没有强盗，我下定决心要好好休息，明天早上看情况再说。后来我听说城里有传教士，如果早知道的话，我很可能会去找他们，和与我肤色相同的人商量一下。

“必须有士兵护送，”段站在我的行军床旁，反复强调，“密斯要几个士兵？”

巴沟的街道

“骑兵”

我听过太多关于中国士兵的故事，觉得不能靠他们作为保护者。我还真不知道该要多少。再说我压根儿就不能确定，和士兵在一起是否就比和强盗在一起更安全。但有一件事是肯定的，我不可能在两天之内到达目的地。据他们说，强盗就在后面。

我把球踢给了段。“假如我没有护照，这个当官的会怎么办呢？”

“假如没有，”段先生断然地说，“他就不在乎密斯会不会被强盗抢劫了。”

显然这个地方官的本意是好的。于是我说，第二天早上六点钟，可以先来个士兵让我看看，然后再决定需要多少。我心里想，至少还有十一个小时的缓冲时间，翻了个身，便睡觉去了。

第二天早晨，士兵准时出现在我面前。他个子不高，性情温和，穿一身蓝色制服，颜色比普通苦力穿的衣服稍微深一点，外面套了一件红色马甲，前后都写着黑字，头戴一顶蓝色便帽，骑着一匹漂亮的小马，居然用一个赶苍蝇的拂尘来“全副武装”！

我觉得他一点儿也不可怕，而且我深信强盗们一定完全同意我的看法。

“他能干什么？”我问段。

段一副了不起的样子。“必须小心，”他从容不迫地说，“强盗很多。他能赶走强盗。密斯要多少士兵？”

要是真有危险的话，除了勇敢面对，没有别的办法。我现在不知道是否真有危险，也很难相信所有不愉快的事情会都发生在一个人身上。我又一次想到，在中国没有危险。一旦危险真的到来，为时已晚。我不知道，这位保护人能用什么赶走强盗。因为我看不出撵苍蝇的拂尘在强盗面前能派上什么用场。车夫们都愿意马上出发，继续前进。我便说，有这位“武士”就足够了。于是，我们就出发上路了。

巴沟人大概都养百灵鸟。离开小镇时，清脆婉转的鸣叫声在晨光中回荡。我从来没有听过这么多鸟儿齐声歌唱，真是一个令人愉快的早晨。那位保护我的士兵骑着马走在前面。我们在崎岖不平的小路上颠簸了三个小时，我一直保持高度警惕，提防劫匪突然出现。心里想，不知道这些家伙会是什么样子，真的碰上他们，我该怎么办。但是，一路上我只看见毛驴驮着做饭用的烧柴向巴沟走去。那一捆捆柴火给人一种和平安宁的感觉，让我不由得放下心来。我似乎相信，一定不会遇到强盗。

显然，段和赶大车的车夫也这样认为。因为三个小时之后，他们说，那个士兵该换班儿了，“密斯”需要换一个吗？“密斯”认为不需要。那个士兵可以回家了。他的“保护费”值两毛钱。这就足够了，因为他满面笑容走过来，向我鞠躬致谢。

这是我在旅途中唯一一次和士兵打交道，现在我已经把他忘得一干二净，把他红马甲上的象形文字、赶苍蝇的拂尘都丢到脑后。直到我发现段先生真是个有学问的好职员。他居然在记账：“骑兵，两毛钱。”

这时，我才觉得这钱花得不值。

我在六口——第六条峡谷度过旅途的最后一夜。第二天早上，人们竭尽全力遮掩一路颠簸、车翻辕断留下的痕迹。我说没关系，等到了热河之后，再修理也不迟。但段和车夫都不同意我的意见。显然，他们认为这样风尘仆仆、破破烂烂，到达旅途终点，会很丢面子。我只好等着，等他们把马车后面的布取下来，小心翼翼地苫到前面，完全遮住那块破损了的木头。等到大家都满意地认为至少把马车打扮得像模像样了，才重新出发。你知道，我对这种情况从来没有一个正确的理解。在我看来，坐马车旅行是一种非常落后的方式，车子坏不坏倒也不要紧。事实上，我觉得车坏了才越发显得我们这一路颠簸的艰辛，应该被人高看一眼才对。但是对他们来说，马车是最高级的交通工具，坐一辆坏了的马车进一座大城市，就像坐一辆由于粗心驾驶而损坏了的汽车一样丢人现眼。明白了他们的观点之后，我立刻找台阶坐下，看一个老头打水。一口老母猪带领它的一群“黑子孙”在我眼前转来转去。这幅画面让我恶心，我发誓再也不吃咸猪肉。

段和店掌柜吵了好长时间。后来有人告诉我，两个人争论得非常激烈。原因是为了供应我洗澡的热水。他们说，烧水需要把一根长长的铜管插到炕洞里，用烟火把水烧热。可是燃料十分缺乏，这里的人总是尽可能利用炉火产生的那点热量多做点事情。我希望段付的旅店费公平合理，这样就不至于为了一点热水争论不休。而我有所不知的是，为了住这一个夜晚和那点可怜的热水，我已经花了一块大洋。否则，我们就得自备燃料——木炭，自带粮食，自己做饭！第二天离开那家旅店的时候，店掌柜还在门口嚷嚷，他再也不会留宿外国人。

最后一天的旅程，是上路以来最艰难的一天，也许因为我太累了。我们要翻过一座连绵逶迤的大山，那个地方叫红石崖。马车从一个隘口穿过，这是我们走过的许多山口中最糟糕的一个。大车慢慢爬上山顶，那里有一块碑，纪念修补过这条路的人。我无法想象这条路在他修补之前是什么样子。当然这条路完全可能不是最近才修过，比如是二三百年前有人做此善举。因为这条路实在是糟糕透顶。路面狭窄，只能通过一辆车。车老板高声歌唱，提醒人们，他已经占据了道路。如果一辆车从这头上路，另一辆车从那头上路，那将会发生什么事情，我实在想象不出来。因为我看不到什么地方可以让两辆车“擦肩而过”。而且这条路至少有三英里，十分陡峭。我信不过马车，坚持步行。我对北京大车和骡子的信任已经荡然无存。我觉得，倘若从这里滚下山，就是滚到美洲或西伯利亚也停不下来。我下车步行的时候，段坚持让大车跟在后面，但我坚决反对。无论是否合乎礼仪，我都坚持他们应该走在前面。被一辆翻了的车压扁和坐在车里撞飞一样糟糕。就这样，马车在前面走着。每逢遇到人——我们遇到过不少徒步翻山越岭的人——段先生就跟他们搭话，可能解释说这位“密斯”又愚蠢又偏执，尽管她非常有钱，有两辆大车陪伴她旅行，只要过山口，还是坚持步行。

我认为徒步过山口是值得的。因为那景色异常壮丽。阳光，下午金灿灿的阳光，落在一道又一道圆润的山脊之上。空气非常清新，看得见许多英里之外大山的皱褶。紫色的山影，金色的阳光。“天似穹庐笼罩四野”。真是美极了，美极了！唯一的遗憾是，就像我一生中见过的许多美好事物一样，我只能独享。而且再也不会看到。这段旅程太艰辛、太困难了，但我很高兴，真的非常高兴，因为我曾经见过一次。

天色已晚。过了山口之后，我上了车，沿着一条干涸的山涧行驶。这条山涧占据了山谷的河床，河床上一排杨树刚刚吐出嫩叶。夜色渐浓，山影斜长，马车驶过一条浅河，来到尘土飞扬、脏乱不堪的承德府。这是一座没有城墙的镇子，前面就是热河，满族皇帝狩猎的行宫就坐落在那里。

这里有成千上万的士兵。这些士兵和几天前护送我的那位“骑兵”全然不同。而是像北京那些穿卡其布制服的现代军人。他们集结在一起同蒙古人作战。军号声声，军旗猎猎。中国正处于战争时期，此刻的形势显然非常严峻。

我和段先生为在哪儿住争论起来。他要我住到客栈。大街上尘土飞扬，又脏又臭，我累得要死，坐在马车上一路颠簸，衣服磨出一个个窟窿。一想到要住进客栈，我就浑身起鸡皮疙瘩。但该怎么办呢？热河除了传教士之外，没有欧洲人。我非常肯定，想让中国人皈依是白费力气。此刻，对他们而言，去传教站似乎也不公平。

可是我突然觉得必须和什么人说说话，必须再次听到我的母语，必须被什么人同情——如果可能，被一个女人。因此，尽管段先生因为看到勒索我的机会就此结束，而“据理力争”，我还是不为所动，坚持让马车掉转车头，向传教站驶去。

到了传教站，一位面容姣好却又不无悲伤的女人向我——一个完全陌生的人——表示了最亲切、最热烈的欢迎。我付了车老板的费用：总共六十块钱。他们带我走了二百八十英里路，大部分都是崎岖不平的山路。他们诚实、勤劳、周到、耐心、脾气极好。我额外给了他们五块钱，他们就跪在地上千恩万谢。我知道这笔钱都能装进他们的钱包，不会被段克扣。因为我采取了“预防措施”，直接把钱交到他们手里。看着他们在大街上远去的背影，我发誓，再也不到大山里旅行，再也不坐北京大车。我很高兴有过这样一次经历，也很高兴它已经成为过去，不必再经历一次。

第十四章　对希腊人来说，是愚蠢[1]

传教士的院子——祈祷——有名的危险之路——德国姑娘——助产士——《圣经》的指引——"他的轭是容易的，他的担子是轻省的"[2]——女眷——帮助病人和受折磨的人——歇斯底里症——补救措施——确保生计。

走进传教士的大院，仿佛走进一个陌生的世界。那种感觉就像我穿越了两块大陆，来参观这个东方世界一样。

大院在城中心，原来是个中国客栈，尽管气候恶劣，但是按中国人的习惯没有建造走廊。从一个房间到另一个房间，必须先到院子里。面朝街道的墙壁没有窗户，只有我住的那个屋子有一扇小窗户，但很高，看不见外面。不知道当中国北方的严冬牢牢地控制山山水水的时候，从一个房间走到另一个房间会是什么感觉。

---

[1] 对希腊人来说，是愚蠢（To the Greeks，foolishness.）：出自《圣经》：But we preach Christ crucified，to Jews，indeed，a stumbling-block，and to Greeks foolishness。

[2] 他的轭是容易的，他的担子是轻省的（My yoke is easy，My burden is light）：《圣经》马太福音 11 30。

我向着那个未知的世界走了进去，一位满脸忧郁的女人迎上前来，棕色的眼睛目光温柔，殷红的嘴唇充满善意。她把我领进屋，是的，她一定会收留我。我浑身尘土，破衣烂衫，觉得一辈子也没有这样疲惫不堪。她热情相待，让我在一张长椅上躺下，还让人上茶。一个体态丰盈、个子很高的德国女孩走了进来。然后，令我吃惊，也令我十分不安的是，女主人低下头来祈祷，感谢上帝，让我闯过一路凶险，还把我安安全全地送进她的家门！有那么一会儿，我简直喘不过气来，我非常不自在，不知道该往哪里看。我父亲也算是英国国教的一个支柱，是我们生活的那个地方的教区主管。我自然是在很严格的宗教氛围中长大。可是我周围的人也许时不时会让你感觉到宗教的力量，但大家做梦也不会想到，将宗教公开地用于相互之间的祈祷。坦白地说，她为我做完祷告之后，我感到非常不舒服。继续平静地喝茶、吃面包和果酱似乎是一种“突降法”[1]产生的幽默效果。德国女孩刚刚来这儿。听说她离开北京的第二天，德国领事馆就通知传教站——她一直住在那里——取消她的护照，绝对不准她去热河，因为那里局势混乱，太不安全。可是她和护送她的人，其中一个是传教士，一路平安，到达了这里。负责这里治安的将军说，只要她不出城，就可以平安无事地待在这里。现在，她们看到我，一个女人翻山越岭来到这里，非常惊讶。

我环顾四周，起居室普普通通，砖石地板，上面铺着一两块小地毯。一把藤椅，一两张照片，墙上挂着几幅经文，一架脚踏式小风琴，两张桌子，一个书柜。书柜里摆放着一些非常老旧的书，主要是宗教书籍，还有 A.L.O.E. 出版公司出版的故事书。我曾经非常喜欢 A.L.O.E. 的故事书，所以在这儿期间，我准备读一两本。我想知道，为什么我十一岁的时候这些书让我那么着迷。那个院子里，除了

[1] 突降法（bathos）：突降法源于希腊语，意思是突然转变风格，从崇高到平庸，虽然经常是无意的，但可以故意使用，产生一种幽默的效果。

女主人之外，唯一的女人就是那个出来帮忙的德国女孩。

“为了中国，我把自己献给了上帝。”她说，言语简洁，非常平静，好像这是世界上最自然不过的事情，这种奉献的价值毋庸置疑——这是她的全部，她再没有什么可以奉献。中国人确实需要她，但这只是我的观点，她自己并不认为给产妇接生是了不起的事。为了成为助产士，她做了许多准备。事实上，她一定是天赐之物，因为中国产妇生孩子的习俗极其落后。在他们看来，母亲和孩子相比，孩子才是最重要的，母亲，即使在分娩的时候，也不能大声叫喊。有一次，一位女士告诉我，她去看望要生孩子的奶妈。奶妈让她在外面等着。她等了大约一个小时。屋子里没有一点声音，直到新生婴儿的第一声啼哭打破了寂静。原来就在她焦急等待的时候，孩子在屏风后面出生了！一个小时后，令她惊讶不已的是，脸色苍白的年轻母亲已经起床准备给家人做晚餐了！那个女人生孩子的时候无论如何也不能哭喊。别的中国女人也一样。如果实在忍受不了，哪怕发出一声痛苦的呻吟，婆婆就会立刻捂上她的嘴巴。但是大部分女人都紧紧咬住自己又长又黑的头发，只要还有知觉，就不会因为大声哭喊而让自己丢脸。总体来看，中国女人不像白人妇女那样受苦。也不同于强壮的黑人妇女。黑人妇女过着原始的、露天的生活，走路像女王，每一块肌肉都得到充分锻炼。中国妇女则是被古老文明摧残了的产物。她们大门不出，二门不迈，一辈子大部分时光在炕上度过。对那些女人来说，这个会接生的德国女孩将是无法言说的福祉。不过，我想的是她们的身体，而她是为她们的灵魂劳作。不管怎么说，她肯定是上帝派来的。

传教站有两个男人，其中一个是女传教士的丈夫，他把《圣经》当作一切行动的指南。《圣经》被翻译成英语。他读《圣经》并不只是为了语言之美，韵律之美，诗歌之美，也不是为了无处不在的东方魅力。他读了之后，会亲口告诉你他领悟了的真谛。对他来说，这是世界上最重要的事情。他引用它，以它指导人生，使它时时伴随他的思想。倘若在旧清教时代，他一定会是个圣约派[1]。另一位男士也是一个传教士，他是一个精通世故的人。他自己或许并没有意识到这一点，但他确实是这样的人。他在这里已经生活多年，娶妻生子。现在孩子们都长大了，他便把他们送回老家接受教育。和他聊天，他不谈《圣经》。不过我丝毫不怀疑他对《圣经》同样充满热情。他聊这里的人民，他们的生活方式、风俗习惯，他遇到的陌生人，看到的变化。

因为那些从灵魂到肉体都饱受苦难的中国人很可能在内心深处怜悯这些并非生在“中华”的“陌生人”。可是这些虔诚的传教士日夜操劳、祈祷，结果并不理想。

“他们不愿意倾听真理，视而不见，充耳不闻，只崇拜偶像。”他们对我说，大多数中国人都是这样，但传教士们满怀善意，极尽助人之能事。而忠实、诚恳的善意很少付诸东流。他们的善举给人留下的印象或许比他们自己、比我意识到的还要深刻。

诚然，他们坚定地相信古希伯来人关于“嫉妒的神”[2]的理念，但他们比自己所鼓吹的上帝更温柔。在我看来，大家的生活都很艰难，只有做礼拜的时候比我多了一点乐趣。“一个希腊人”能够理解，但对这位年长一点的女人来说，要明白这一点是最难的事情

“他的轭是容易的，他的担子是轻省的”，她追随的主说。但是这个远在中国

[1] 圣约派（Covenanter）：圣约是苏格兰长老会的运动，在十七世纪苏格兰历史中扮演了重要角色。长老会教派的历史可以追溯到圣约，并经常采用圣约这个名字，延续苏格兰的思想和传统。

[2] 嫉妒的神（a jealous God）：出自《圣经》第二卷《出埃及记》（Exodus 20 5）：“我，主，你的神，是一个嫉妒的神，他不会宽容你把感情分给其他神”（“I, the Lord your God, am a jealous God who will not tolerate your affection for any other gods”）。

北方山区的女人的担子却一点也不轻。这个社区如此之小，他们不属于“中国内地会”[1]，而是自称“兄弟会”。离他们最近的白人，还得翻山越岭走两天，其孤独可想而知。一连七年，日复一日，他们在外族人中生活。那些人向他们寻求帮助却又轻视他们。传教士尽可能遵守中国的习俗，不愿意在中国人倾听他们带来的信息的道路上设置障碍。这个女人很少和丈夫一起出门儿。在中国，男人和女人不一起走。如果走出传教士的大院儿，必须由另一个女人陪同。出门的时候，她要穿上宽松的外套，因为中国人看到女人曲线优美的轮廓会十分惊讶。而且，她既不向右看，也不向左看，似乎目无所视。因为在中国，有教养的女人从不左顾右盼。她对自己的行为举止也十分注意。男人们忙着干活儿的时候，她不会穿街而过。有一件事情我觉得颇为有趣，但似乎也是必然的选择。那就是，男仆人不能把茶水送到她的卧室。她从来不因自己是白种人，就傲慢无礼，高高在上，也不认为自己做的事情就一定正确，希望当地人和她保持一致。恰恰相反，她严格遵守中国人的习惯，尽管有的习俗让人很不舒服。每当有地位稍高一点的男人来拜访她丈夫的时候，她和那姑娘就立刻回避，躲得越远越好，就像她丈夫金屋藏娇，不能让别人看见一样。我常常想，可能中国人真是这么认为的。就连在教堂里，女人和男人也是隔离开的。如果一个人在大家看到的每一件事上都严格遵守当地的风俗习惯，那么很自然，人们就会认为他在所有事情上都遵守当地的风俗习惯，因此他才会得到信任。他们一定认为，传教士的丈夫至少是为了他们的福祉而选择了这样的女人。那个年纪大一点的女人受过医学训练，能处理简单的疾病，而那个德国姑娘，正如我说过的那样，是一个有资质的助产士。另一个人虽然不是医生，但对一些常见的眼科疾病也有一些了解。

---

[1] 中国内地会（China Inland Mission，CIM）：是由英国人戴德生牧师于 1865 年创办的超宗派的跨国家的基督教差会组织。1964 年，更名为海外基督使团（the Overseas Missionary Fellowship 或 OMF International）。

可怜的中国人很感谢这几个好心的传教士。因为从传教士们那里他们得到了同情。传教士公开说，照顾他们可怜的身体，才能拯救他们的灵魂。当地人走二十英里的山路，成群结队地来到这个小诊所。那些患咳嗽，感冒，胸膜炎，肺炎，其他内科疾病，水土污染引起的疾病，皮肤瘙痒之类的疾病的穷人络绎不绝。许多人眼睛不好，患沙眼，还有许多患有可怕的甲状腺肿。我在那儿的时候，有一个老人，又老又穷，双目失明，眼睑布满可怕的“沙粒”，听说了传教士的本领，翻山越岭，艰难跋涉了一百多英里来寻求帮助。也有些比较富裕的人会来看病，但通常情况下，传教士接触的都是底层的穷人。

有钱的病人就不同了。记得我那位女传教士被叫去给一个二十岁左右的女孩看病。那是一个地位很高的满族人的女儿。那女孩打嗝。每天下午四点钟左右开始，如果我没记错的话，会持续三四个小时。她身强力壮，拥有女人所渴望的一切，从来没有人要求她做什么工作，可是她还没有结婚。满族人时运不济，嫁女儿也困难重重。这个富人的女儿，没有人想娶，甚至连她自己也觉得活着多余。传教士发现她大部分时间都在炕上躺着，就诊断她患有癔症，嘱咐她坚持每天快走就能逐渐恢复健康。那个骄傲的满族人，也就是女孩的母亲，轻蔑地看着这个被她请来看病的女人。

“我的女儿，”她挺直身子说——满族女人个子都高——“不能在街上走。抛头露面不合规矩。”

传教士有点不安地看着她。“至少，”她说，“可以在院子里散散步，和哥哥的孩子们玩。”

女孩用疲惫的眼神看着她。和哥哥的孩子们玩有什么乐趣呀！而且她看不出在院子里漫无目的地走来走去对身体能有什么好处。哦，可怜的满族少女！她期待的是什么？

“先知若吩咐你做一件大事，你岂不做吗？”[1]

“我帮不了什么忙，”传教士难过地说，“他们也不会听我的建议。”

中国人对很多疾病都有自己的治疗方法，传教士告诉我其中一些是好的，但是有些方法太过极端，甚至非常危险。所以，不少人不管山路多么崎岖不平，都会远道而来，只是为了得到更好的治疗。我甚至认识一些裹小脚的女人，跋涉二十英里来看病。当然，她们的脚不像许多人那样绑得那么紧。生活在山区的贫困阶层的中国妇女因为必须参加劳动，脚没有那么小。至于满族妇女，一般不裹脚。

“中国需要成千上万的医疗传教士，”有人对我说，“众多的人口由于无知而受苦。妇女受到种种风俗沉重的压迫，也受到自身落后习惯的困扰。”

热河人受的痛苦和别的地方的人显然没有两样。实际上，这个小门诊室只能接待患小病的人。传教士只会一点简单的技能，危及生命的大病都束手无策。他们只能满怀怜悯和仁爱之心尽最大的努力减轻病人的痛苦。他们认为，劝导一个人来祈祷会远比给他包扎伤口更重要。而举行祈祷会和给穷人治病同步进行。

作为一个异教徒和“希腊人”，我质疑中国人是否真的接受基督教。一位毕业于剑桥大学的中国绅士告诉我，他认为他们并未真正信过基督教。

“中国人，”他说，“讲求实际，什么信仰都会接受。也许有的人是对的，觉得快死的时候，请信仰不同宗教的神职人员来帮助他渡过那条黑暗的河。谁知道呢，也许他们中的某个人正对路子。”他笑了起来。他本人的信仰和现代社会中许多人的信仰并无二致。他看到不同信仰中的善，看到了它们包含的美和怜悯，站在旁

[1] 出自《经文》：“他的仆人进前来，对他说，我父啊，先知若吩咐你做一件大事，你岂不做吗”？（Scripture：“And Naaman’s servants came near，and spake unto him，and said：My father，if the prophet had bid thee do some great thing，wouldst thou not have done it？”）

满族妇女与孩子

满汉妇女与汉族妇女

边，大声疾呼："为什么要这样？我们要到哪里去？这个可怜的苦力是信仰基督、佛陀，还是信仰孔夫子的学说，又有什么关系呢？"有一天，我对女传教士说了这个观点，她看着我，眼里充满了惊讶。

"总有一天会有回报，"她说，"那时候，你会在哪儿呢？"

"我运用了上帝赋予我的推理能力，当然不会受到责备。"不过我相信她一定认为我的所谓推理能力是从魔鬼那里得来的。如果我对此还没有习惯的话，她就会把我当作一个置身于"外面的黑暗"[1]之中的人，为我祈祷，让我感到不舒服。

正是对祖先的崇拜支撑着中国人。一个人抛弃了祖先，抛弃了家庭纽带，实际上就变成了一个弃儿。也许有一些人是真正的基督徒，但是按照他们在皈依时花费的钱财的比例计算，人数一定非常少。有一天我看见那个叫卖《圣经》的小贩进了院子。他们告诉我，这个人是虔诚的基督徒。他可能是，但我仍不禁疑窦丛生。如果接受基督教教义就能养家糊口，你能指望因为同样的原因而成为宦官的人们，会拒绝接受基督教吗？

传教士们刚到这里时日子过得很艰难。这个地方住着满族人，充满了民族自豪感，他们不想让外人来到这里。

有一天，我和我这位圣洁的传教士一起在街上走，她小心翼翼，绝不"左顾右盼"。一个半裸的小男孩在母亲身边走，看到我们俩，大声叫道："打，打！"他一遍又一遍地叫喊着。传教士停下脚步，跟那母亲说话，显然是在规劝她。女人笑着，脚蹬满族人穿的高底鞋走了过去，也没有纠正孩子。

传教士看起来心烦意乱。"那个小男孩说什么呢？"我问。

"'打，打！'有些人还会说'杀，杀！'"

---

[1] 外面的黑暗（outer darkness）：在基督教中，马太福音（8　12、22　13和25　30）三次提到"外面的黑暗"。一般来说，"外面的黑暗"被认为是地狱。但许多基督徒通常把"外面的黑暗"看作与上帝分离的地方。

我对她说："这也太没礼貌了！"

女人只是笑了笑！她那么善良温柔，对人那么体贴关心。我还以为那些孩子们连她走过的那条路都会崇拜呢。

他们说，他们坚持住了。院子里有几个中国女人，是他们的老师或仆人的妻子。这几个女人已经不再裹脚，但"放脚"的过程几乎和裹脚一样痛苦。他们告诉我，有个老妇人已经离不开裹脚布。因为脚裹的时间太久了，一旦松开，变形的骨头就会裂开。但她是一个虔诚的基督徒，便在小脚外面套了大一点的鞋子。可是他们雇的保姆，一个满族人，仍然是异教徒。他们奋斗了这么多年，却找不到一个真正信仰基督教的人服侍他们。

事实上，这种信仰能坚持下来也不容易。早上，中午，晚上，都要做祷告；早上，中午，晚上，从小礼拜堂都能传来吟唱赞美诗和祈祷的声音。即使在信奉基督教的英格兰——英格兰将基督教奉为国教已经有一千多年的历史——这么多的宗教仪式也已经十分烦琐，你怎么能指望在遥远的中国大受欢迎呢？

晚上，夜幕降临时，我们坐在院子里聊天。我，冷静理智。他们则是狂热的基督徒。对他们而言，神在召唤。那是对所有的人和所有阶层神秘的呼喊，被那么不同的人呼唤。

"为了中国，我已经将自己献给上帝。"房子外面，守夜人在敲锣。起初，我以为他不是为了吓跑贼，而是为了赶走帮助"偷窃者"的魔鬼。因为贼不可能单独完成他邪恶的计划。看家狗与食腐肉的野狗的嚎叫声此起彼伏，让夜晚更可怕。还有驻扎在城里的士兵，声嘶力竭地唱着新编的军歌。

第十五章　访问熊希龄将军

国务总理熊希龄——准备访问——合乎礼仪的大马车——一头老骡子——大门口的等待——衙门——秘书吴先生——“你好，密斯！”——中国将军的权力——“许多强盗。太多战争。”——告别——一位有教养的绅士——那一夜回到过去。

在热河，我需要拜访一位重要的人物——熊希龄[1]，现在的国务总理，当地老百姓都称他为将军。我带了几封介绍信找到他，希望能得到他的帮助，能够访问皇宫和御花园，并且能被当作“大人物”对待。否则很难想象一个外国人，而且是个女人，能得到应有的尊重。这些中文信函把我抬得很高——文人墨客。中国人一定很惊讶，一个女人会在这方面有所建树。而那些英文书写的介绍信就不会产生这样的效果。手持那样的文书，我也只能听之任之，安之若素了。

从传教站到衙门大约步行五分钟就到了。我对相关礼仪一无所知，自以为等

[1] 熊希龄（1870—1937）：曾出任热河都统。1913 年 7 月 31 日，经国会通过，被任命为国务总理，和梁启超、张謇等出面组阁。

从旅途的疲劳中恢复过来之后，早晨溜达过去就得了。但传教士熟知中国礼仪，认为这样做很不合适。既然介绍信说我是个“大人物”，行为举止就必须符合“大人物”的身份。

“先写封信问一下，星期二上午十点去拜访将军是否合适？可以让您的仆人送信。估计有人能看懂，但肯定没有人能写回信。”传教士说，“听说将军的英文秘书不在。”

于是，我派段先生去衙门送信。他保证圆满完成任务。正如传教士所说，他没带信回来，但带回一句话：“他说没问题。”

“现在你得有辆马车。”传教士说。看来他的阅历比我想象的“基督教狂热分子”还要丰富，还要“世俗”。“衙门的大门开了之后，你再从车上下来。和仆人一起站在门口等着绝对不行。”

听起来这可是充满东方风情啊！然后他的妻子过来指导我穿衣打扮。天气虽然不热，但也很暖和，我觉得穿一条黑白相间的细棉布裙子很合适。但她认为这副打扮绝对不行。这行头是按 1913 年英国的款式制作的，和满族人长长的袍子全然不同。下面宽，上面窄，穿在身上像个金字塔。

“你有没有外套？”她说着朝四周瞥了一眼，然后抓起我那件“巴宝莉”[1]牌外套。这或许是我唯一一件能拿得出手的东西。中国的礼仪观念显然对她影响很大。

五月末，气温已高到一定程度，我拒绝穿“巴宝莉”，哪怕中华帝国所有臣民都会为我的寒酸感到惊讶和不解。我“翻箱倒柜”，找到一条带花边的面纱，搭在肩上，有点像参加婚礼一样。大家看了觉得还说得过去，我便爬上那辆让人望而

---

[1] 巴宝莉（burberry）：具有强烈英国传统风格的奢侈品牌，具有多层次的产品系列，面对的消费者市场比较广，适用于各年龄阶段和不同性别的人群。销售外套、时尚配饰：香水、太阳镜和化妆品。其独特的格子图案已成为其最广泛复制的商标之一。巴宝莉最出名的是它的风衣，它是由创始人托马斯·巴宝莉设计的。

生厌的北京大车。用于出访的北京大车都备有一个小板凳，放在车辕后面，供乘车人上下车用。我在车篷里象征荣耀和地位的座位上坐下。虽然那座位极不舒服。段先生穿着黑色锦缎长袍，在车辕上就座，一副自命不凡的样子。他头上的辫子刚刚抹过油，重新编过，并戴了一顶大草帽。车夫穿着很普通的蓝布上衣，头上围着一块遮挡灰尘的破布，走在一匹我所见过的最“德高望重”的老白骡子旁边。我不知道年事已高的牲畜在中国是否受人尊重，但至少现在看不出来。这个可怜的老家伙的眼珠深深地陷在眼窝里。我怀疑段是为了便宜才雇这么一头老骡子拉车。因为那辆车还算体面，骡子高高大大也有过它的黄金时代——当然，他绝不会让我丢面子。然后他让我付了车钱，我想总共是五便士。

“这头骡子太老了，段。”我说。

“是的，”他同意我的看法，“很老了，大概有四十岁了。”“四十岁”当然比我估计的多得多。后来我想到，他指的是十四[1]。

我当然不知道段跟我来有什么意义。除了替我拿名片盒，他派不上别的用场。而那个小小的名片盒，我完全可以自己带在身边。

马车沿着尘土飞扬的、棕黄色的街道向前驶去。街道两边是最乏味、最无趣的棕黄色墙壁。我们很快就到了衙门门前。很明显，在大山里趾高气扬、自命不凡的段，现在有点手足无措了。

“马车不能走了，”他说，“密斯下来吧。”

因为传教士已经面授机宜，我对此早有准备。“不，”我说，“我得等有人出来，再下车。”我这辈子大概只拿了这一次架子。

衙门的入口像中国所有同类机关的入口一样，分为三个部分。上面都是弧形

[1] 作者的意思是，段的英语不好，把 fourteen（十四）说成 forty（四十）了。

瓦片覆盖的屋顶。屋顶有些褪色，有些破旧，一望便知急需修理。中间是紧紧关闭的大门。门上画着张牙舞爪的门神，不过由于没人重新描画，看起来少了几分威风。两边的两扇小门敞开着，里面聚集着穿土黄色制服的中国士兵和穿普通蓝棉布衣服的男人。他们都盯着马车里坐着的那个并非传教士的外国女人看。粗鲁的人直勾勾地看，有礼貌的人局促不安地从眼角偷着看。中国人在这方面的礼貌总是使我感到不舒服。那些出于善意的、直率的凝视，仿佛公开说："我已经把你尽收眼底了。"对于这种目光，我完全可以经受住。但是如果总是被人偷偷摸摸地看着，我立马就心烦意乱。

好在这一次我没有等太久。一两分钟后便出来一个办事员——地位比较高的中国人。他穿着明亮的蓝色丝绸长袍，外面套一件黑色无袖马甲。他命令守门人打开大门。我的仆人十分惊讶，门居然吱吱呀呀打开了。北京大车驶进第一个庭院，接着又驶进第二个院落。院子里没有花花草草，更没有树木或者任何可以让眼睛舒缓一下的绿植。我从马车上下来，一个没留辫子的小个子男人迎面走来。他那一头浓密的黑发剪得乱七八糟，头发缝似乎用叉子从中间分开，身上穿着一套不合体的洋装，脖子上系的不是领带，而是英国女人天气冷的时候围的羊毛编织的围巾。他脚上穿着白袜子和平底布鞋，没有像第一个男人那样彬彬有礼而又一本正经地和我打招呼，而是很爽快地、不假思索地说："你好，女士！"他说话的时候显得信心十足，好像要向众多的旁观者表明他知道如何接待一位外国女人。

他带我穿过一个又一个破旧的院子，去见熊希龄将军。院子里都有身穿土黄色军装的士兵守卫着。熊希龄是个大人物，曾经当过北洋政府财政总长，连直隶总督也管不了他。事实上在中国，手握军权的将军总是独立的，不仅独立于他所驻扎的那个省的总督，而且可以独立于任何政权。就连总统对他也非常尊敬，只要他有军队做后盾。事实上，他是完全独立的。如果中央政府给他钱，养他的军队，

“彼岸同登”

皇家戏台，热河

很好，他会听命于政府当局。如果政府不给，他很可能会同情他的手下。结果军队不仅成了他们驻扎的那个地方的祸害，对政府也是威胁。在中国，一个受自己部队爱戴的将军被降级或解职的可能性不大。只有给他更多的好处，才能使其免于成为政府的心头之患。

在这里，我没有看到想象中的东方式的富丽堂皇。我们走进一间中国风格的铺着石头地板的房间。房间里摆着两张椅子。穿过这间屋子，进入另外一间普通的小房间。格子窗户上照例糊着白纸。屋子中央有一张像大餐桌一样的桌子，上面苫着一块白布，似乎就是为了强调这是一张餐桌。我觉得我进来得不是时候，桌子还没有收拾干净。将军坐在桌子旁，背对着窗户。见我进来，他站起身，走上前迎接我，显得和蔼可亲。他中等身材，比我想象的要年轻，看上去还不到四十岁，乌黑的头发一根银丝也没有。但他留着唇髭，下巴还有几缕稀疏的胡子——中国人常常这副模样。他显然正值壮年，穿一身卡其布军装，和士兵完全一样，简单朴素，没有任何装饰。他浓密的黑发剪得很短，一张聪明、和善的脸。虽然不懂英语，但看着眼前这个外国女人，和颜悦色，似乎很高兴见到她。他回到椅子旁边坐下，我坐在他的右手边，秘书——一个不称职的翻译，坐在左边。勤务兵端来三杯茶。按照西方人的习惯，带柄的茶杯放在茶托里。我和将军的会面就这样开始了。

有人告诉我，和中国官员会面时，举止庄重、不苟言笑才是正道。如果真是这样的话，很遗憾我没能达标。由于这位翻译的英语连段先生——我让他待在外面——还不如，除了微笑和表现出愉快之外，我真的不知道还能做什么。主人当然笑了很多次。我赞美了热河的美丽，然后请求他允许，或者说请求得到他的保护，继续前往喇嘛庙，按照地图上的标注，那个地方叫多尔诺。天知道我为什么会提出这样一个请求。因为这意味着，我要在那辆糟透了的大马车上，至少待两三个星期。但我这个人天性如此，每到一个陌生的地方，不去一探究竟，总觉得错过了机会。其实我也不知道多尔诺有什么可看的。它在遥远的蒙古高原，那里有一座很大的喇嘛庙，庙里有个活佛。然而，我不能去见他。将军和他的秘书可能听不明白我的全部意思，但他们确实明白了我的这个想法，断然拒绝了我的要求。将军看了看他的秘书，又看了看我，然后详细解释了一番。他一定认为英语以简洁著称，因为他们的回答非常简短：

“不可以。许多强盗。太多战争。”

以前也有人警告我防备强盗，但不是出自位高权重的将军之口。这回，是熊希龄劝我，我觉得还是留心一点为好。而且，我总是宽慰自己，如果不去，就不用再坐大马车，受那份颠簸之苦了。于是我提出参观皇宫和御花园的请求。

“一次看不完，”翻译说，“你想去几天？”

不管怎么说，尽管我大老远跑来就是为了看一看这里的宫殿和花园，但却全然不想以一个观光客的身份出现在那雕梁画栋、湖光水色之间。买票去看风景，会让那风景的魅力荡然无存。尽管如此，我还是想尽可能多去看看，所以我说想去五天。传教士们虽然在这里待了六年，却从来没有进过那个园子。去那里需要得到当局的许可。他们总是尽量避免给政府当局找麻烦，认为为了自己的快乐而向别人索取是不道德的。我却没有这种想法。因为将军对我非常友好、礼貌，便趁机提出想请我的朋友一起去看看。倘若没有合适的人同去，觉得不大方便——我在家里，自己擦皮靴、自己做晚饭，还要常常给丈夫熨衬衣，不喜欢身后跟几个随从、仆人。我提出需要三十张票，并如愿以偿。那票我至今还留着一些作为纪念。然后，我喝了一杯极好的茶，不到五分钟，便起身告辞。有人告诉我，“简洁”是中国拜访礼仪的“精髓”。

将军一直送我走过两个院子，两扇大门。对于我，这是莫大的荣耀，因为介

湖上的亭台楼阁

湖上船屋

绍信上说我是一个有学问的博士。正确的做法是客人请求主人留步，不要再远送。但我的思想实在太西方化了，觉得那样做很愚蠢。他愿意送，还是不愿意送，都是他自己的事情。再说，这种区区小事有什么关系？我只是担心自己在表示谦恭时做得还不到位。将军的秘书一直把我送到马车上。仆人诚惶诚恐地等着我。看到他的“密斯”受到如此高规格的接待，对她的重要性有了新的认识。我猜想，段为了自己，肯定夸大了我的重要性。他是在为一个女人服务——但这个女人有钱、慷慨、有地位。只是内心深处，他做梦也没有想到，她可以坐着马车进入衙门的大门。她可以和一位将军平起平坐，还可以得到许多张连中国人也不得入内的宫殿与花园的门票。虽然我拜访的时间很短，但一点也不怀疑他在我出来之前，就想象到了我们见面的所有细节。他扶我上了马车，我感到他更加顺从，而不是像平常那样只是装装样子。我不由得微微一笑，心想真正从这次访问中得到最大满足的是段，尽管他没有见到这位大人物。

我一直把中国比作巴比伦。离开将军的时候，我觉得这位巴比伦式的绅士真的很有魅力，完全是我们这个时代一件完美的“产品”——也许他真是一个完美无缺的人。但是那个夜晚，还是让我想起古老的中国与巴比伦的其他相似之处。了解一个国家的方方面面，总是好事。我道了晚安，上床睡觉时，耳边突然响起一阵响亮的锣声，还有前一晚萦绕在耳边久久不散的那支古怪的军歌。士兵们在鼓舞士气去蒙古作战。我不知道巴比伦士兵在攻占耶路撒冷之前是否也这样唱过。接着传来守夜人的锣声和城里四处流窜的野狗的嚎叫。我仿佛回到了过去的年代，躺在黑暗中，心里想，自己怎么会有勇气想去喇嘛庙旅行呢？我是否还有勇气回北京呢？所幸，对黑暗的恐惧通常会被早晨的阳光驱散。至少他们和我在一起，否则我永远都不敢到那么偏远的荒原去旅行。

第十六章　满族人的乐土

回访——仪式——“抢狗贼”的军装——谈话的困难——对奶妈的款待——十八世纪英国大使在热河——衰败的最后阶段——园林的荣耀——青铜寺庙——一个有点轻浮的年轻绅士——“娘娘庙”——满目凄凉的废墟——“喜乐宫”——检查一个野蛮人。

第二天，将军的秘书回访，带来将军的名片。他说将军因为忙，不能亲自来拜望，很遗憾。我从没想过将军会来，也不认为他真的有意来，这样说不过是出于中国人的礼貌。

吴先生提前派人来通报，说他要来拜访我。这样一件小事在传教站引起很大的轰动，这让我很是惊讶。我觉得他们是发自内心地要热情招待我的客人。除此之外，我认为，他们很愿意借此机会和衙门建立友好关系。在他们眼里，我是个“外面的黑暗”里的人。现在能为他们做点事情，我打心眼儿里高兴。他们做了蛋糕，准备了最好的茶，桌子也已经摆好。照顾我们的小伙计平常总是穿着短上衣、长及脚踝的裤子，今天换上长袍马褂——你怎么叫也行，反正是中国仆人穿的最讲究的衣服。他似乎不应该以一身短打扮去服侍一个尊贵的客人。一切准备停当之后，那个小个子大人物驾到，令我吃惊的是，另外两个女人立刻回避，只有我和传教士单独接待了他。为什么，到现在我也不知道。我坐在一把挺高的椅子上，吴先生也坐了下来。传教士给我们俩端上茶和蛋糕。他都是双手端着送到面前。我相信这是中国人对客人表示尊重的标准的做法。我做出一副理所当然的样子，说“谢谢”或“添麻烦了，不必费心”。但吴先生大声说“用不着，用不着！”一会儿用中文，一会儿用英文。我想整个会面的过程都显示出传教士对中国人的习惯了然于胸，吴秘书也表现出他最好的行为举止。这一天，他穿着我的一位海军兄弟常穿的“抢狗贼”[1]的军装，尽管我不知道他有没有干过那活儿，但我敢肯定，这位年轻的中国绅士从来没有当过传令兵。他的头发从中间整整齐齐分开，衣领很高，还系着领带，看起来很不舒服。他给我送来门票，问我还需要什么帮助。这次会面对我来说是一次考验。准备好微笑自然是必要的，但是最温柔的微笑也不会超过一两分钟，剩下的时间该说什么，这让我很困惑。在这个大千世界，我深切地感觉到，除了这些门票之外，我们没有任何共同的东西可以分享。他告诉我，他要亲自陪我到皇宫去参观的时候，我的心一下子沉了下去。尽管我非常感激他的善良，但我觉得如果跟他在一起的半个小时都是难以忍受的负担，一整天待在一起会有什么感觉呢？他倒是告诉我们一条新闻，蒙古正在打仗，而且打得很激烈，死了很多人。可是当我们问他哪一方赢了的时候，他说不知道。我们猜测一定是中方被打败。因为如果电报可以告诉任何细节的话，肯定不会漏掉最重要的信息：谁是胜利者。时间似乎过得很慢，年轻人终于站起身来，准备告别。

哦，中国式的告别！中国礼仪足以治愈那些对形式和礼仪最狂热的信徒，使

[1] 抢狗贼（dog-robber）：英国皇家海军中的俚语，指下级军官，更普遍的是指传令兵或者杂役。

他相信对某个事实最简单的陈述“是，是”和“不，不”就足够了。我想所有这些形式和礼仪，这些无用的形式和礼仪，都源于中国过度的文明。如果将来我对某种唐突的现代礼仪吹毛求疵的话，我就会想到那个年轻人嘴里虽然一直说“留步，留步”，不让传教士送他到大门口，但如果你真的不送他，他就觉得被深深地冒犯。我担心我现在会跳到另一个极端，认为所谓唐突无礼是生活的一种标志。在我看来，它比那种冗长的、精心设计的、毫无意义的礼貌要好得多。礼貌会严重地妨碍一个人做事。

客人走了之后，我们就开始商量游览皇家园林——避暑山庄——的事。我发现我虽然想请几位东道主去娱乐娱乐，但一起出游会影响他们的工作：祈祷会，下午的门诊，接待来访问的客人。不管怎么说，只有女人陪我。是真的因为男人们忙，还是因为男人和女人一起游山玩水不合中国人的规矩，不得而知。不过我强烈怀疑，后者的可能性更大。因为外国人的言谈举止，尤其是一个新来的外国女人——还不是传教士——的所作所为，在这一带当然是大家热议的话题。然后女主人对我说，因为有多余的票，能不能带他们的保姆一起去。她非常想去。她曾在一个满族人家里干活儿，有一次主人去的时候，她恰巧生了一场病，还有一次下大雨，她也没去成。现在，她已经很老了，担心自己没有机会去看看皇家园林。这当然是一件不值一提的小事，不过该不该带她去，我心里还真没底。这座让人生厌的小城——承德府仍然在我脑海之中。那是我见过的最丑陋的中国城市。没有城墙的魅力，没有迷人的景致，没有任何快乐可言。而十五英里高墙环绕的皇家园林内自是曲径通幽，别有洞天。想到这一点，这个满族女人非常渴望进去开开眼界，就不足为奇了。不过她才四十五岁，就认为自己“很老了”，也让人费解。我告诉她我会带她去的时候，她立刻请求回家换上最好的衣服。我看不出她“最好的衣服”和平常穿的衣服有什么区别，但我看到她带来一个剃光了脑袋的小

一泓碧水

孙子。她立刻张罗着让小家伙帮我拿伞。我猜想她是想带他混进去看热闹，我什么也没说，因为我有很多张票。

有趣的是，虽然中国大多数地方宛如天书不为外人所知，满族人的木兰围场、避暑山庄——常常被人们描述为“承德离宫”或“热河行宫”——被英国人所知，已经有一百二十年。因为早在1793年9月9日，乾隆皇帝在这里接见了第一个英国访华使团的大使——马戛尔尼伯爵[1]。我不是直接从北京来承德的，但我知道，这条由山谷和山口组成的路非常糟糕。时至今日，还很少有人不惜车马劳顿之苦去热河。因为至少要在崎岖不平的山路跋涉四天半。一百二十年前，马戛尔尼伯爵走了整整七天。不过在不列颠群岛，那个年代对这条道路也未作太多的评论。尽管“编年史作者”乔治·斯汤顿爵士[2]写到承德之旅时，也抱怨了几句。他说马戛尔尼伯爵从英格兰带来的四轮大马车经常空着，“大使”自己坐着四个人抬的轿子。总之，他并没有抱怨太多一路的辛苦。读过他作品的人不会认为那条路多么难走。但显然一百二十年前那翻山越岭的漫漫长路应该不比现在好多少。当我看着承德府的大街，河堤，土堆，坑洼，乱石，我就想象英国使节的马车怎样从这里走过。车身在拐角处扭曲，车轮在路边儿保持平衡，车轴在尘土或者泥水中颤动。那是个九月，常常阴雨连绵。人们好奇地看着这位来自遥远岛屿的勋爵，给中国的皇帝带来贡品和颂扬。

乔治·斯汤顿爵士记下的另外一笔是承德树木稀少。他写道：“周围的山丘似乎曾经被茂密的森林覆盖，但现在看到的只是发育不良、稀稀拉拉的小树。被砍

[1] 乔治·马戛尔尼伯爵（Lord Macartney，1737—1806）：英国政治家、殖民总督和外交家。第一个英国访华使团的大使。

[2] 乔治·伦纳德·斯汤顿爵士（Sir George Staunton，1737—1801）：东印度公司雇员，植物学家。1787年2月，他被选为皇家学会会员。1793年，被任命为英国驻中国宫廷的秘书。

伐的树木没有得到及时的补充。”而眼下，周围的小山都是光秃秃的，看不出曾经有树木生长过。要不是乔治·斯汤顿爵士的叙述，我绝对不会相信这里也曾郁郁葱葱。

在这座一点儿都不漂亮的小城的另一边，荒凉的山峦中间，有一堵墙，一堵大约二十英尺高的墙。墙上有一条宽阔的路，卫兵可以在这条路上走来走去，站岗放哨。这堵墙的建造可谓匠心独具。它不仅把所有的人拒之门外，而且有效地遮挡住了里面的景色，不让外人看到。即使从附近的山上也无法看到园林里的情景。只有天子和那些侍奉他的人才能一睹园林的美丽。

沿着尘土飞扬的大街，我们向一座大门走去。这座大门看起来一片凄凉破败的景象，瞭望塔摇摇欲坠。走进院子里，环顾四周，还是满目荒凉。地上的石板都已碎裂，杂草从石头缝隙中长出。院子中间是一条长长的小路，路面上的砖石磨损得坑坑洼洼，这也是中国特色，每当看到这样的路面，我就会想起金色的阳光和晴朗的天空。这条通道两边都是高墙，高墙上方是一幢幢瓦屋顶的楼宇。五分钟的步行距离需要穿过许多道门——每一道门都受到不同程度的损毁——终于走到通道尽头，那里有两扇门，一左一右。这就是一个皇帝的宫殿，简直难以置信。不知道这个多年来一直想看它的女人是否会失望。她扶着我的胳膊肘，这也是真正的中国礼仪。而段先生在我的另一边，他已经把照相机交给那个经常衣衫褴褛的“跟班”。他们这样前呼后拥，左搀右扶，好像我已经衰老得连路也走不了了。起初，这种过分的关注让我很恼火，但现在只能听天由命了。我更关心的是这座曾经金碧辉煌的宫殿如何变得如此破败。除了看大门的仆人之外，没有人再住在这里了。自从 1860 年，当时在位的皇帝因英法联军洗劫北京而逃到这里，并

行宫中的湖泊

皇帝寝殿

死在这座宫殿之后，已经五十多年没有人住在这里了[1]。也许正因为这个原因，他的第二位妻子，那位举世闻名、伟大的皇太后，不喜欢这个地方，再未踏足过这里。记得我站在两扇门中间，不知道该先进哪扇门。左边那扇通向周围都是低矮的平房的院落。段说，那是皇帝的卧室。也许他说得没错。我转到右边那扇门。门一开，我便看出，皇宫经过精心设计。就像中国人设计的许多东西一样，十分高雅。在这块没有树木的高原上，此时此刻，映入眼帘的却是苍松翠柏。蔚蓝的天空透过树枝隐约可见，阳光在地面上洒下斑驳的光影，微风在常绿的树叶间轻轻吹拂。这里让人神清气爽。园林那边的高原上，有一条长长的、水草丰美的峡谷，峡谷周围是绿树覆盖的小山。谷底一泓碧水，湖岸蜿蜒曲折，湖面莲花朵朵。湖心有一座座小岛和连接小岛的拱桥，亭台楼阁，雕梁画栋，真正的风景如画。而这如画的风景只有在中国才能看得到。这可能是画家创造出来的，至少画家在很大程度上参与了这个创造美的过程，但却没有留下任何人工创造的痕迹。一切都是自然天成。跟我来的人不无骄傲地看看风景，再看看我，好像在说，他们在给我看属于他们的东西，希望我能欣赏它。那个满族女人甚至可能觉得那就是她自己的，她的民族的。事实上，我只能站在那儿连声惊叹，赞不绝口，沉浸在由衷的钦佩之中。是的，面对这样的仙境，在中国北方短暂而炎热的夏季，夫复何求呢?

除了第一眼就让人惊喜的奇观，越往里走，就越让人感到惊奇。脚下是铺砌过的小路，但铺得不露痕迹，粗糙的灰色石块刚刚没入草丛，虽然有些破旧，但与乡村环境很自然地融合在一起。沟壑间有许多可爱的桥，但是没有一块多余的石头，没有一点人造的痕迹，全然不像别的风景区，为了迎合奢华的需要而破坏

[1] 此处系指 1860 年，英法联军进攻北京，清帝咸丰逃到避暑山庄避难，后死于此地。

乡村的景色。当然，除了这条小路之外，别的东西都已年久失修。山坡上的台阶几乎无法使用。还有一些庙宇，里面供奉的神早已被遗弃、遗忘。他们都是巨大的神，面目狰狞，色彩艳丽，但是岁月在他们身上落满尘土。有一座全是青铜造的庙宇，但它已经生锈，破旧不堪。里面有玛瑙、碧玉、珍珠母和翡翠镶嵌的神龛，还有一些看上去像红宝石的东西，但很可能只是石榴石。这座破败不堪的庙早已被人忘却，门前的台阶破破烂烂，几乎不能使用，庭院无人管理，屋顶杂草丛生，大门上的木头配件都已变成朽木，墙壁几近坍塌。但山坡上依然松柏环绕，山脚下湖光水色。极目远眺，无与伦比的、与日月同在的美景仿佛从天上落在人间。

传教士们来游览的那天，我们准备在寺庙野餐。我，两个女传教士和一大帮随从：我的仆人，她们的仆人，那位满族保姆。我们摆放停当，正要用餐的时候，大门被推开了，进来的是将军的秘书，那位个子不高的中国绅士，穿着很不合身的西服。

"你好，太太。"他说，我一时间忘记了他的先人创造的奇迹。此刻，他就是一个奇迹，好像从天上掉下来似的，蓦然出现在我的眼前。

他是来履行诺言带我参观游览的。

他是个有点轻浮的年轻绅士，做什么也没耐心。和我在西方国家看到的年轻人一样。他毕竟还是个小伙子。他朝鸟扔石子儿，和英国小男孩没有两样。

不过我不希望他这么做。我觉得鸟儿们能在这里找到一个"避难所"是件好事。转念一想，也许这只是他发泄情绪的一种方式。因为他会的英语有限，没法和这个外国女人随意交谈。冷杉树上，一只小红松鼠正在啃一枚坚果，他看了高兴得手舞足蹈。他还朝湖那边几个身穿长袍马褂、举止庄重的中国人大声叫喊。按照我的理解，小伙子这样做有悖中国礼节。不过，他是将军的秘书，愿意显摆也在情理之中。我在别的国家看到的男孩子也会这样卖弄。

他带我们去了娘娘庙。因为我们对寺庙很感兴趣。这座庙在湖的另一边，深藏在山谷里，就像自古以来的中国女人一样，不能抛头露面。

“女人的庙。”“导游”挥了挥手说。

这座庙也日益破败，落满灰尘的神像排列在这个神圣的所在，使人想起储藏室里的东西，仿佛到处都写着“被遗忘了，被遗忘了”的大字。孤苦伶仃的看庙老人穿着破破烂烂的蓝布衣服，脑后拖着根小辫子，脸脏兮兮的，看上去好像也早已被人遗忘。老人家接过我给他的二角钱，千恩万谢。下午的阳光下，微风吹拂着庭院里的松树，屋檐下的铃铛发出悦耳的响声，娘娘庙显得安谧宁静，魅力犹存。

哪些女人来这里祈祷过？那位被皇帝冷落了的骄傲的满族皇后？那个渴望得到皇帝宠爱的妃子？

这片乐土之上到处都是建筑物，但布置得如此巧妙，丝毫没有影响到乡野的魅力。金山[1]上有一座小庙，热河自泉水中奔涌而出。另一座山上有个小瞭望台或者宝塔，上面覆盖着皇家特有的黄色琉璃瓦，从那里可以看到即使是皇帝也会为之一振的壮丽景色。一片长长的、水草丰美的林中空地上，鹿在橡树和柳树的树荫下吃草，草地尽头有一座高大的宝塔。皇帝的书房在另一条小山谷里，藏在高高的围墙后面。我们从一个警卫室进去，来到一堵高高的石头墙前面。墙上有一扇小门，从里面看，这扇门不仅被树干挡住，而且被一块大石头堵死。实际上门和树干之间有可以供一个人进出的空间。我们就从那里进入一个暗影重重的花园。花园里，怪石嶙峋，环绕着皇帝的书房。幽深的阳台很是迷人，即使在最炎

[1] 金山：位于承德避暑山庄内。康熙帝南巡，欣赏江苏镇江金山景物，便于山庄内仿造此景，筑亭台楼阁于怪石之间，三面临湖，一面溪涧，峻崖峭壁，造型雄伟，湖水环抱，如紫金浮玉，是为金山。

热河之源与金山

站在寺庙入口处的吴先生

热的日子里，也可以坐在这个凉爽与幽静之地读书写字。院子里，每个角落都矗立着精致的青铜小马。书房和大多数房子一样，被锁了起来。我们那位年轻的朋友没有钥匙，没法进去。不过墙壁上都是花格窗户，尤其因为这是避暑的夏宫，窗户开得很低，撕破窗户纸，就可以瞥见里面的情景——看起来像个堆放杂物的储藏室。不过，它一定有过漆红描金的黄金时代。

哪儿都一样：荒凉、肮脏、破败。向我们展示这一切的将军秘书，似乎想让我们知道，一切都无关紧要。他属于现代社会，而这些都已经成为历史。然而，当我们对历史遗迹赞不绝口，为之着迷的时候，看得出，他也发自内心地高兴。

皇帝的下榻之地在紧靠大门的一个庭院。高大的会客厅，坐落在一片枞树丛中，也许这里就是他接待马戛尔尼伯爵的地方。杂草丛生的庭院散发着白牡丹的芳香，一面面巨大的铜锣是昔日辉煌的遗迹。许多房间都是空的，房门紧闭，全都上着锁。荷花盛开的湖中有一座小岛，岛上是为皇帝准备的更多的房间。平常可以从桥上过去，六七月，则泛舟而去，别有一番情致。最远的地方，湖的尽头，是皇后的寝宫。

导游告诉我们，“喜乐宫”是光绪皇帝亲手题写的匾额[1]，那几个金字至今熠熠生辉。我不知道他们说的是不是实话，这里是否真的是“喜乐”之地。但我相信，在那个特殊的历史时期，皇太后地位比皇帝尊贵得多。所以可能至少心存嫉妒的皇帝愿意如是自欺欺人。但是，一般来说，很难想象这位分享金銮殿龙椅的女人会有多么快乐，很难想象中国女人会有多么幸福，即使现在，女人的地位依然卑微。

这座庭院和其他院子大同小异。有宁波制作的大铜锣和青铜花瓶，苍松翠柏，

[1] 据译者考证，此细节不确。光绪皇帝没有在避暑山庄题写过这样的匾额。

绿树成荫。只不过也有新的发现。戏台那边，在一个隐蔽的角落，有一个宫女们沐浴的地方。这个地方被高墙和绿树掩映着，很难被看见。

皇帝的戏台离他那片“乐土”的门口不远，虽然曾经宏伟，现在也成了一片废墟。第一个英国大使到来的时候，皇帝就在这里请戏班子唱戏招待客人。很明显，也有女人来看戏，虽然她们只能待在屏风后面。据乔治·斯汤顿爵士说，这些“深藏不露”的女人看到的唯一一个外国人，是十三岁的小乔治·斯汤顿，他是大使馆的侍者。一个宦官把他带到台上，好让皇帝的妻妾们看看来自遥远的“西海诸岛”的野蛮人是什么样子。

但是在这儿，在太后的房间附近和浴室旁边，有她自己的戏台。我很难想象什么样的戏剧才能引起这些生活面如此狭窄的女人们的兴趣。

把戏台和房间的屋顶连到一起显示最近这里搞过建筑。有谣言说，1912 年二月革命后，朝廷打算隐退到这里。这所多年未动过的庭院突然开始进行修缮，给这个谣言增添了色彩。我们坐在阳台上喝下午茶，阳光透过郁郁葱葱的树木，照耀着“喜乐宫”。我问“导游”有没有这回事，他摇了摇头，表示对此一无所知。他是个非常谨慎的年轻人，总是一问三不知。也许他觉得“不知道”是最明智的选择。

哦，这一幢幢废弃的房屋真是太可惜了。那些别致的居所点缀在山谷里，山坡上，绿树下，都是一层层的房子，真正的避暑胜地。房子的比例恰当，宽阔的游廊，离地面很近的花格窗户。住在那里一定非常舒适。里面的家具摆设和皇宫一样，应有尽有。椅子和普通中式椅子不大一样。那是用红漆和金粉描画过的紫檀木椅子，镶着景泰蓝、翡翠、珍珠母，图案十分优雅。有凳子，桌子，油漆过的炕桌。日晒风吹，没有一件东西被人精心呵护过。有些房间是空的，有些房间装满了我不知道藏着什么宝贝的箱子。从那些被遗忘的、风雨剥蚀的椅子和桌子

娘娘庙

乐寿堂（皇太后寝宫）

来看，我想那里面装的东西一定价值不菲。从打皇帝最后一次来这里也许仅仅过去五十年，可是从那几近废弃的房屋、无人照看的家具看，好像已经过去二百年也不止。然而，不管怎么说，这个避暑胜地都是我见过的最宏伟、最壮观、设计得最漂亮的山庄。因而，即使跋山涉水，历经千难万险，也值得到这里一游。

山庄几乎与世隔绝。这一点从传教士为自己有机会看到它而欣喜万分可见一斑。

“我这一辈子，”保姆说，“一直在满族人家当保姆。没想到最后是跟着外国人来到这里大饱眼福。”如此说来，能到这里观光是她一生中最大的荣耀。但是这里仍然能看见一些得到特许进入园林的下层社会的人。他们可能是宫中的仆人，在湖里刺穿一条巨大的黑鲈鱼。也可能是一筐筐莲藕，连同鱼一起拿到外面出售。我给女主人买了几条鲈鱼。那鱼个头很大，还活着，腮还流着血。

常常听到谣传，说宫廷里的珍稀古玩被卖到民间，又有人说绝无此事。但当我看着那些不断传出去的大篮子里的莲藕时，心里就想，这是不是夹带“违禁品”的好办法。也许把守大门的卫兵不会被收买，也许我冤枉了他们。

写下这些的时候，我为自己对卑微的卫兵怀疑而自责。我忘了一点，这是中国，任何事情都有可能发生。这本书还没有印刷之前，传来这样一个消息，一个位高权重的人——实际上就是说总理本人，熊希龄将军，被指控从热河拿走许多珍贵的、价值上万英镑的古玩。但他成功地洗白了自己，向总统证明，他把那些宝贝带离热河，只是为了把它们放到北京博物馆。在那里，这些文物不仅可以得到很好的保护，还能被更多的人看到。我又想起那位巴比伦式的绅士。毫无疑问，他也会把国家的财宝从一个地方运到另一个地方，而不事先通知任何人。他该对谁负责？也许只对皇位上的皇帝负责。不过如果他的军队强大，而且忠诚于他，对皇帝也未必真的负责。

喝下午茶的时候，我们在皇后寝宫的游廊走来走去。不管走到哪儿，都有热水供应。明亮的阳光从苍松翠柏间洒落下来，柳丝飘拂在清澈的湖面上。湛蓝的天空映衬着墨绿色的松针。一条长蛇慢慢地、慢慢地穿过草丛去湖边喝水。尽管几个仆人、德国姑娘和我都跑去看，它也镇定如常。它知道自己很安全，没有人敢伤害神蛇。小鹰在嶙峋巨石上尖叫，戴胜鸟在树枝间哀鸣。鸽子咕咕咕地叫个不停，黑白喜鹊叽叽喳喳不让分毫。一只小小的蓝色翠鸟，像一颗宝石，扑扇着翅膀飞到一块石头上。一只画眉在暮色中鸣啭，歌声悦耳动听。一只巨大的蓝鹤，几乎和人一样高，慢慢地从水面上飞过。棕色的鹿聚集在林中空地，开始觅食。在内蒙古贫瘠的荒山秃岭中，这里真是理想之地。园林被数英里的高墙包围着，与世隔绝，仍然被共和国和满人小心翼翼地守卫着。法国成为共和国的时候，他们打开宫殿的大门，亵渎了那些最神圣的地方。可是在“不变东亚”，情况并非如此。清朝时代无法跨越的大门，到了民国时代依然如故。中国注重现在，坚持传统。那些创造了这片乐土的、已经故去和被推翻的统治者难道成为永远的过去了吗？

他们最后的代表是个小男孩，住在北京的中心，几乎没有意识到他失去了什么。

“如果他想复辟，”一位中国绅士说，“只能靠武力称帝。”

他的权力还会恢复吗？我不相信中国会忘记过去的辉煌，成为一个现代化的国家，就像不相信这里的妇女会走向海滨浴场一样。

先知相信上帝会把他所选的子民（His chosen people[1]）囚禁起来。

“我必使我的子民以色列被掳的人回归，他们必重建荒废的城，住在其中；他

[1] His chosen people（上帝所选的子民）：通常指希伯来民族。

们必栽种葡萄园，喝园中的酒；修造果园，吃其中的果子。

“我必把他们栽于他们自己的土地，他们再不会从我所赐给他们的土地上被拔除。这是耶和华你的上帝说的。”[1]

旅行结束之后，我们穿过尘土飞扬、脏兮兮的大街，回到传教站。那个一直给我们带路的小个子先生朝衙门走去。我相信他一定松了口气，因为他只会说一点点英语，又不肯说汉语，这一天一定非常别扭。

[1] 以上两段译文出自《新世纪圣经》：摩 9 14，摩 9 15。

第十七章　死神的峡谷

乾隆皇帝诞生的传说——山谷里的寺庙——水井——庙会——生死之石——五百零八尊佛像——小布达拉宫——傲慢的大象——陡峭的台阶——闷热的寺庙——不屈不挠的青蛙——“金瓦殿”——在大佛寺喝茶——远厅——北京城外明朝的庙。

我们在园林里散步的时候，保姆讲了一个故事，一个传说，传教士翻译给我听。她花了很长时间才讲完这个故事。她先是在石头台阶上滑了一跤，我们不得不等她恢复之后接着讲。后来，将军的秘书走了过来，大家只得改变话题。我们都平平安安回到传教士的院子里之后，她等我们开口请她讲，才又讲了下去，否则她认为很不合规矩。

以下就是我们在冷杉树下散步时，保姆讲的故事。

从前热河谷的一户人家生下一个小女孩。女孩三岁时，才开口说话。望着祖父，她直呼其名。结果祖父去世了。女孩很长一段时间没有再说话，但是一旦再开口喊一个人的名字时，被提到的人也死了。整个家族都陷入恐慌。后来，她的父母都去世了。是否因为她喊过他们的名字，保姆不得而知。女孩身无分文，难以活命。一个农夫非常同情已经长大成人的女孩，让她放鸭子，条件是她不能说话。就这样，她在山里放鸭子，开始了孤独、默然无语的生活。

有一天晚上，夜幕降临，养鸭子的池塘和远处的山峦被神秘的薄雾笼罩着，隐藏、美化了周围的一切。这时候，雾霭中走出一位骑毛驴的老人，指着条条沟壑，座座大山，问她满族人打猎的围场在什么地方。他说他迷了路，想回去。姑娘悲伤地看着他，摇了摇头，一句话也没说。

“你叫什么名字？”老人大声说。

她默默地把头转了过去。

“我必须找到回去的路。”他补充道。她拿起一根棍子把鸭子归拢到一起。

“我是皇帝，”他说，“我必须回去。你这个姑娘怎么这个样子，胆敢不回答皇帝的问话？”

她一双乌黑的眼睛更加严肃地看着他，赶着那群鸭子，对这个世界上最伟大的统治者就像对一个普通苦力一样，毫不在意。皇帝只得自己寻找通往围场的路。那天晚上，他做了一个梦，那梦境栩栩如生，一位祖先来到他面前，告诉他必须娶一个奇怪而神秘的女人为妻。

但是来到统治者周围的女人既不奇怪又不神秘，尽管他可以选择帝国里的任何一个女人，但她们都是再平凡不过。皇帝把这件事情翻来覆去想了又想，得出的结论是，这个奇怪而神秘的女人一定就是黄昏时分遇到的那个赶鸭子的姑娘。然后他派人到他那天晚上迷路的地方，寻找那个农民的女儿。

那个好心的农夫受宠若惊，给女儿们穿上最好的衣服，送到皇帝面前。虽然她们长得都很漂亮，但没有什么与众不同的地方。像她们这样的女人，皇帝见过许许多多。他又派人去找。他们说除了那个赶鸭子的女孩没有别的女人了，但是绝不可能是她，因为她不跟任何人说话。

“就是这个姑娘。”皇帝说。于是他命令把她打扮好，立刻带到他面前来。

暮色给人带来魅力。这姑娘其实从小到大就没有漂亮过。她被带到皇帝面前时，皇帝厌恶地转过身去。然而，因为那个梦，他还是娶了她，给了她一处很好的住所。但是他和她没有任何关系，她只是名义上的妻子。

放鸭子的姑娘虽然地位显赫，但是因为无法取悦于皇帝，得不到皇帝的宠幸，一天比一天憔悴。她不断地祈祷，希望皇帝能对她微微一笑。也许她的痴情终于感动了上苍，有一天晚上，皇帝终于召她进宫，让她真正成为他的妻子，姑娘的羞耻感就此消失。不久，就有谣传说，那个放鸭子的姑娘就要做妈妈了。可是皇帝很生气，他不相信这孩子是他的，就把她赶出去，让她孤零零一个人在山上游荡。起初她非常绝望，但很快就鼓起勇气。她不就是从一个放鸭子的姑娘变成皇帝的妻子，而且怀上了皇帝的孩子吗？她对自己信心满满。山谷那边，皇帝娱乐之地的高墙之外，有一些牧羊人。她说服牧羊人收留了她。在那里，她的儿子诞生了。

那天夜里，皇帝又做了一个梦。他梦见，就在那个晚上，他的一个非常杰出的儿子诞生了。皇帝立刻打发人去问，结果发现，他成群的妻妾妃嫔中，那天夜里唯一生了儿子的，就是被他赶走的那个女人。放鸭子的女人起驾回宫，备受恩宠。皇帝两个梦都变成现实。那天晚上，山中生下的孩子就是杰出的乾隆。他八十三岁时仍然稳坐在龙椅之上。1793 年，英王乔治三世派马戛尔尼伯爵前往中国，拜会的就是乾隆皇帝。

乾隆至少对他母亲来说是一个好儿子。因为母亲是个虔诚的女人，他出生在群山之中，就在那里建造了许多庙宇颂扬神，取悦母亲。

我一定要去看看那些寺庙。我认为去热河，只有爬上山谷，参观庙宇的人才

喇嘛庙

赶庙会的车

不虚此行。否则就是白辛苦一场。

对我来说，只有一个麻烦，那就是坐马车才能去那些地方。尽管那一座座寺庙是皇帝建造的，但我很难相信通往那些寺庙的路会比普通的道路好多少。事实上我也想不到实际会更糟。段先生雇了一匹年事已高的白骡子拉车。我认为这是一个优点，它走得那么慢，我可以不时下车步行。我并没有打算参观山谷里所有的寺庙。中国寺庙大都相似，不管它供奉的是哪尊神仙。看得太多，反而会忽略寺庙的美丽。

那是一个阳光明媚的六月的早晨。我出发了，坐在马车里，尽量往前探着身子。段坐在车辕上，车夫牵着骡子，在前头走。承德府的一侧有一堵高墙，中国人称之为防洪堤，我相信所谓防洪堤只有夏天下雨之后洪水泛滥才能派上用场。六月的热河只是堤坝脚下的涓涓细流。沿着这条河有许多小菜园。菜农把菜园打理得非常漂亮，没有一根杂草，也没有一片落叶。乔治·斯汤顿爵士在1793年写道："每个农民的菜园都有一口用以灌溉的水井，而提水的水桶则是用细嫩的小树枝编成的，编得如此紧密，可以装任何液体而不漏。"这话用来描述今天农民的生活也不错。我从井边走过时，他们正用同样的水桶给菜园浇水。

从城里出来的人络绎不绝，大部分是步行的，但也有几个胖男人和小脚女人骑着毛驴。还有一两个比较富有的人——从女人的衣着来看，我断定她们是满族人——坐在马车上。因为一个很小的寺庙里正在举办庙会。中国的集市和一百年或一百五十年前英国的集市没什么不同，吸引了方圆数英里的乡下人。来赶集的人除了穿着亮黄色和暗红色衣服的喇嘛外，都穿着蓝衣服。他们都是来求神拜佛的人。因为他们的到来，贩卖东西的人也蜂拥而至。这些人都想从香客身上赚钱。有的人买，有的人卖，还有的人乞讨。有的男人和女人穿着整洁的蓝布衣服，有的人则衣衫褴褛。有的人收集骡子和驴的粪便。这让我想起我对小说着迷的那些年最爱看的历史小说。书中的绅士胳膊上架着鹰。他们都沿着这条路走着，这条美丽的道路，这条非常、非常糟糕的道路。我——一个外国女人，不是传教士，只是一个独自旅行的女人——和他们一起走在这条路上。自然而然，我成了路人关注的对象，吸引力远远超过庙会。这是中国特有的景象，我好多年都不曾忘记。

左手边是陡峭的山岭，山上绿树成荫。对中国人而言，可以说是树木繁茂了。山脊之上是高高的城墙，除了少数享有特权的人，所有的人都被拒之门外，没有谁能进入这块清朝君主的乐土。六个星期前，我从连绵逶迤的蒙古群山走过，山上的树木还是光秃秃的，没有一片绿叶。现在已是六月，杨树、山杨、槐树和橡树在微风中摇曳，早春娇嫩的新叶染绿了荒山秃岭。右边陡峭、险峻的山崖俯瞰古镇。其中一座悬崖有个阴森可怖的名字叫“生死之石”。中国人，虽然我们西方人习惯性地认为他们很冷漠，但内心深处他们也是充满感情，容易激动的民族。他们有时会激烈争吵，而报复敌人或伤害过他们的人的方法之一就用激将法，让他登上“生死之石”。从我这个西方人的观念出发，实在不清楚冒犯者是如何被打败的。因为挑战者必须做好跟随被挑战者一起跳下山崖的思想准备。但他们就是这么干的。在过去的六年里，传教士们先后三次听人说，有人成双成对从这里跳下悬崖，粉身碎骨。

不过这道险恶的悬崖很快就被我们甩到身后。大车随着城墙拐了一个弯，向一条山谷走去。山谷大约八英里长，群山环抱，一座座寺庙就坐落在绿色或棕色的山丘上，红色、金色、白色点缀其间。

荣耀归于上帝！毫无疑问，不管是艺术家、皇帝、圣人还是凡夫俗子，把寺庙建在这里，都是绝妙的选择。

“偶像，都是偶像。”热河的传教士不无悲哀地说。在我看来，这些心地善良的人，认为自己活着就是对生命的亏欠。他们把一切都献给心目中的上帝，过着

山谷庙宇

庙宇大门

苦行僧的生活。而此刻，我处于别的神明之中。

“我们先看最后一个庙。”段说。我表示同意。如果这些庙宇都在回去的路上，就不用担心错过特别想看的东西了。

“驾！驾！”马车夫大声吆喝着，让老骡子加快速度。我们沿着山谷间的土路向前走着。这里树木稀少，但是凡有寺庙的地方就绿树成荫。有时候是冷杉，有时候是槐树或白杨树。我们和路上穿蓝色衣服的人擦肩而过。坐在马车里的满族妇女浓妆艳抹，头上戴着花，不时探出头好奇地看着我。我们终于在两棵枝繁叶茂的老槐树下停了下来。槐树旁边有一座桥。这座桥原本是为一条“通衢大道”建的。这里需要桥梁，传教士告诉我，只要下一点雨，这条尘土飞扬的路就会被五英尺深的洪水淹没。可是现在桥已经破败不堪，一边的矮护墙坍塌后，石头乱扔在地上。通往桥头的石板不见踪影。就像这座桥一样，前面的神庙也已破败不堪。

段费了好大劲儿，才让我弄明白这是一座有五百零八个佛像的神庙。我进去之后，一位留守在一片破败之中的和尚陪我参观。我看到一排排坐着的佛像，比真人还要大。这些覆盖着金箔的佛像在昏暗中闪闪发光。他们都剃着光头，脸也刮得干干净净，脸上的表情各不相同。有的伤心，有的冷漠，有的皱着眉头，有的咧嘴大笑。毫无疑问，这都是为过气的神塑造的。因为屋顶塌了，帷幔破了，岁月留下厚厚的灰尘落在地板上、墙上和佛像的身上。一座比别的塑像都要高大的金身佛像前面有一盆沙子。我恭恭敬敬烧了一炷香，插在盆里。心里想，现在恐怕很少有人给这些神烧香了。

这个庙里的佛像是孝顺的乾隆皇帝为他虔诚的母亲建造的。接下来我参观了一座喇嘛庙[1]，这座庙是仿照拉萨的布达拉宫建造的。宏伟的大殿沿着陡峭的山坡，一层接着一层，与蓝天相连。在不同的高度都种有一棵棵松树，风在它的枝头低语，仿佛告诉人们，建造这座庙堂的皇帝早已去世，他的王朝已经成为历史，众神也被遗忘了。确确实实被遗忘了。我在山脚下了车。庙门打开。因为将军已经先期告诉他们，这个星期的某一天会有一个外国女人来参观，一定要照顾好她。我想，如果不是他提前做了安排，我很可能在一扇扇紧闭的大门外面白等一场。庙里是一座相当华丽的牌楼，牌楼两侧各有一对大象。我觉得雕刻这件艺术品的人可能压根儿就没见过大象，一定是根据别人的描述精雕细刻的。他赋予它们一种非常高傲的表情，我一看就想笑。整个庙宇从牌楼开始。我这辈子还从来没有见过在这样陡峭的山坡上建造高墙。我想它一定是藏族风格，不是汉族风格，我对汉族的建筑风格略有所知。一层又一层的墙拔地而起，露出了曾经是粉红色的墙壁，墙壁上面有像窗户一样的方形孔洞，但不是窗户，显然是为了引人注目，强化陡峭的效果。我沿着狭窄、陡峭的台阶一层一层地向上爬。段按照中国人的习俗，一直扶着我的胳膊肘，好像我连路也不会走似的。而且，按照他的惯例，还雇了一个衣衫褴褛的随从帮我拿照相机，还有一个半裸的小男孩帮我撑伞。我认为在任何情况下都不应该说三道四。中国让我懂得，我在仆人方面的知识几乎等于零。但那天我很开心能得到他的帮助，因为爬上这座藏族风格的寺庙对我来说犹如在峭壁上攀登。我不需要走台阶，只是一层一层地往上爬。越往上，视野越开阔。站在平台上极目远眺，可以看到山谷那面很远很远的地方。群山连绵起伏，一直奔向蓝色的天际，让人叹为观止。我曾认为九龙寺很了不起，现在才知

[1] 此处系指普陀宗乘之庙，位于避暑山庄正北，仿西藏布达拉宫形制而建。建于清乾隆三十二年（1767 年）。是乾隆为了庆祝他本人 60 岁寿辰和他母亲皇太后 80 岁寿辰而建的。这是外八庙中最辉煌、规模最大的一个庙。普陀宗乘是藏语“布达拉”的汉译，故又有“小布达拉宫”之美誉。

道，建造它的明朝人做梦也没有想过这里的山脉如此巍峨辉煌。走到最后一棵松树前，我已经疲惫不堪了，但在我的头顶上，仍然矗立着一座被高墙围着的高大的平顶建筑。它的墙壁是褪了色的桃红色，屋顶边缘，闪耀着金色的光芒。

通往大殿的台阶非常窄，非常陡，非常不平整。如果不是心里清楚，这辈子我肯定不会再来这里观光，一定会就此止步。但我还是咬紧牙关爬了上去。我们在最高处，来到一扇门前。这扇门镶嵌在一堵没有窗户的高墙上。穿过这道门，走进一个高墙环绕的大院，眼前矗立着一座殿堂。这座依山而建的藏族风格的庙宇里，有许多殿堂，但这一座当属宏伟之最。殿里摆满了各种各样珍稀的祭器和供品。景泰蓝花瓶，金箔覆盖的佛像，丝绸幔帐，达赖喇嘛坐过的描金彩绘的椅子，乾隆皇帝使用过的马鞍，灯笼，香炉，神龛，都堆放在一起，在我看来简直乱得不能再乱。每一件东西似乎都被“腐败的手指”触摸过。所有艳丽的红漆都已褪色，许多精美的瓷器和陶器都破损了。霉烂的帷幔被撕成破布，石雕和木雕的油漆剥落，紫铜和黄铜都锈成了绿色。呜呼！呜呼！众神都死了，伟大的皇帝不过是个名字。

在这里也有一种压抑之感。四堵高墙环绕的方形院落只有头顶的一片蓝天和耀眼的阳光。山风至少一百五十年没能吹进这里，闷热、封闭，有一种喘不过气的感觉。从前这里有一溜儿台阶通向城墙顶端，但现在这些台阶已经破损、松动，摇摇欲坠，攀爬起来很危险。我从段结结巴巴的英语听出，已经很久没有人爬上这些台阶了。没有什么可看的了，只能离开这个不通风的院落，往下走。下到一个个松树生长的平台，回到那条崎岖不平的、通往山谷的土路。

看风景总是让我厌倦。我的确想到四处看看，想知道那些地方是个什么样子，想有资格和也曾经去过那里的人们谈谈见闻。但我发现大家最感兴趣的其实就是你在那儿都做了什么。而纯粹的观光旅游，我总觉得非常乏味。现在，看了这么多名胜古迹，我很想回去。我觉得已经足够了。眼下，无论如何，不能无休止地打搅好心好意的东道主了。必须尽快离开这里，永远，永远不再回到这条山谷。这时我想起掉进牛奶罐里的两只青蛙的故事。虽然我认为伊索没有讲过这个故事，但说这是“伊索寓言”也不为过。青蛙在罐子里绝望地游来游去，根本游不出来。其中一个对另一个说：“没用，咱们还是缴械投降吧，这样也就省事了。”说着，它蜷起双腿，沉到牛奶罐底，淹死了。但是另一只青蛙的意志更加坚定。

“我想我要赶快扑腾一会儿，”这只青蛙说，很显然，它是一只美国青蛙，“谁知道会发生什么事。”于是它在牛奶罐里游了一圈又一圈。第二天早上，人们朝罐子里看的时候，发现那家伙正坐在一块黄油上。

我是坐在下一座寺庙门口时，想起那只青蛙的。我疲惫不堪，还有点生气。因为拿钥匙的和尚不在，我们不得不在门外等着。当然，我没有提前捎话说我要来，要求他从早到晚在门口等我不合情理。和我一起等着的还有一小群人——男人、女人和孩子。渐渐地人越来越多。看门人终于来了。那些围观的人都想趁机跟我进去看看寺庙里的殿堂。我一点也不反对，和尚似乎也不反对。他们都是从集市上来的，可能给了他一些小礼物。段认为应该给他八角钱，或者四十美分。我很高兴，虽然等了这么久，但值。倒不是这座寺庙的庭院和殿堂和我参观过的其他寺庙有什么不同。它们都是一样的破败和荒凉。不同的是，爬了很多石头和泥土台阶后，我们来到一个平台。从那里看过去，殿堂的屋顶清晰可见。他们说，这是皇帝的宫殿，俗称“金瓦殿”[1]，它的名字确实很好听。屋顶的四角上有龙，是铜的，上面镀了金，在阳光之下闪闪发光。所罗门神庙，虽然光彩夺目，

---

[1] 此处系指须弥福寿之庙，位于避暑山庄之北，普陀宗乘之庙以东。仿西藏日格则扎什伦布寺而建。建于清乾隆四十五年（1780年）。是乾隆皇帝特意为六世班禅修建的。中央是一座重檐大殿，名妙高庄严殿，俗称金瓦殿，是庙中最大的殿，殿顶用鎏金铜瓦铺盖，四脊上有8条金龙。

喇嘛寺顶上的殿

但在这座庙面前相形见绌。我试图给它拍照时——尽管没有一张照片能显示出它的美——一些满族姑娘，戴着头饰，头发上插着鲜花，咯咯地笑着指着我，显然是在议论我。我以为她们也会围拢过来，漂亮的衣服和辉煌的屋顶交相辉映。可是一个穿着考究的中国人——不是西装——把她们赶跑，又跑过来通过段为她们的行为向我道歉。我原以为只有将军的秘书是唯一可以纵情于这山水间的“奢华”的中国人。我对那人说，我一点也不介意。但他说，她们的行为是不可原谅的。我由此想到，她们对我指指点点可能毫无赞美之意。倘若这样，可就不厚道了。因为是我让和尚放她们进来的。

旁边的庙宇坐落在山坡上，金黄色和墨绿色的琉璃瓦屋顶鳞次栉比，在苍松翠柏的掩映下格外美丽。我们走过去的时候，微风吹过，蓝天下，一阵柔和悦耳的音乐的声浪扑面而来。原来是屋顶角落里挂着的许多小钟在风中轻轻摇曳。夜幕降临的时候，我不知道还有什么声音比庙里的钟声更悦耳动听。这座寺庙有许多相互连接的庭院。像那座喇嘛庙一样，顺着山势，层层叠叠。他们称之为“大佛寺”。因为在其中的一个殿堂里，有一座我从未见过的、七十英尺高的佛像。这座佛像有许多条伸展开来的胳膊，每一个手掌上有一只眼睛。我从中看到了它的象征意义。那是给予你的手，那是看到一切的眼睛。但是，尽管象征主义蕴含的都是美，但实际上不乏丑陋。因为神所有的表现都是人类自己想象出来的。石头地板虽然打扫过，但中间大佛身上的金箔斑斑驳驳，油漆剥落，经幡破烂，到处都是厚厚的尘土。唯一美不胜收的是坐在墙壁小佛龛里数以百计的小金佛。我想买一个，和尚们连连摇头。掠夺寺庙里的东西是天大的耻辱。事实上，即使他们说“可以”，我也未必接受。

这里有许多和尚，剃着光头的老人，穿着鲜艳的黄衣服和紫红衣服的小孩子。但他们都像这座庙宇一样，一贫如洗。我在俯瞰许多屋顶的平台上用茶。一个小和尚从地上乱扔着的许多已经碎裂的黄色瓦片中清理出一块空地让我坐下。小和尚们急切地看着我带来的蛋糕——他们给我送来热茶，我送给他们一些蛋糕。像全世界的孩子们一样，几个小和尚嬉笑着，一抢而光。段指给我看墙壁上一溜儿隐藏在黑暗中的台阶。他说，如果我愿意，可以顺着台阶爬到大佛的头上。我摇了摇头，甚至连青蛙的故事也不会激励我爬上那些台阶。对于此举，我直到今天也不后悔。

这时我已经累得筋疲力尽，很庆幸只剩下一座寺庙没有参观了。这里一共有八座庙，我觉得逐一观看也没什么意思。但是这一座，我不能错过。因为每天散步时，都能看到它那金灿灿的屋顶，被山上深绿色的松树环绕着别有风韵。它和我见过的任何中国屋顶都不一样，是这个山谷里的寺庙之一。这座庙叫“远亭”[1]，是乾隆皇帝为他的一位藏族妃子，按照她家乡的风格建造的，而不是为他的母亲建造的。目的是不让那位妃子在一个陌生的地方有孤独之感。

这座寺庙粉红色的拱形墙壁和大门看起来离得很近，但要想走过去却极其困难，尤其是对一个已经疲惫不堪的女人来说。自打下了那辆颠簸一路的马车，我就一直在爬台阶，现在想起来简直不可思议。除了屋顶，这座庙和别的庙没什么两样。院子里铺着石板，石头缝里长满野草，瓦片屋顶上也长着青草甚至小松树。祭坛早已破败不堪，台阶十分陡峭。我向上爬着，一直爬到圆形穹顶之下。这当儿，不止一次想停下脚步，掉头回去，就像不愿意听什么人在会议上做又臭又长的报告。我发现这个圆形屋顶的房间是许多鸽子的栖息之所。油漆剥落，青铜生

[1] 这里是作者游记中的一个错误。乾隆皇帝从来没有藏族妃子，只有来自伊犁的香妃，因此，他不可能为一位不存在的“藏族妃子”建造“远亭”。这座庙应该是乾隆二十九年（1764年）仿新疆伊犁固尔扎庙建的安远庙，俗称伊犁庙，是为新疆达什达瓦部二千余众迁居热河后提供参拜之所而建。此庙有三层墙廊围绕，中间为普度殿，有三重檐，黑色琉璃瓦顶。

锈，带我们参观的僧人用许多钥匙打开一扇又一扇门，但我知道这个地方很少有人来。如果没有漂亮的屋顶，它一定会被遗忘。

然而人们喜欢看这些东西。跟在我后面的人不像在金瓦殿时那么多，但还有那个衣衫褴褛的苦力，替我拿着照相机。我怀疑他感染了中国所有已知的肮脏疾病，而且这些疾病的名字一定五花八门。那些偶然从他身上逃出来的病菌会在那个替我拿伞的男孩那里找到庇护所。但愿强壮的身体和户外新鲜的空气能使我摆脱任何细菌的困扰。我觉得这两个小伙子很可怜。我有车坐，但他们只能步行。所以我告诉段，他们不必爬上来，因为照相用的胶片已经用完了，至于伞，压根儿就没有必要。

“他说‘没关系’，”段说，“他们愿意来看看。”我想其实他也愿意。因为我发现他们护送我上来的时候，喜悦之情溢于言表。他们一定把这个穹顶殿堂当作地狱的缩影，堕落的佛教徒死后会在这里遭到种种报应。屋子布满灰尘，到处都是风雨剥蚀、岁月流逝的痕迹。那破败不堪的样子和别的庙其实没有两样。可是跟我来的那四个人似乎格外兴奋。我看到一幅壁画，舒了一口气。因为上面画的不是被毒蛇咬住的人，或者被凶猛的野兽吃掉的人，或者被夹在两块木板之间拦腰锯断的人，而是一个在树上休息的人。但段津津有味地解释说：“他是被钉在树上的。”他小心翼翼，不让我错过任何一幅描绘受刑者痛苦的壁画。不过连那些图画都已经褪色，磨损，风吹日晒，落满灰尘。我看了不由得打了个寒战。无孔不入的尘土破坏了一切，包括鎏金屋顶和苍松翠柏的美。我很高兴沿着台阶往下走，回到寺庙的院子里。接待我的那个人也许是个僧人，但穿着蓝布衣服，留着辫子——许多满族人依然喜欢这副打扮。他坐在殿堂前面的石头台阶上，给我送上一小杯茶。老人有点邋遢，但茶的香气扑鼻。我决心不去看杯子是否干净，因为他举止得体和杯中茶可有一比。

庙宇的琉璃屋顶

庙宇的屋顶一角

然后我走到前面宽阔的空地，最后一次欣赏金黄色的琉璃瓦屋顶。那屋顶镶嵌在墨绿色的松树丛中，在湛蓝天空的映衬下格外迷人。

然而，吸引我的不仅是美丽的寺庙，还有更重要的东西。看着连绵起伏的群山，我想起了我在北京城外去过的另一座寺庙。我不是一个人去的，同去的还有一群笑声朗朗的年轻人。那座庙不大，也算不上漂亮。墙几乎倒塌，屋顶下陷，瓦片间杂草丛生，废弃的祭坛上甚至长出绿色的高粱。中国北方夹带着沙尘的寒风穿墙而过，吹拂着早已被人们忘记的神。而这些神仍然坐在他们的位子上，安详地注视着外面的世界。

我不禁想起史文朋[1]的诗句："再笑一笑吧，因为众神都死了。"真的死了吗？在中国有什么东西死了吗？明朝，十五世纪的某个时刻，当玫瑰战争[2]在英格兰肆虐时，中国人建造了那座小庙。比乾隆在热河谷建造这些庙宇早了将近三百年。他们在庙里塑造了一座座神像，红漆和黄金赋予神辉煌与荣耀。等到贴完最后一片闪光的金箔，涂完最后一抹雅致的油漆，他们便走出寺庙，把它留给那潜伏在黑暗之中、将被人们遗忘的东西一点一点吞噬的"腐败之神"。无论我们瞻仰这条"死神山谷"，还是参观北京城外那座小庙，都必须记住，当一座纪念碑建立起来的时候，不要指望它会永远屹立在那里，也不要指望有谁会为维护它提供任何帮助。如果它能完好无损巍然屹立一年，那个被纪念的人便当此殊荣。如果能延续一百年，或者五百年后，仍然有一块石头摞在另一块石头之上，他便可以称之为流芳百世。北京城外的庙宇自建成以来已有五百年的历史，现在仍然挺立在风雨

[1] 阿尔杰农·查尔斯·史文朋（Algernon Charles Swinburne，1837—1909）：英国诗人、剧作家、小说家和评论家。

[2] 玫瑰战争（Wars of the Roses）：1455 年到 1485 年，以红玫瑰为标志的兰开斯特家族和以白玫瑰为标志的约克家族争夺英国王位的战争。

之中。庙后面是城墙，阴森而灰暗，但诸神不看城墙。他们的脸都转向南方，面对灿烂的阳光。他们仍然坐在原来的位置，而那些曾经装饰殿堂的小雕像现在不是躺在地上，就是闷闷不乐地靠在更大的神像身上，有的已经破碎。在地上厚厚的尘土中，有一个巨大的雕像的头颅。他的脸让我们想起恺撒妻子来自中国的丝绸长袍[1]。因为这个头颅和蒙古人没有丝毫相似之处，无论是死的还是活着的。罗马皇帝可能是雕塑家创作的原型。灰尘下，面对它的一张张脸都是东方人的脸。但是，这个人是欧洲人，细长的眼睛，冷漠的神情，薄薄的嘴唇。他生存过，被人爱戴过，有过期许，也有过悲伤。当他耗尽生命，走向死灭，与快乐作别时，唇边挂着一丝轻蔑，不无痛苦地说："万事皆空。"

几个农民走过来看在树荫下吃午餐的外国人。对他们来说，那一块块撕碎的冷肉是难得的美味。一个瘸子，一个瞎子，还有一个因为患过天花留下满脸麻子的人，看起来很可怕。和我们一起来的那位自认为美丽的女士浑身颤抖着躲到一边，恳求在我们大家都染上可怕的疾病之前把他们赶走。

对于这些人，生活还有什么意义呢？对他们来说，神真的死了吗？

我和一个年老的女人聊天，她脏兮兮的，满脸皱纹，光头，小脚。

"她问你多大年纪了。"旁边的年轻人翻译说。

"告诉她，我六十岁了。"我以为这样说听起来更体面一点。

"哦——"她端详了我一会儿。"她说，"年轻人继续翻译，"她说你怎么看起来比她还老。因为她也六十岁了。你有儿子吗？"

我犹豫了一会儿，不想丢面子。她会怎么看待一个没有儿子的女人呢？于是我把手放在小伙子的胳膊上，微笑着表示他就是我的儿子。

---

[1] 作者此处是个类比，意指东西文化的交流由来已久。

圆顶的西藏庙宇

北京城外的明庙

“哦——”她边说边笑。

“她说什么呢？”我问小伙子。他看起来有点不好意思。“告诉我。”我说。

“她说要向你道喜。”小伙子的确很帅，充满阳刚之气，“她说她有三个儿子。”

哦，天哪！我可真是自讨没趣。我没有儿子，喜从何来？不过我也得到了报应。我宣称诸神已死，但他们并没有死。如果庙宇倒塌了怎么办？天空晴朗无云，周围绿草如茵。这个女人年事已高，头发灰白，身子佝偻。神给了她三个儿子，她心满意足。那个小伙子得的是天花，慢慢地就会痊愈。这种事情，已经超出我的理解范围。那个满脸麻子的人和双目失明的人又能得到什么补偿呢？或许明白了一切，生活就变得索然无味。所有这一切的背后是满怀慈悲的主。寺庙里死去的众神只是凌驾于万物之上的伟大力量的表现。

就这样，我一边想着北京城外那座小庙，想着那位为我压根儿就不存在的儿子道喜的老婆婆，一边站在那里向远亭最后瞥了一眼，然后又把目光移向山谷和层层叠叠的山峦，以及山峦上掩映在绿树丛中的寺庙。远处是小布达拉宫依山而建的金色、红色和白色的墙壁，在落日的余晖中格外美丽。让我觉得只有这个时刻，站在这个地方，极目远眺，将山海云霞尽收眼底，才不虚此行。然后迈开疲惫不堪的双腿，开始往山下走。经过十分钟艰难的攀爬，才走到大马车跟前。车老板赶着马车，涉水过了热河，向传教士的院落驶去。

我再也不会去群山之间那个和寺庙比肩而立的山谷了。马可·波罗之后，欧洲人曾经造访过它。但它如此遥远，如此难以到达，没有什么人能成群结队来到这个地方。然而这些屹立在大山“褶皱”间的寺庙是你在梦里也看不到的仙境。尽管它们当年的风光不再，而且还在衰败之中，但是在永恒的群山环抱之中，它们是对为颂扬神的荣耀，为表达对卑微的母亲的敬意而建造这些庙宇的人永久的纪念。

第十八章　坐船回北京

洗衣的困难——一位需要帮助的朋友——奇异的野餐会——父母的权威——骑骡子旅行——下雨——经常光顾的公路——黄油纸——受限制的居住地——避开烟雾——“你吃得好多啊！”——河流的魅力——谦逊的中国人——最受喜爱的孙子——滦河谷——又是长城——雨水对中国人的影响——船老板的钱箱——“巴比伦的绅士”——滦河港。

现在是跟好心的东道主告别、动身回北京的时候了。谢天谢地，事情变得相当简单。我要乘船——一种又长又窄的平底船，沿滦河顺流而下，而不是坐糟糕透了的大车翻山越岭。

临行前，我派仆人带着名片去见将军，感谢他的盛情款待。午餐时——这是最不宜接待客人的时刻——吴先生拿着将军的名片回访。令我惊讶的是，吴先生穿着一身中式服装，端庄，甚至威严。他身穿灰色丝绸长袍，一直拖到脚踝，外面套一件黑色马褂，裤子在脚踝处整整齐齐地用黑带子扎着，看上去非常英俊，和我先前见到的那个小个子男人形成鲜明对比。我不得不公开地赞美他。此外，他们还告诉我，这样的穿着打扮——长袍马褂是中国人的“常礼服”。

他微笑着接受了我的称赞，然后用半通不通的英语解释了换成中式礼服见我的原因。

“必须送衬衫、领带到天津去洗。我很穷，只有那一套西装。”

到天津坐船要三四天，有时还要更长。坐火车要五个小时。我觉得，为了接待我，他用完了所有能拿得出手的衣服，实在是我的荣幸，可我只有在他穿中式衣服时才赞赏他。

那天，还来了一位中国绅士。传教士把他介绍给我。他穿着中式服装，一副志得意满的样子，英语似乎比别人强一点点，尽管词序不对，听起来怪怪的。

“我讨厌别人嘲笑钟先生的英语，”见多识广的传教士说，“他是我和我们家的好朋友。如果没有他，我和我的妻子儿女现在是否还会在这里，都很难说。”

当时正值义和团事件，传教站设立在巴沟，钟先生在那里负责电报局的工作。

“如果不是钟先生最初给我们传递信息……”传教士说，充满了感激之情。

钟先生自己也遇到些麻烦事。他思想进步，很“现代”。不过，我认为他不是基督徒。他亲自教女儿们读书，也不让她们裹脚。可惜，在中国，儿女必须孝顺父母，必须对长者言听计从。钟先生一定已经四十多岁了，可是身在广东的父母命令他给女儿们裹脚。

出发之前，听到钟先生的故事，我真的很高兴。

滦河离承德府七英里。坐大马车或者坐骡轿[1]需要走两个小时。我决定用大

[1] 骡轿：骡轿是用两头骡子驾驮的一种轿子。在轿子前后各有一头骡子驮着轿杆，轿杆固定在骡背鞍子上。轿夫则跟着轿子边走边赶着骡子。骡轿比一般人抬轿子大点，里面可以坐两到三个人，坐在轿子里面可随意躺卧，适合长途旅行。这种骡轿在清末到民国初年在北京城很是流行，后来随着新式交通工具的传入，骡轿逐渐淡出人们的视野。

车拉东西，自己坐骡轿。一来，我实在坐腻了大车；二来，很想尝试一下坐骡轿是什么滋味儿。现在这个心愿完全满足了——我再也不想来个“第二次”了。

我必须到传教士的院子里去，因为把轿抬到骡子背上需要四个壮汉，可是赶牲口的只有一个人。清晨，六点刚过，所有的传教士走了大约一英里的路，为我送行。我觉得他们真是太友善了。这也是我唯一一次看到男人和女人一起在传教站院子外面走路。和他们道别之后，我便开始这次旅程。我坐在轿子里的一个弹簧垫子上。这个垫子是一位中国绅士送给我坐马车用的。我尽量保持平衡，不让轿子东倒西歪——在我看来，这种危险时刻存在。起初我觉得很不舒服，因为一旦坐上去，除非把轿子从骡子身上抬下来，否则就没有办法爬出来。而且你可能真的会滑倒在轿子和前面那头骡子的后腿之间。我认为这绝对是危险的，因为骡子会踢人，如果背上再压着轿杆它的脾气只能更坏。

那是个多云的早晨，眼看就要下雨了。自从来到中国，旅行时只碰上一个下雨天。景色狂野而壮观。滦河旁边就是险峻的山峦，我们沿着山脚的小路向前走。河那边是高耸入云的山峰。大车和骡轿就这样在山谷的谷底艰难跋涉。在这个地区，这是常见的情景。但滦河流水潺潺，占据了谷底的大部分，所以我们经常沿着山坡上开凿出来的一条小道前行。走在前面的白骡子脖子上挂着铃铛丁零丁零地响，笼头上的红色流苏在微风中飘动。这头骡子总是喜欢溜边儿走。所以我从轿子左边往下看的时候，能看见从小路到下面的河床足有三四十英尺高。我发现最好还是不要看。倒不是说水很深，也不是说我有可能翻滚下去。我对那头白骡子充满信心，相信它不会出什么意外，尽管轿夫不停地大声吆喝着。即使如此，那种无助的感觉还是让我很不舒服。

虽然还是清晨，但是这条路已经人来人往，甚是繁忙。各式各样的人都沿着这条河走，还有七头身强力壮的骡子拉着沉重的大车，把粮食运到河边，再走水

枕木一样的筏子，滦河

骡车，滦河沿岸

路，运到“关里”。路很糟，车辙交错，乱石遍地，我们认为不应该出现在路上的东西，这里随处可见。大马车时不时陷在沙子里，车老板只好用铁锹把车轮挖出来。结果，为后面的车辆制造了更多的麻烦。有两乘空着的骡轿从我们身边经过。我们还遇见许多毛驴，很难说它们驮的是烧火柴。其实就是一捆捆小树枝。在我所知道的其他国家，这些玩意儿都不值得收集，更不用说运来运去了。人们都会把它们当作废物烧掉。路上，还有无数的人在步行。要下雨了，大家都步履匆匆。中国人只要有可能，就不会冒雨出门。我对此深表同情。如果我只有一套衣服，而且如果衣服湿了没有地方晾干，出门之前我也会三思而后行。山坡上乱石丛生，土壤贫瘠，但凡有一块平地，有几寸沃土，无论那地方多么难走，人们都会爬上去精耕细作。山谷底部河岸上，更是寸土寸金，被利用到了极致。整个大地似乎都在大声呼唤，希望老天爷下一场好雨。不一会儿，大雨倾盆而下。这样的大雨我在中国只见过一次。它像一层面纱横扫小路，所有刀劈斧砍般的悬崖峭壁都隐藏在灰色的薄雾中，变得柔和起来。骡轿夫用一张张涂了油的黄纸把我围住，但透过油纸，还能看雨中的风景。我当然担心把自己弄湿，因为在一条连篷子也没有的船上，鬼才知道怎么才能把衣服晾干。倘若三四天内都穿着水淋淋，哪怕有点潮湿的衣服，不但不舒服，还很可能得场大病。

终于来到河边。河面很宽，水流湍急，混浊的河水，沿着山谷奔流而下，显然河水没过了堤岸，至少看不到河岸，更看不到美化它的葱茏绿树，青青芳草。前面有个渡口，跟我刚才路过的那个地方很像。河里有一排长长的船，船头靠在岸边。我到达时，雨下得很大。人们七手八脚把轿从骡子身上抬下来。雨哗哗啦啦地下着，我只能待在轿子里，等段和拉行李的马车到来。

他们终于来了，雨小了一点。段开始安排船来接我。

我得承认，那一刻，我“兴趣盎然”地观看着这条船。因为我真不明白，在这样一个狭窄的地方，我怎么能和一个仆人、三个船夫待上几天。最糟糕的是，此时此刻即使想变卦，也晚了。只能硬着头皮走下去。虽然我确实很担心，但事后总是发现这种担心毫无必要。我本来应该想到乘船旅行的艰辛，直到站在河岸上，望着滔滔滚滚的河水，我才意识到已经没有任何与我肤色相同的人可以帮助我了，心一下子沉了下去。如果是晚上，我会感到失望，但是此刻距离天黑还有十四个小时，心里还是有一丝希望，尤其这段时间将在户外度过。这条船大约三十七英尺长，底部是平的，中间宽七英尺，两头逐渐变窄。船中间一排呈V字形的木棍撑起桁，段买了几块草席，搭在上面，草席上又钉了一层未经漂白的粗布。这样一来，就等于在那条小船的遮阳篷下面给我搭了顶小帐篷。买草席、粗布的钱自然是我掏的。段要走好多钱。想到农民那么穷，粗布的价格如果真像段说的那么高，恐怕大家都得光屁股。我一直忍着什么也没说，直到发现段的安排是他睡在一头，船夫们睡在另一头，让我睡在中间，才表示反对。我不知道有什么必要这样保护我，但我设法让他明白，我必须睡在一头，而不是中间。至于我和他们之间是否一定有个帘子挡着，我并不介意。但我必须自由出入，不能踩到睡觉的仆人或船夫身上。这个小问题圆满解决。可是接下去的事情有点棘手，那就是炉子该往哪儿放？我不想让他们把炉子放到那个风一吹，草席就像烟道一样，把烟直接送到我脸上的地方。可现在就是这样放的。我得出一个结论，在弯弯曲曲的河道上行船，没法儿找到一个合适的地方放这个炉子。我们试着把它放到船尾，又试着放到船头，可是无论船头还是船尾，怎么也躲不过扑面而来的烟。没有别的办法，只有微笑面对。让我感慨万千的是，我什么都不做，却要一日三餐来维持体力；船夫们做所有的工作，一天只吃两顿饭维持生命。眼下，最理想的是能有一条船结伴而行。两条船齐头并进，会给这次水上之旅带来一点快乐。

滦河之旅的第一天，离开渡口不久，雨就停了。从船上看去，两边的群山高高地耸立在头顶之上。那山陡峭险峻、乱石丛生，草木稀少。山脚就是大河，河水依山势旋转。第二天，我们就到了群山起伏的中心地带。湍急的河水穿过嶙峋巨石间的峡谷。对中国而言，这里是偏远孤寂之地。但是，就在我认为没有人能生活在这样一块贫瘠的土地上的时候，却看到山石间有一点蓝色——小男孩在放羊，或者看到两块巨石之间有一块巴掌大的、精心耕种的土地。绿油油的庄稼在那里顽强地生长。然后又看到一幢幢小房子。那房子十分整洁，屋顶显得特别厚重。我很想知道，冬天大雪封山的时候，这里会是什么样子。不知怎的，我觉得这高山之巅的人家比我穿越这个国家的路上见过的任何地方都更加孤独和凄凉。

我们总是把船停泊妥当，再吃午饭。夜晚也总是把船在岸边停好。曙光刚刚升起，人们就醒来。他们的早餐很简单，也就是一碗冰凉的小米粥。我也早早起床，穿好衣服，吃早餐。不过不到五点半，好像总也想不起这些事情。我的床占据了小帐篷的大部分面积。我坐在床上穿衣服，洗脸。洗澡是不可能的。然后拉开帘子，坐在那儿吃早餐。这条船的老板，也是掌舵的人看着我，一副兴致勃勃的样子。

他显然在和段议论我的早餐。我问段，他说什么？

“他说你吃得真多，”段说，“他十天也吃不上这么多东西。”

我很惊讶，因为一直认为我的早餐极其简单。只能煮鸡蛋吃，没有黄油、烤面包片和咸肉。吃一块干面包，喝杯热茶，还有一些倒胃口的炖梨。而船老板一碗一碗地盛粥，论分量，他吃到肚里的东西比我十倍还多。后来，恍然大悟，他说的是早餐的种类，而不是分量。

清晨，河面上景色宜人。起初，整个山谷都笼罩在灰蒙蒙的薄雾中，只有群山远远近近陡峭而孤寂的峰顶在雾海中向朝阳探出头，显露峥嵘。渐渐地，渐渐地，阳光照亮整个峡谷，轻柔的、难以捉摸的灰色晨雾无声无息地散去，阳光给

在滦河上顺风行驶

我的船与船工

浑黄的河水镀上一片金黄，一切的一切在欣喜中迎来新的一天。小蓝翠鸟在阳光下梳理着羽毛，蓝灰色的鹤白脖子上布满黑色的斑点。中国人称之为“长脖子”，它们张开翅膀，缓缓地滑过水面。船帆升起，在阳光的照耀下闪闪发光，像雪一样白。河上的船很多。虽然周围的乡村荒凉，但这条河却很繁忙。顺流而下的船，船夫就摇橹。逆流而上的船，遇着顺风，就升起四方大帆；逆风的时候，四个纤夫拖着船前进。他们把缆绳系在桅杆上，脱光衣服，将缆绳系在胸前，用力拉紧一块木板。水流湍急，从他们拉绳子的姿势判断，这一定是一件非常艰苦的工作。传教士曾经担心，看到这么多赤身裸体的男人，我一定会震惊不已。但事实恰恰相反，我显然是河上唯一的女人，我的出现给他们造成巨大的恐慌，因为中国人说到底，是一个谦虚有礼的民族。我非常想拍下这些人的照片，因为我从未见过比他们更壮实的中国人。倘若穿着破旧的蓝布衣服，他们看上去很普通，和贫民窟里的人没有两样。你会觉得他们从来没有洗过澡。但是这些赤身裸体的人却让人想到肌肉结实的男子汉。他们不需要修饰却尽显阳刚之美。然而，当我们的船驶近时，船夫和仆人都提高嗓门，大声叫喊起来。他们说了些什么，我不知道，但我猜得出，他们一定在喊：“哦，兄弟们，快穿上衣服。我们船上有一位烦人的外国女人。”结果，那些光屁股的家伙手忙脚乱，把肮脏的蓝布衣服胡乱套在身上。只有一些够不到衣服，或者没法扔掉绳子的倒霉蛋儿，不得不蹲到水里，或者躲到已经穿好衣服的同伴后面。如果有人惹得我哈哈大笑的话，在滦河上碰到的那些拉船的纤夫可真让我笑了个够。但是我一直没能拍到一张真正漂亮的纤夫拉船的照片。我们这条船上的人显然觉得这样做会给他们带来麻烦。为了拍一张好照片，船就得在河心行驶。这样做很危险。离那些逆流而上的船越远越好。

有时候，山势后退一点，留下一块块平展展的土地。那土地之上总会有一座座看上去非常整洁的小屋。房屋周围有一垛垛摞得非常整齐的柴火。都是树枝。

有一次，我们上岸去买了一些柴火，因为船上的人都用树枝做饭，我的小炉子也需要树枝点燃木炭。从房子里出来的人都很脏，我也从来没见过这么丑的女人。一位母亲怀里抱着一个孩子，她的眼睛非常可怕。我断定，在中国许多盲人中，又要增加一个不幸的人了。她一看见我就躲开了，两个一丝不挂的小男孩也拔腿就跑。我用饼干引诱两个小家伙。他们的祖父或曾祖父——完全可能——饶有兴趣地看着我。因为几块饼干这样的小事，他和我建立起了友谊。我们微笑，大笑，相互点头，好像在说："是的，他们害怕很自然，但是我们——我们是见过世面的人——当然知道没什么可怕的。"然后他起身走了，不一会儿抱着另一个光头小男孩儿走到我面前。轻轻地拍打着，抚摸着，想引起我的注意，好像在说，这就是他心爱的小本杰明[1]。还有没有一块饼干给他呢？唉，我离开"文明社会"已经太久了，手头那点好吃的都给人了。此刻，连一块甜饼干也拿不出来，送给这位大山深处的老人和他最心爱的小孙子！想到这一点，我心里很难受。

一天早晨，我看见几个人在一块大石头旁的浅滩上钓鱼，立刻要求买一条。他们用鱼叉叉鱼，我们花五分钱买了一条大鲇鱼。我之所以知道是五分钱，是因为亲眼看到这笔交易。然后他们用芦苇穿过鱼鳃，把这个不幸的家伙挂在船边，在水里拖着一路前行。那时，我已经吃腻了鸡肉，兴致勃勃地夹起一小块鲇鱼送到嘴里，发现难吃极了。后来我在段先生记的账目上发现他把五分钱记成三角五分钱。我只能苦笑，心想花这么多的钱简直能把滦河难吃的鲇鱼都买下来。不过，船夫们还是高高兴兴地把这条鱼吃了个精光。我想，如果我的早餐、午餐和晚餐都是小米粥，或者一直饥肠辘辘的时候，能换换口味，吃条鲇鱼也求之不得。他们唯一的享受似乎就是段说的酸菜和一看就倒人胃口的咸萝卜。那玩意儿虽然被

[1] 本杰明（Benjamin）：在犹太教、基督教和伊斯兰教的传统中，本杰明是雅各十三个孩子中最后一个出生的，本杰明是雅各的爱子，被称为正义的小男孩，作者在这里比喻光头小男孩是那个老人最溺爱的孩子。

船上的人你一口他一口地咬着吃，但却能保存很长时间。

我们穿过一条又一条峡谷。河两岸的岩石高高耸立。中午，阳光直射在封闭的谷底，船里很热。每逢这时，草席搭建的篷子就让我倍感惬意。虽然篷子很低，就连我这样一个个子不高的女人也站不起身，直不起腰。但它能遮挡阳光，船夫划船的时候，微风习习，穿堂而过，甚是宜人。行船的时候也会遇到急流，一个接着一个的急流，但我不为所动，甚至不会感到丝毫的紧张。最糟糕的时候，湍急的河水冲得船头倒转。我不得不走到篷子外面，这当儿，鞋子、衣服难免被河水打湿。段一惊一乍，"当心！千万当心！"最糟糕的是他太过紧张，让人觉得我们宝贵的生命危在旦夕。这种急流漩涡被称为"野马涡流"。其实没那么可怕。我曾在西非的沃尔特河[1]上经历过比这更危险的急流。似乎没有人认为这有什么不正常。黑人并不像中国人那样对水根深蒂固地反感。我们这条船上的男人常常全身湿透，有时湿到腰部，这对他们来说实在太遭罪。因为有个女人在船上，他们不能像别的船夫那样脱光衣服，只能穿着湿淋淋的衣服干活儿。我也只能多给点赏钱，弥补心里的愧疚。

长城永远是奇观，虽然让滦河穿墙而过。在这里长城开了一个口子，但其壮美依然让人叹为观止。我们停了一会儿，据我观察，是段先生想让几个衣衫褴褛的人拔两只鸡身上的毛。或许他认为他这么一个"光鲜亮丽"的"绅士"不能干这种粗活。窄窄的河岸上白花花地落满鸡毛。节俭的中国人觉得什么都有用。不过扎完鸡毛掸子，就不知道该拿羽毛怎么办了。他们不知道做羽毛枕头。不过这一次，段自个儿赚了钱，却把他应该干的活儿交给别人去干的本事确实让我大开

[1] 沃尔特河（Volta）：西非一条较大的河流，由黑沃尔特河与白沃尔特河汇流而成。一般以黑沃尔特（Black Volta）河为源流，发源于布基纳法索共和国境内的博博迪乌拉索西南的低矮丘陵中，向东北方向流约三百二十公里之后折而向南，形成布基纳法索与加纳之间和加纳与科特迪瓦之间的界河。

眼界，只是我既没有觉得好玩儿，也没有特别生气。我的目光所及只有那一段长城——那高踞于其他围墙之上的长城——尽管许多地方已经倒塌。顺流而下的时候，看到长城与蓝天相接，在高山之巅绵延了一英里多。没有比那雄伟的长城更高的东西。而这条峡谷似乎需要特别的警戒，每一个山顶上都有一座瞭望塔。虽然现在都已经成了废墟，但一砖一石依然记载着这里曾经的守望和监护。在最高的山峰上巍然挺立着一座几近废墟的方形塔楼。夜幕降临，乌云密布，把那塔楼映衬得越发雄伟。因为我们是沿着山谷里奔流的滦河一路向前，塔楼总是遥遥在望，河水随着峡谷拐来拐去，塔楼时而在左，时而在右。暮色苍茫，锯齿状的闪电划破团团乌云，又一次照亮峡谷。那一刻，我忘记塔楼几近废墟，只是赞叹在那久远的年代，建造长城的人眼光独到，选择这样有利的地形建造了这座塔楼。烽火台上一旦燃起熊熊火焰，方圆百里都可以看见。我又一次想起他们发出的信号："蒙古人正沿河而下。满族人快到山上聚集。"

乌云密布，预示着天要下雨。果然，夜半时分，大雨倾盆而下。风雨交加的时候，我真不知道还有什么地方比小船更让人难受。草席能挡一点雨，但绝不像我希望的那样防水。我把我的巴宝莉风衣苫到床上，撑开雨伞，把所有能派上点用场的毛巾都拿出来堵篷子上的窟窿，然而雨水照进不误。从我的印花棉布"屏风"那边传来男人们的唠叨声。第二天，段告诉我，他们抱怨"没法做饭，没法晾干衣服"。我已经把炭炉借给了他们。可是它太小了，只能烤干"一点点衣服，一点点衣服"，段说。所以第二天早上，包括我在内的每个人起床后都满腹牢骚，为自己受了这么多苦而难过。我心里想，别人苦则苦矣，但至少在挣钱。可我图什么呢？我再次质疑奇怪的命运，让我吃尽千辛万苦，在这个世界上到处游荡。尽管有时候，我确实从中得到了乐趣。

然而，这是，全无乐趣可言的一天。船又向前行驶了一段，最后停了下来。

远山近水都笼罩在灰蒙蒙的大雾之中，总是普照大地的、北方明媚的阳光消失得无影无踪。段和船夫走过来，建议我原路返回。原因何在，直到现在我也没弄清楚。因为回去就意味着要逆流而上，还要有纤夫拖着船走。这比掌好舵顺流而下困难得多。我在中国很少自作主张，总觉得最好是让仆人或雇用的人按他们自己的方式去做事。但是原路返回实在太过分了。我清楚地告诉他们，这条船是我花钱雇来的，至少眼下属于我。我不会回去。

段用半通不通的英语喃喃着说，是想找个地方"变干"。看着那些冻得瑟瑟发抖的可怜人，我表示同意。但那个"地方"必须在前面，而不是后面。但是他们死活不愿意继续往前走，只好把船靠在河岸，四个人紧紧地围拢在小炭炉旁边，我真担心他们会被烟熏得窒息而死。我躺到床上，把羽绒被裹在身上，谢天谢地，我有它——一个睡袋和一件巴宝莉风衣。我使出浑身解数，躲避草席上掉下来的水珠，心里明白，比起他们，我舒服多了。最后雨小了一点，三个可怜巴巴的人把船拖到距离一个很小很小的寺庙不远的地方。他们在庙里生了一堆火，做了一顿热乎乎的饭。这时雨已经停了，几个人面带微笑，又高兴起来。

由于下了一场大雨，河水涨了三英尺。水流湍急，河水混浊，船的速度比以往任何时候都更快，当然要冒着撞上被洪水淹没的岩石的危险。我觉得山坡上所有的东西仿佛都被冲进了滦河。不是仿佛，就是这样。河岸上站着不少人，都在收集——不是漂流的木头，因为压根儿就没有漂木，而是漂流的杂草。他们用耙子和柳条编的筐子把水里的杂草捞出来，让水流得更顺畅。那些"残余物晾干了烧火"，段结结巴巴地说。天气阴沉、潮湿、灰暗、寒冷。沿着河谷顺流而下的时候，山峦渐渐退去，视野变得开阔，平展展的土地出现在眼前。我毫不怀疑，我们行驶在一个农业国，这场雨给这块土地带来诸多好处，但是随着连绵不断的山脉而去的是雄伟壮观的景色。冷雨洒在平坦的原野不会令人精神振奋。五点半之前吃完早饭，等待你的是漫长无聊的一天。我望着船老板一边掌舵，一边咬了一口又大又长的粉红色水萝卜，让自己打起精神。那萝卜看上去有欧洲防风草[1]那么大，看起来冷冰冰，令人生厌。我当然应该感谢命运没有把我生成中国工人阶级中的一员。

船老板有个挺大的钱箱，放在我的床尾。显然对我很信任。话说回来，我也打不开，因为它用挂锁锁着，就像我们挂在公园大门上的那种锁头。我当然也不能把它带走，至少不能在别人不知情的情况下带走，那是一个十八英寸见方的箱子。这个箱子让我想起巨大的财富，我一辈子也没有想到会赚那么多钱，需要这样大的一个箱子来装。如果有那么多钱，我就应该放弃写作，安安静静地养老。不过我赚的也不是铜板。

坐在船上，在滦河上越往前行驶，我就越想起巴比伦——随着罗曼史的消失，古老的巴比伦已经变得平庸无奇。我们在一个地方停了下来，一个穿蓝色衣服、戴着大草帽、又矮又胖的男人牵着一头毛驴朝渡口走过来。但他不属于任何一个时代。是活脱脱的一个桑丘·潘萨[2]。又来了一位骑着骡子的绅士，仆人骑着一头灰色的小毛驴慢慢地跟在后面。他穿着很漂亮的深色长袍马褂，仆人穿着平常老百姓穿的蓝布衣服。他们站在河岸上，仆人招呼渡船。费了好大劲儿，骡子和驴才上了船。船用篙撑到对岸。那条船和我这条船没什么两样，只是中间铺了木板，这样过河的牲口就不必走下来，再爬上去。毛驴上船下船的时候顺顺当当，好像它整天都在干这活儿似的。骡子就不一样了，那家伙很固执，动用了渡口所有人，包括段和我那条船的船夫，才把它拉下来。最有意思的是那个有钱的骑手，

[1] 欧洲防风草（parsnip）：是一种根类蔬菜，与胡萝卜和欧芹相似。它是一种二年生植物，长长的根茎有奶油色的皮和果肉，成熟后可以留在地里，因为冬天结霜后变得更甜。

[2] 桑丘·潘萨（Sancho Panza）：小说《堂吉诃德》中的人物，堂吉诃德的侍者。

观看龙舟比赛的人们

小吃摊

整个过程中他连一根指头也没动。他是真正的“巴比伦之子”。“让奴隶们去处理这些事情吧。”我想他一定会这样说。那里有一个小吃摊，有人卖油条。我的船老板若有所思地拿起一根，犹豫片刻还是放了回去。

“他不爱吃吗？”我问段。在我看来，油条比粉红的萝卜好吃多了。

“爱呀，”段说，“只是太贵了。”我想，我可以花两毛钱，大约五便士，就把小吃摊上的油条都买下来。看来老板的钱箱是个骗人的玩意儿。里面一定空空如也。

现在，山峦已退到朦胧的远方，急流险滩也已经杳无踪迹，我又回到中国北方的冲积平原。风清气爽，无数船只在水面上轻轻漂荡。夕阳在点点白帆上闪闪发光。船上的人很多，有不少女人。段告诉我今天是端午节。

夜幕降临，我们终于来到滦河港，我的滦河之旅结束了。

第十九章　巴比伦的河港

拿回扣的问题——吃油条的船夫——遭难的人——牛车——史前的轮子——颓废的人——乞丐——扮演一个角色——端午节的庙会——赏钱。

人们告诉我，不必谈论巴比伦河港。因为巴比伦是一座城市不是一个国家，那里没有河港。但是在久远的过去，美索不达米亚谷[1]沿河岸一定有人带着他们的农产品，聚集在某个小地方。我想那地方一定很像直隶省的滦河港。就这样，我在六月一个风清气爽的傍晚来到这里。

太阳就要落山了，我问段晚上到哪里去住。他认为，旅馆肯定客满，因为乡下人都来过节。说实在的，我对旅馆并不感兴趣。我情愿待在船上，即使下雨的时候，雨水会从草席缝隙漏进来。我只是在想，段和船夫们会不会认为我在船上原地不动太不体面了。我最怕蟑螂，天知道六月的旅馆里，又会有什么东西让我大开眼界。显然，段并不认为这样做有失尊严，船夫们当然求之不得。

---

[1] 美索不达米亚（Mesopotamia）：底格里斯河—幼发拉底河水系地区的名称，青铜时代的美索不达米亚被认为是西方文明的摇篮。

“你给他一块钱。”段建议说。一块钱相当于一千枚铜钱。一千枚铜钱，我想大概可以装满他的钱箱了。他得到了那一块钱，因为我是亲自交给他的。段从他手里榨出多少钱我不得而知，但我敢肯定他拿了“好处费”。因为在中国拿“回扣”是不争的事实。

有个女人曾经告诉我，有人曾经试图让她拿“回扣”，而且金额很大。

她是一家医院的院长，一个很有魅力的年轻女人，经常和离她最近的火车站的铁路机车负责人一起出去兜风。中国人注意到了这一点——他们显然特别留意一切与他们有关的事情。一天，一个衣着讲究的中国男子来找她。他是“上等人”，站在起居室门口，连连作揖，鞠了三躬。

“有何贵干？”她问，她以前从来没有见过这个人。

他的英语说得几乎和她一样好。他说，嗯，事情不大，她可以帮助他……是的……他也可以帮助她。

她惊讶地看着他。“可我不认识你。”她说，有点摸不着头脑。

原来是石油的事儿，他终于说到点子上了。众所周知，发动机需要大量的石油，而他有几千吨石油要出售。

“可是这和我有什么关系呢？”女院长更加惊讶地问。

他又鞠了一躬。“你是……的好朋友。”

“你怎么知道？”

“哦，对不起，”他把手放在胸口，“中国人什么都知道。你可以帮我。”

“怎么帮？”她仍然疑惑不解。

“你跟……先生说，让他买油。”他讨好地看着她。

她盯着他，不知道该生气还是不生气。

“我和‘火车头’没有任何关系。”

“哦，不过你会得到报酬的。”他边说边从左右两边的衣袋里掏出两个沉甸甸的包，放在写字台上。她还是不解其意。

“这是给你的，”他说，“希望你在他面前美言几句。”

“怎么，你是要贿赂我？”院长愤怒地说，直到这时才突然明白他的真实意图。

他一副低三下四的样子。“谁都这样做，”他说，“其实我也不喜欢这种做法。”

“嫌少？”他说，“这是五百五十块钱。”他满腹狐疑地看着她。“好吧，”他若有所思地说，“我可以再给你两百块，我有很多油。”说着又拿出一袋银子。摆在桌子上的钱超过她六个月的薪水。

“可是假如……”她好奇地说，“假如那位先生不听我的话呢？”

“那就太遗憾了，”他又深深地鞠了一躬，“不过我想不会。我有好多油。我冒着风险呢。”她生气地站起来。“拿走，”她说，“拿走！你怎么敢贿赂我！”那人只好把钱拿走。他可能对她的薪水了如指掌，觉得她这样做真是个傻瓜。

我不知道段是否事先吃了回扣，但我知道三个船夫第二天早晨都吃了油条。这是我亲眼所见。段笑着告诉我，“密斯给了他们钱。吃得起了。”我很高兴我没去住店，省下的房钱让他们吃一顿油条。

我醒得很早。不到四点半，就起床了，穿好衣服，从我的小帐篷里望去，是一排排靠在岸边的双座板的小船。太阳和我一样起得很早。船上的大多数人更是天不亮就已经起床。这几条船和我顺流而下坐的那条船没有两样。只有一根桅杆，船中间有个遮阳的篷子。船上的人和我们一样，都被那场大雨浇成落汤鸡。我从来没有见过这样一个全体人马都出来晾晒东西的场面。所有的帆，所有的垫子，破破烂烂的被褥，大部分衣服都得晒干。蓝色的外套和裤子要么挂在树枝上让风吹，要么铺在草地上让太阳晒。我认识的所有那些可怜的人，显然都在双座板小船上受尽了苦难。河岸上到处都是没膝深的泥浆，不过因为是沙土，很快就干了。

到六点钟，岸上的人们已经忙得不可开交。附近搭了戏台，集市也已经开张，不过该办的事还得办。船夫们都还留着辫子，所以理发师很忙。在船上不可能剃头，就连平常很注重仪表的段也是满头乱发。这天早上，我吃早饭之前，他们就上岸闲逛去了。岸边是一道道纵横交错的、很深的车辙。许多大车向小船驶来，然后又离去。还有一辆辆牛车，每辆车只有孤零零的一头牛拉着，但是像驾辕的马一样套着各种挽具。看惯了澳大利亚动辄十头甚至二十头公牛套着一个木轭拉的运货大牛车，这情景让我十分奇怪。此外，还有骡车和骡子、牛、矮小但颇有耐力的毛驴“混合编队”拉着的很重的车。车上装着各种各样的货物。有人们从船上卸下来的谷物，有堆在河岸的石头。这些石头用来建造中国人喜爱的风景如画的园林，铺设庭院小径，有时也用来建造房屋。此外还有从山里砍伐的柳树。这些东西成堆成堆地堆放在河岸，人们用竹扁担一点一点挑走。回程的船也装满了东西。我看到的有盐和他们用来糊窗户的薄薄的白纸。纸张当然比玻璃更便宜，更便于运输。还有棉花、棉布。最贫穷的山民也总得穿衣服、御风寒呀！因为正赶上端午节，许多船都挤满了乘客——那些大清早就起来开始为生计忙活的人，许多小脚女人和脑袋剃得溜光、只剩下一小绺头发编成“朝天辫”，在头顶晃来晃去的小男孩儿。所有的人都穿着最好的衣服。就连站在树下让我给他拍照的那位先生，也戴了一顶漂亮的黄色草帽。我真想知道，多少个世纪以前，那些挤在美索不达米亚河边的穷人，和他有什么不同。唯一具有现代色彩的是河边小镇后面的火车站和一列列火车，还有横跨滦河的大铁桥。现代文明来到了巴比伦，虽然仅仅触及了古老文明的表面。人们坐着靠笨重的木头轮子驱动的大车来过端午节，就像远古时期的轮子载着他们的祖先大驾光临。可能是三千年前。骡子、牛、驴拉着的车有的罩着蓝色布篷，有的用草席搭个简单的篷子。篷子打开后，车上下来的女人带着油纸做的雨伞。偶然能看见在欧洲常见的款式。大车挤得很近，因为来看热闹的女人很多，大多数人只能摇摇摆摆蹒跚而行。对她们来说，长时间远行根本不可能。她们是乡下人？不是。我又清楚地看到这一点。她们也许犹如农奴时代的女人，但不是乡下人。这是一个非常文明的民族，比坐在裁判席上冷眼旁观的我文明得多。但文明到衰弱和疲惫，每个女人都无法自立！

她们挤在戏台旁边，露天舞台上正在上演戏剧。周围还摆满了小摊。在可能成为买家的人中有一半都拥挤在这里的情况下，卖东西的小摊贩不可能“分散经营”。我以前从来没见过这么多有钱的中国女人聚在一起。她们穿着精工刺绣的、华丽的绸缎衣服，精心梳理的头发用鲜花装饰，脸上涂着脂粉，唇边挂着一丝淡然的微笑。现代巴比伦可怜的妇女们，裹着小脚，走起路来摇摇晃晃。看到那些乞丐，反倒让人松了一口气。他们中的许多人衣衫褴褛，蓬头垢面，大声抱怨着自己的痛苦。在中国，每个人都恰如其分地扮演着自己的角色。乞丐们大声呻吟，女人却不会表现出对于童年和青年时代遭受的痛苦与折磨，以及这种折磨造成的后果的任何怨恨。

我有足够的时间去观察一切，火车十一点才来。天太热，没法在阳光下长久待着，我便走到站台上，在树荫里坐下，结果成了一景，和那边热闹的集市“相映成趣”。好多人围拢过来看我这个外国女人。一股被我一位朋友的仆人称为“有一点点臭”的气味在我鼻翼间缭绕。最后火车站的警察，实际上是守卫铁路线的士兵，不得不挥舞着拔出来的刀，把人们赶走。我尽可能对他解释说，其实我不在乎被人看。他们一定生活在不可能看到外国人的偏远地区，走了很远的山路才来到这里。看也无妨，只是必须有足够的空气让我呼吸。

段去买了车票。我想，我们七点钟就到北京，到了北京就各奔东西。他一定觉得在一起的时间不多了，便提出了自从离开传教站，他一直憋在心里的问题。

“密斯给传教站仆人赏钱了吗？”

“混合编队”

徒步者

现在赏钱成了一个难题。

我走之前，女主人曾经对我说："我知道你要给他们赏钱。我不妨告诉你，如果客人不给，我们也要给的，因为仆人们总是希望得几枚赏钱，我跟你说这事儿，是求你不要给得太多，而且要通过我们来给。事实上，厨子昨天晚上回家过节去了，我们给了他八毛钱，说是你给的。"

"八毛！"我真担心那些仆人会认为我太小气。但女主人在这个问题上的态度很明确，也很坚决。大多数客人不可能给得太多，所以他们非常不想开这个先例。该怎么办呢？我本来可以通过段先生弥补一下，转念一想，他这个人靠不住，对于那些曾经对我那么好的人，他不会给予合理的回报，所以我不得不放弃这个念头。

"我给了密斯钱，她替我给。"我对段说。

"啊！"这位"精英人士"说，仿佛他已经满意地解决了自己心里的一个疑问，"仆人说密斯给了八毛钱。我说，那不会是我们密斯。她给五块、十块。总是五块、十块。八毛钱是你们密斯给的！"

回北京的路上，火车穿过平原，穿着高粱碧绿的青纱帐。我很难过，心里想，传教士一片好意，我却将他们"陷于不义"。那些仆人一定以为他们把我给的赏钱装到了自己的腰包。

但我很高兴回到北京；很高兴不必再和传教士一起思考中国人的灵魂需要拯救的问题；很高兴又回到我那些普普通通的同事中间。他们世俗、自私，总是想着喝威士忌、苏打水，总是考虑自己的享受，虽然在我们周围，还有几亿人生活在水深火热之中。我们大多数人无法生活在传教士那种"曲高和寡"的氛围中，无法为那些不爱也不能爱的人无私奉献，并不断地牺牲自己、克制自己。

第二十章　中国仆人的行为方式

炎热的北京——月光照耀的墙——唐山——“你忠诚的送奶工”——女主人的目光——小城堡——以防暴乱——卧佛寺——逃跑的新娘——三山庵——“我自己”寺庙的庭院——行李不见了——翻译官——患难见真情。

我想，大卫似乎匆忙中说过，人都是骗子。我想他说得没错——如果他的意思是，谁都可能发表过轻率的言论，就像他之所为那样。但愿我说的，“夏天的北京是世界上最热的地方，连西非那块饱受诟病的土地和它相比也是小巫见大巫”就是这种不负责任的言论。然而闲暇之时，想起那大约六个星期的酷热，我还是觉得难以承受。我怀疑是因为住在城墙高耸的石头房子里才会这么热。如果在露天睡觉，就不会得出这样的结论了。我睡觉的时候，大敞着两扇窗户，开着电扇，仍然难以成眠。因为北京的护城河和一条条穿城而过的排水沟滋生的蚊子“极具攻击性”，所以必须钻到蚊帐里才能睡觉。如果有人认为安了防蚊的纱窗和纱门的房子犹如不透气的“死亡陷阱”，那么让他试试在蚊帐里睡觉，同时寄希望于电扇吹来一丝凉风的滋味儿。睡在蚊帐里确实将一半的空气“切割”在外面，但是白天打开蚊帐的时候，床上的空气又变得新鲜。可是那种安着纱窗、纱门防蚊子的房子空气却很难流通。

既然要在“空气少”和“蚊子多”之间做出选择。我便选择了“空气少”。睡觉时我通常会把一个盛满冷水的深汤盘和一块挺大的海绵放到床边。毫无疑问，床会弄湿，但这样做，也有它的好处。

我没有离开这里，因为南北战争爆发了，没有人知道到底会发生什么。倘若处于风暴中心，因为离得太近，即使比我睿智的人也会“视而不见”。有一次，有谣言说南军要进攻北京，按理说，这种爆炸性的新闻一定会使人兴奋激动。但在京城，虽然颁发了戒严令，却没有什么令人兴奋的事情发生。于我而言，唯一喜欢做的事情，就是在月光皎洁的晚上，坐在城墙上，极目远眺。凉风习习，月华如水，雨后的萤火虫飞来飞去，平添了一种神奇的色彩，一种如入仙境的感觉油然而生。

我虽然从来不习惯于抱怨天气冷暖，总是“逆来顺受”，但北京的天气实在太热，最终我还是接受了唐山一个朋友的邀请，去那里避暑。唐山是一个铁路枢纽，那里有一座著名的煤矿和由能力和效率都很高的德国人建的大型水泥厂。

在唐山，我住在朋友们为了保护自己建的院子里。院子正对大门有照壁——中国人的四合院正对大门都有这样一堵墙，目的是挡住想进来、但只会走直线的凶神恶煞。我觉得非常有趣，拍了一张照片。院墙周围，有一座座岗楼，由铁路员工日夜守卫。

我一向喜欢住在“城堡”里的那种感觉。总觉得那是人们创造历史的地方，但是我发现，其实最重要的还是眼前的小事。朋友的仆人们对我来说永远是“开心果”。他们常常给她写信。有一封特别好玩儿，是一位送奶工写的，我一想起来就乐。一个“狡猾的”厨师误解了他，他希望再次博得厨师的欢心，于是写了一封信，还潦潦草草地签下自己的名："你忠实的送奶人"。之后，他把牛牵来，当着买奶人的面挤牛奶。或许只有中国人才能想出这种办法：他把一瓶水藏到袖子里，一边挤奶一边让瓶子里的水顺着胳膊慢慢流下来，结果把牛奶稀薄的责任都推给了奶牛。然而，即使这头牛的冤屈被洗清，又有谁知道水是从哪儿来的呢？谁又知道那水从"送奶人"的手臂上洗下多少污垢呢？不过，尽管那个送奶工的签名温情脉脉，再也没有人敢信任他。还有一个人离开之后又要回来，希望能在我的朋友这里找到一份看门人的工作，月薪六块钱。他先写信来，并用半通不通的英语热情洋溢地签名："你自己的阿福"。这个等待"加冕"的仆人是个讨人喜欢，但又不是那种刻意献媚的人。我的朋友第一次雇他的时候，家里正好有条小狗。她意识到中国冬天对一条小狗来说太冷，所以必须给小家伙弄件小外套。可是如何做这件外套，却没有主意。这时候那个仆人给她出了个主意。

火车站一位先生有条狗。"马库斯，"仆人说，"有两件外套。"

"哦，我们借一件，照着做不就得了。"女主人说，似乎放下心来。

"我寻思，"仆人压低嗓门儿，神神秘秘地说，"密斯最好不要还回去。"说完看着女主人的脸色，想弄清楚她是否理解了他的好主意。

"哇！亏你想得出。"

"马库斯有两件外套呢！"他又说了一遍，不无责备之意。

他之所以有此动议，是因为听人说，倘若有人向马库斯的主人借外套，并且再三保证一定归还的时候，健忘的主人就老老实实地说，如果偶尔在账本上看到马库斯的外套，他总是立刻支付，而以为那件旧的已经穿坏了。或最多想到旧的是不是给了某个朋友，甚至朋友的仆人。我们这位仆人犯了一个错误，他太信任女主人，太为她着想了，他本该让她花钱去给狗买一件外套，却出了这个馊主意。

不过，这当然是小姐太太的问题。和男主人比起来，她们凡事总爱刨根问底。

位于唐山的一处堡垒

宅院入户处的图案，唐山

从前有个脾气暴躁的人，总是对仆人发脾气，虐待他，不高兴的时候还打仆人。然而，让所有朋友吃惊的是，那个仆人居然还能容忍这位态度粗暴的主人，并且把自己变成一个非常出色的仆人。不久，男主人结了婚。令他吃惊的是，不到一个月，那位对他忠心耿耿、吃苦耐劳的仆人就找他要辞工。

“为什么呢？”主人十分惊讶地问。

“挨打。”仆人说。

“可是……可是，”那人说，“我以前打过你十几次，你也没有抱怨过，现在为什么辞工？”

“以前，”仆人一本正经地解释道，“东家打我之后，买糖的时候，我可以扣下一块钱，买面的时候，也可以扣下一块钱。现在密斯来了，不行了。我得走了。”

他不介意挨打，只要主人肯付钱。但是当爱寻根究底的女主人总是查问她从未用过的油盐酱醋之类的杂货上哪儿去了，他就不愿意在这个地方再待了。甚至连男主人，也不想伺机报复了。或许这是他们的行事方式。

这些故事都是朋友们在被他们当作“城堡”的房子里讲给我听的。他们曾经坚守在这里，直到军舰派来保护他们的水兵。一旦军人来到这里，就不再有危险了。担惊受怕的成了那些倒霉的乡下人。年长的水手同情也理解那些无辜的平民百姓，但是顽皮的年轻海军军官候补生却吓唬这些“可疑的”敌人，并且以此取乐。

“来者是谁？”

“是我……”苦力哆哆嗦嗦回答道，想赶快从旁边溜过去，生怕他们手中细长的步枪朝他开火。这些可怜的农民仿佛挤压在两扇磨盘中，苦不堪言。外国人来了，向这些压根儿没招惹过他们的人报仇。一旦发生战争，受苦的总是这些无助的农民。其他阶级的人可能也会遭难，但农民绝对逃不过任何一场浩劫。

他们——那些在中国定居的外国人——对于自己的安全并不像在英格兰的乡村城镇那样有把握。他们来喝下午茶，打网球，男男女女，一群轻松愉快的人，一副及时行乐的样子。然而事情总有另外一面，总有“某种可能”悬在头顶。一如既往，周围都是温顺的、卑躬屈膝的人。然而——谁能保证不会发生一些意外呢？聊天的时候，人们虽然不明说，但是话头话尾时不时会冒出几句“潜台词”，让人觉得为了防止万一，大家都在为“意外”做准备。

有一个女人把一箱衣服存放在天津。

“真奇怪，你居然不知道，”她看着女主人说，“不，亲爱的，难道你忘了我喝咖啡从来不放糖……谢谢！你应该想到这一点……危难时刻如果不得不匆忙离开，却发现没有衣服穿，那真是太尴尬了。”

另一个女人笑了，但看起来非常认真。

“那不是要担心的第一件事情。瞧，他们占上风了，”她插嘴道，似乎对打网球更感兴趣，“那个年轻的女人一定会成为漂亮的选手。不，我想的是，他们选择坚守的地方太远了。你还想到天津穿衣服吗？一旦出现意外，我可不敢保证，离开家你还能不能平平安安走完这一英里半。我要走的路就更远了，还得带着两个小孩。你为什么不叫你丈夫去……哦，他们打完了！我们还有时间再打一局吗？”

“已经六点多了。”

“天哪！该给宝宝洗澡了！我必须走了。跟你丈夫谈谈，换个地方吧。亲爱的。他说话很有分量，很有影响。”

“不，我可不想再坚守什么地方了，”女主人说，又想起过去的事情，“一有风吹草动，我就乘火车到天津去。”

“可是假如不能及时离开呢？”

“嗯，当然……这种可能不是没有的，”她若有所思地说，“中国人在挖铁路方面可是行家里手。”

我仔细聆听，终于明白人们是如何习惯于未雨绸缪，防患于未然。

“如果袁世凯出了什么事……”当然，这不仅仅是一种可能，而且可能是一场危机。人们都希望袁世凯不要出事儿。如果他真的出了什么事，也希望不像他们担心的那么糟糕。倘若最糟糕的事情真的发生了，希望他们幸运，不会不知所措。这是人性，至少是人性的一面。正是人性的这一面使得英国成为一个扩张殖民的国家。秋天来了，这是北方的金秋，灿烂的秋天。回到北京，我决心找个地方欣赏它的美丽，写这本出版商希望我写的书。大多数人似乎认为写书没什么了不起。有足够的时间，有笔、纸、墨水就够了。“你只需按下快门，剩下的事情我们做。”某相机制造商承诺。但我觉得写作或拍照都不是那么简单的事情。这两件事情，我虽然都轻车熟路，但只能一个人安安静静地去做。可我偏偏是个喜欢交际的人，喜欢和周围的人交谈，和他们交换对事物的不同看法。这样一来，就没有足够的时间和精力去写作。任何一个在中国写作的人，任何一个被感动、拿起笔来试图描绘、阐释这个国家的奥秘的人，都想在西山的寺庙里写作。我也不例外。从北京城可以看到西山绵延起伏的轮廓。西山召唤着我，去寻找一座寺庙。要做到这一点很容易。因为北京“公使馆”的人们夏天到山上避暑。到了秋天，就下山回城里享受繁华的都市生活的乐趣了。

我首先参观的是卧佛寺，这座寺庙有很多庭院，里面有一尊佛像正在安详地睡觉。这座巨大的青铜雕像是和平的象征。他当然身着长袍，只有脚赤裸着。忠实的门徒给他带来许多鞋子。大殿旁边一排排的架子上摆满了鞋子。有的非常大，足有三四英尺长。有的很小，按照普通中国人的时尚用绸缎制作而成。还有一些用纸做的鞋，非常漂亮。这些精工制作的鞋真假难辨。至于闭着眼睛的佛陀，更不可能一看究竟。他当然不可能去穿鞋，因为他的两只脚紧紧地贴在一起，这是一个酣睡的人的脚。那个熟睡的身影似乎在说，这里安谧平静，没有烦恼，没有焦虑。

但是，世界上哪能没有烦恼？所有这一切，一样都不少。

从北京到卧佛寺大约需要三个半小时。我先坐人力车穿城而过。然后从西北门——西直门出城，还是坐人力车到了颐和园。之后，骑着毛驴走完剩下的五英里到大山深处。我不喜欢骑驴，跨坐在驴背上极不舒服的中式马鞍上颠簸五英里累得要死。就在我觉得这样活着真没意思的时候，到达了目的地。走进寺庙庭院，一眼看到台阶上站着一个小女孩儿。她穿着生活较为富裕的人家女孩子平常穿的衣服——和男人一样的外套和裤子，只是外套领子很高，一直贴到脸颊。因为她是未婚女子，头发拢到脑后，编成一条辫子，很像英国女学生的打扮。她不无羞涩地向我打了个招呼，喊她的英国朋友出来。她这位朋友是个英国女人，租了这个院子，住在这里画画。这位女士第二天要回北京。她非常友好地邀请我和她共进午餐，给我讲了这个中国女孩儿的故事。她实际上是藏在这儿逃婚的。几年前她跟一个素未谋面的男孩订婚，今年是履行婚约的时候了。但是年轻的中华民国已经开始认为，国民有权利反抗当事人连表示不同意见都不行的包办婚姻。男孩子因为反对父母包办而逃婚虽然不是什么好事，但似乎问题还不大。因为他不在的时候，只需一只公鸡就能代替他的位置，轻而易举地与新娘结婚。但即使是中国人，结婚也不能没有新娘，所以姑娘只能一跑了之。现在结婚的日子已过，婚约尚未执行。可怜的小女孩！令我惊讶的是，一个如此害羞安静的小女孩竟然有这样大的勇气违抗家长的权威逃跑出来，尽管她已经发现未婚夫和她一样反对这桩婚事。她松开了裹脚布的束缚，仿佛宣告她的自由。不过，唉，她的足弓已经断了，只能变成扁平足，但这总比像她一样的大多数女同胞强，不必用脚跟撑着僵硬的双膝走路。那个对她非常友善的英国女人建议，既然我正在山上找一座庙宇，就应该给她避难所。她的建议很好，但是要照顾一个无助的中国姑娘，不是件容易的事情。我咨询了一位在中国待了多年的朋友，他的态度很明确。

“不行，不行，那可不行！在中国，除非年过四十的女人，否则不要和她打交道。你不知道会给自己带来多大的麻烦。中国女人！”他摊开双手。看来，与世隔绝的生活并没有为她们赢来应有的同情。

然而，正当我考虑如何办的时候，一个北京女人介入了这件事。她比我更善良，也没有我那么小心谨慎。一位朋友告诉我，那个小姑娘已经找到避难所。她的运气比成百上千的同胞都好。没错儿，她或许没有太费力气就迈出了这一步，但是距离真正的解脱，她还有漫漫长路要走。

我总是在谈论中国妇女的状况，这似乎成了一件念念不忘的事情。毕竟当你思考、探究一个国家的时候，占其人口半数的那个群体当然会不时出现在你的面前。“中国妇女，”有人说，“是自我贬损的过时的情人。”对一个民族这样的评论我不敢苟同。在西方人眼里，这是女性屈从和无知的标志。

女人如果生不出小孩，那就为自己书写了一生的悲剧。可是新婚的女人如若怀上第一个孩子，会非常害羞，甚至对自己的丈夫、婆婆都难于启齿。这时候，她会戴上手镯，于是家人知道这个女人，至少开始完成她接续香火的使命了。我希望在卧佛寺见到的那个女孩儿能嫁给自己选择的男人，无须盘起长发，在脑后挽个发髻，无须用戴在手腕上的镯子向世人宣示有孕在身，而是和丈夫一起骄傲地展示他们爱的结晶。我不认为她身上会有任何“自我贬损”的东西。但是我没能在卧佛寺住下。基督教青年会已经租了那里面的房间。再加上一路骑驴的辛苦，便打消了这个念头。我宁愿走得更远，远离外国人曾经去过的地方。我可以在九月份挑选寺庙。后来，我在另一条山谷，世界上最可爱的山谷之一，找到了三山

三山庵的塔

三山庵的山谷

从庙宇看到的景色

瞭望台下的塔

庵[1]。

三山庵只是一座小庙，中间有一个院子，还有两三个小院子。我同意以每个月二十八块钱的租金租了下来。我还雇了一个厨师和一个仆人。仆人的英语凑凑合合，厨师一句也不会。两个人的工钱每月二十四块。比我付给那位自命不凡的段先生一个人还少六块。九月的一天，仆人和厨师坐着两辆大车，载着我的“家当”向三山庵驶去。我自己坐火车，在西山第一站下了车。

我提前做了点准备。因为不懂中文，也预料到这一路不会碰到懂英语的人，就把寺庙的名称用中文写在一张纸上。下了火车之后，没太费劲儿就在因为好奇围拢过来的人群中找到一个识字的人。这群人对我下一步的行动很感兴趣。他们立刻带着几个男孩、牵来几头驴让我选择。我费了很大劲儿向他们解释，我不需要驴子，只需要一个向导。一个衣衫褴褛的人似乎明白了我的意思，他胳膊上挎着一个筐子，手里拿着叉子，正在捡粪。

他一把抓起我的公文包和所有行李，领着我出发了。失望的男孩牵着驴子跟在后面，他们不敢相信这个外国女人真的会跟在一个捡粪的男人后面步行到三山庵。我是一个从来不以自己的所谓尊严为傲的人，但此刻必须承认，这实在是一支太过卑微的队伍。那个公文包是我唯一的妹妹送给我的临别礼物。现在，拿在得意扬扬的捡粪人那只脏兮兮的手里，突显出它的华贵、文化品位，但又特别刺眼。我真不忍心拒绝那位老人的好意。能抢到这活儿，他那么高兴。我们走了一个多小时，脚下的路虽然崎岖不平，但平展展的田野一望无际。高粱堆放在打谷

[1] 三山庵是北京八大处风景区中的第三处。三山庵是八大处的第三处寺院，创建于金天德三年（1151 年），距今九百余年。山门面朝东北，是一座布局精巧、构筑工美的四合院落。因地处于翠微、平坡、卢师三山之间，故名三山庵，俗称麻家庵。清乾隆二十八年（1763 年）重建。三山庵原是三圣庵，最初供奉刘、关、张三圣，后来只供关公。

场上，人们都在炎热的秋日里干活。

东方的打谷场让人想起路得[1]和波阿斯[2]。也许这些人和很久以前在犹大的打谷场上干活儿的人没有什么不同，只是他们肮脏、贫穷，不像我们描绘的摩押人那样美。天儿很热，离那座山不远的时候，我有点怀疑我们走的方向对不对。

“三山庵儿。”向导说，他又重复了一遍，我越来越怀疑，因为我当时不知道山里人说的“三山庵儿”就是有文化的人说的“三山庵”。北京人说话喜欢用“儿化”音。“向导”把工作和“娱乐”结合起来，或者更确切地说，他把工作结合起来——每当遇到一堆马粪或者牛粪，他就一丝不苟地把它收集起来。这当儿，我就耐心等待着。最后我们来到一条林木茂密的山谷的入口。这样的山口在中国难得一见。我们走上一条铺着石板的崎岖不平的小路。估计这条石板路一定是两百年前，或者更早的时候铺设的。陡峭的小路旁边有一块墓地，小路两边的树木已经染上秋天的金黄。我们到达一块石头垒成的高高的平台，穿过一片浓荫蔽日的树木，走进一道大门，眼前出现一个四四方方的青砖铺成的院落，院子四周是平房，四棵松树在深蓝的天空下，扬起深绿色的枝条。我见过很多寺庙的庭院，而眼前这一个，从某种意义上讲，是我自己的。在中国，神仙乐于接待客人，不过并非免费，客人总得花钱。

然而，这是我租的那个庙吗？

我的心一下子沉了下去，意识到自己做了一件多么愚蠢的事。根据以往的经验，我原以为一切都会顺利。可今天，从一开始，就出了问题。我知道已经无能

[1] 路得（Ruth）：生活在大约公元前1100年的一位摩押族中东女子。以色列历史上的英雄人物大卫王的曾祖母。

[2] 波阿斯（Boaz）：根据《圣经》记载，波阿斯是一个大财主，他的一位亲戚拿俄米和儿媳路得两个寡妇，到他的地里捡麦穗。他知道她们的困难以及路得对婆婆拿俄米的忠心之后，很受感动，邀请路得与他的工人一同吃饭，还故意留下麦穗让她拾取。后来为了帮助拿俄米，波阿斯娶了路得，尽显其善良之心。

为力了。两个身穿蓝色衣服的苦力，年纪很大，非常非常脏，一边望着我，一边对我的向导含混不清地说着什么。向导则毫不含糊地问我要他的赏钱。但我没看到那两辆运送我东西的大车。

那一刻，我非常担心自己孤身一人会出什么事呢，我甚至怀疑可能被带错了地方。人们打桥牌时，如果心存疑问，会努力打拼，为胜利而战。此刻，我决定必须装得若无其事。付了向导的工钱，看着他渐渐远去的背影，却不像我希望的那样高兴。我看了看这座庙。有一个大房间，决定将它当客厅——如果这真的是我租的三山庵的话。因为它有一个小阳台或者可以称之为“瞭望台”的地方。这个“瞭望台”在山崖边，俯瞰那一片墓地和远处的平原，离北京直线距离大约十二英里。秋高气爽，看得到巍峨的城墙。我懊恼地想，即使能从那座城市得到帮助，如果这不是我租的那座庙，有一百个房间也没用。

中国寺庙的家具很少。所有的房间都铺着石头地板，门窗都朝院子里面，而不是朝院子外面。所谓家具只是常见的炕，两个橱柜，三张桌子和三把不舒服的中式椅子。我租了一把安乐椅，一盏灯，还有早就准备好的露营装备。可是这些装备怎么不见踪影了呢?

那些人说的话我一句也听不懂。但是他们看起来很友好。我想，他们很可能很友好。现在也只能任由他们摆布了。一个脏兮兮的老先生头发蓬乱，脑后拖着一条细极了的辫子，走过来打量着我，那目光无疑让人感到不安。我无事可做，走进去瞻仰殿里的神。大殿和圣坛上的塑像都布满灰尘。旁边有一口可以发出悦耳声音的大钟，我敲了一下，钟声在空荡荡的院子里回响，凸显了我的孤独和无助。这是我要住的三山庵吗？如果不是，我该上哪里去呢？除了步行，没有别的办法回北京。而且即使到了北京，城门早就关闭。据我所知，山里已经没有外国人了。我走到“瞭望台”，向平展展的田野望去。老人又走过来看着我，我越来越不自在。午餐时间已经过去很久，下午茶的时间来了又去。九月底的深山老林，中午天气很暖和，可是到了晚上，就越来越冷。我只穿了一件白色的棉布长裙。即使在最好的情况下，能睡在冰冷的石头上，也会苦不堪言。当树影变长，太阳落山的时候，我真想大哭一场。

就在这时，哦，天哪！就在我站着的“瞭望台”下面，山坡上传来一个声音，毫无疑问是美国人说话的声音。我吓了一跳，可是就像闪电，只一刹那，惊恐化为乌有。我定睛细看，只见一男一女在暮色中悠闲地散步。他们都没戴帽子，显然就住在这里。我立刻忘记我曾经那么害怕，朝他们喊了起来。

“这里是三山庵吗？”

“没错儿。”那个男人惊讶地抬起头。

哦，不管怎么说，我没找错地方，立刻松了一口气。觉得刚才那么害怕，真是愚蠢。可是马车上哪儿去了呢？

那位陌生人说，他们几个小时前就该到了。说完就跟我道了别。我又等了一会儿。虽然心里很不舒服，但不再害怕，至少天黑之前不会有什么问题。不过我必须承认，这个地方对我来说怪异而又可怕。太阳已经落山，月亮还没有升起，微风从松枝间飒飒吹过，黑暗中充满了各种奇怪、神秘、无法解释的声音。天气很冷，很冷，而且离天亮还有十一个小时。

正当我又坠入绝望的深渊时，院子里传来一阵响动，一盏灯笼在松树枝上闪闪烁烁，黑暗中传来那个美国人和善的声音：

“我想最好来确认下你的行李来了没有。”

“连影儿也没有。”我不知道我的声音里是否充满宽慰。

“哦，这儿的人已经告诉我了。他们一直替你着急呢！”

显然，这就是那个脏兮兮的老先生一直跟着我的原因。我从来没有想过这些

庵中庭院

三山庵的午餐

人会为我着急。我从这件小事看到中国人善良的、人性的光辉。

“也许你可以跟我一起走，”这位新朋友继续说，“我那里有两个从天津来的女士。今天晚上她们会尽力照顾你的。”

上帝保佑他，上帝保佑他！我真想拥抱他。谢天谢地，我当然要跟他去。他提着灯笼，领着我走过一条陡峭、崎岖的山路，来到了他住的庙。这个庙比我租的三山庵大得多。

“我以为山里没有外国人了。”我边走边说。

“我下星期走，”他说，“但我喜欢这个山谷。除此之外，世界上只有一个更可爱的地方——我出生的地方。”

“在哪儿？”

“德拉瓦河谷。这些人，”他继续说，“听到我要带你到我住的那个庙里过夜，都松了一口气。”

我再次感谢他，他和他的朋友确实是我的患难之交。“我没法像你那样让他们明白我的意思。”我无可奈何地说。

“哦，我应该让他们明白我的意思呀，”他笑着说，“我是翻译官。”

他算了一下时间，估计我雇的那辆马车从北京打个来回的时间都够了。所以，他们很可能走错路，进了另外一条山谷。他和他的朋友们好吃好喝招待我，安慰我，我都可以拿自个儿的困境开玩笑了。就在我们要吃完这顿很好的晚餐时，阳台上——我们在那儿吃饭——出现一个情绪激动的人。原来是我的仆人。他手里端着一支蜡烛，烛光忽明忽暗，我差点儿没认出他来。

他讲了一个颇为“凄惨”的故事。按照他的说法，从北京到西山的那条路比到热河的路不知道艰难多少倍。我和我的新朋友连忙去查看我的行李成了什么样子。除了色拉油洒到面包里、煤油糟蹋了盐之外，并没有造成多大损失。我完全不明白他们怎么会这么倒霉。因为两辆车装我那点儿行李肯定很轻，而且一旦到了山上，那点东西都是人工搬运的。后来我明白了事情的真相。中国仆人哪儿都一样。我真傻，给了他五块钱，让他雇两辆车。他只雇了一辆，省下两块五毛钱装进自己的腰包。我问他是不是这样。

“Yes，sah（是的，先生）。”他说。我很纳闷，后来才发现，不管我说什么，他总是回答“yes，sah（是的，先生）”。我说的话他多半听不懂，但他说的“sah”让我明白，他那点儿英语一定是从我那位朋友——翻译官的老乡那儿学来的。

不管怎么说，这次小小的“历险记”不但有惊无险，我还从中感受到一点快乐。但我没有意识到，一个人夜里住在寺庙里，会多么怪异。唯一的安慰是，至少头一两个夜晚，步行一刻钟，到了山坡上，就会找到与我肤色相同的人。

第二十一章　三山庵

古老的庙宇——闹鬼——绿眼睛的狼——孤独——传教士之死——恐怖——圣殿——“詹姆斯·布坎南”——勇敢的农民——秋色——著名的圣贤——门徒们的牺牲——保护树木——门口的骆驼——仆人——“厨师的书”——迷人的山——蟋蟀笼子——善良的人——伯沙撒的覆灭——未来的希望。

两个仆人和寺庙里的苦力忙来忙去，帮我在三山庵安顿下来。三山庵是这条山谷中最古老的寺庙，始建于宋朝。他们说这里闹鬼。这个出没的“鬼魂”是一条大蛇。每逢有泥土从屋顶掉下来，落到石头地板上，落到我的身上，桌子、椅子、床上，仆人就摊开双手，解释说，是蛇干的。我发现，他们总是把满屋子尘土归咎于蛇。要是果酱和黄油不见了，我怀疑是有人做了手脚时，他就用非常蹩脚的英语说："I tink ——I tink——" [1] 后面那个单词想不起来，就开始吃力地拼写："I tink it R-A-T。"[2] 我不知道他为什么会拼写这个单词而不会发音。但是直到我离

[1] 这里应该是“I think—— I think——” 意思是："我想……我想……"

[2] 这里的意思是“我想，是老鼠。”

开那里，我也不知道住在屋顶上的那条蛇是不是超自然的。我想即使是，我也不会害怕蛇神。山坡上面那座庙——翻译官住的那座庙，被一只绿眼睛的狼所困扰。那是另外一个故事。我很高兴用不着面对一只绿眼睛的狼。翻译官——那个善良的撒玛利亚人[1]，回北京了。我只身一人，只有周末，邀请一两个朋友来驱散孤独之感。在这条山谷里，我是唯一的外国人。我已经决定不必完成这件工作之后再回北京。那是一种奇特而孤独的生活。隐居在群山深处、古树掩映的小庙中，周围都是完全不懂我的语言的人，那真是一种难以名状的寂寥。但这种生活也有它的魅力。我让他们把行军床搭在一个小平台上。从那里可以远眺那座陵园和辽阔的华北平原。天气暖和的时候，我就在那儿吃饭。不管天气是冷是暖，总是在那儿睡觉。每当夜幕降临，我就倍感孤独，甚至比孤独还要糟糕！生命中错过的一切涌上我的眼帘，所有的岁月似乎都是空虚的，虚度的。未来都是无望的。我上床睡觉，试图入睡，哪怕只是为了忘记。

而中国并不是一个尝试孤独生活的好地方。和它相关的充满悲剧色彩的历史太多了，往往会在不该出现的时候出现在你的眼前。夜里害怕吗？我想，是有点儿。事实上，我经常害怕，而那种恐惧又常常没有来由，于是我学会不去理睬。我很清楚，如果真的会有什么危险，公使馆不会不做出任何警告，就同意我一个人住到大山深处的一座寺庙。但是，话虽这么说，夜幕低垂的时候，我还是不能不想起罗伯特·哈特爵士的“名言警句”：“在中国，任何时候都可能发生任何事情。”现在，如果真的发生了什么事情，我便和我的同类完全断绝了联系。这种恐惧是一种被拟人化了的恐惧。换一个时间，如果我选择独自生活在一群外族人中间，如果事先读了关于这些人在并不久远的过去种种的记载，这种恐惧一定依然

[1] 善良的撒马利亚人：源自《圣经》，一个撒马利亚人向一个受伤但无人给予帮助的人伸出援助之手。这里是比喻。

存在。夜色越来越浓，任何无法解释的响动都会吓我一跳，连忙回头张望，瞬间想起那些可怕的往事，希望千万不要再发生。这是我最担心的事情。在离这里不远的保定府，义和团运动期间，义和团成员在城墙外的南郊和北郊袭击了传教士。在北郊，义和团及其追随者把传教士烧死在家里，因为他们不肯出来。他们不敢！那些正值壮年的男男女女，面对无法逃脱的残酷的死亡，会多么害怕。

每当想起那些女人的命运，我就为自己的恐惧羞愧。这种恐惧使我不敢在黑暗中向后看，使我十分专注地侧耳静听不同寻常的声音。这当儿，仿佛有成千上万种无法解释的声音扑面而来。白天，我走进矗立在院子两头的圣殿。圣殿里各有一座佛像和祭坛。两座圣殿里都放着一大包一大包的板栗。大一点的圣殿里放着——啊，真是亵渎神明！我的食品柜居然摆放在那里！里面装着鸡蛋、肉、卷心菜和洋葱。但天黑以后，我无论如何也不敢到那些地方。我问自己为什么。不知道，总也找不到答案。众神不过是些雕像，多年的尘土落在他们身上。他们没有生命，可是我，一个最现代的女人却怕他们——夜里害怕。那种似乎与生俱来的恐惧不时袭上心头。后来，一个朋友送给我"詹姆斯·布坎南"——一只黑白相间的小狗，只有六英寸高。但它的重要性绝不能以它的高矮衡量。我非常感谢"詹姆斯·布坎南"。它是一个让人非常愉快的、聪明的小伙伴。我打算离开大山的时候和它分手，但我让它爱上了我。令我吃惊的是，我发现我也爱上了它。它必须分享我多变的命运。可是像我这样一个浪迹天涯的女人，怎么能养一条小狗呢？

我们一起在山坡上来来回回地散步，人们渐渐认识了我们。擦肩而过的时候，他们笑着点点头。中国人似乎喜欢动物，但我从来没见过有人带着狗出去散步。男人手里拿着一只鸟笼散步，名曰遛鸟。在中国，这是一种司空见惯的景象。但我从来没有见过一个男人屁股后面跟着一条狗。虽然大部分农民家里都会养一两

护城河上的桥，保定府

西门上的幕墙，保定府

条狗看家护院。这儿的狗大多数都是我在北京城里看到的普普通通的、挺难看的土狗，远不如我在山里看到的狗漂亮。山上的农田显然需要好生看守，我经常听到枪响。翻译官朋友告诉我，有的农民为了让“小偷”和其他图谋不轨的人知道他有武器，并且随时准备使用它们，就时不时放两枪。起初，枪声常常吓我一跳，不由得向黑魆魆的山坡望去。萤火虫的点点微光让黑暗变得更加幽深，我常常怀疑是不是出了什么事。“詹姆斯·布坎南”常常认为枪声完全不合时宜，扯开细小的嗓门吠叫几声。但它总是挑战土狗，或寻找“小偷”，我也不怎么注意它。

寺庙朝东，天边现出第一缕曙光，我便醒来。所有的恐惧——那源于夜色、孤独和深山古刹朦胧、神秘、无法解释的恐惧，随着黑暗一起滚走了。一弯皎洁的新月和宝石般的星星飘浮在绛紫和金黄的云霞中，在太阳升起前，渐渐变得苍白。苍松翠柏的芳香在鼻翼间缭绕。深蓝的天幕映衬出它们遒劲有力的枝干。我逐渐意识到又一个忧郁的日子已经到来，世界并不是空的，而是充满了最精彩的可能性等待你去捕捉。哦，三山庵的黎明！露天待了一夜之后看到的曙光！我永远不会忘记！

秋天的山谷让人心旷神怡。日复一日，金色的阳光，湛蓝的天空，宁静、安谧，让人神清气爽。难怪文人墨客都渴望住在西山的山谷里写书。而三山庵山谷是所有山谷中最可爱的一条。这条山谷里有好几座寺庙，可谓寺庙之谷。庙里供奉的是什么神，庙又是谁建的，不得而知。但是因为这里有神，有庙，便有许多树木。除了四季常青的冷杉和松树，还有叶子碧绿的白杨树、白蜡树、枫树和栗子树。落叶树起初翠绿，慢慢地，随着秋天的手指轻柔的触摸，变成金色、棕色、红色和琥珀色。夏在万里无云的蓝天下辉煌地逝去。人们告诉我，美国的树林也有这样的色彩，但我没去过美国。我没有见过任何可以与中国崇山峻岭里的秋色相比的风景。我全然没有想到在中国还能看到这样美丽的景色！

僧人石像，三山庵

石象

我数了数，山谷里有七座寺庙，可能更多。山谷北面，有一座很大的寺庙，我永远不会忘记那座庙奇特的、风景如画的大门。我在那里拍摄了一张照片。从庙门口爬上一道陡峭的山坡，到达一块平台，平台上有一座几近废墟的神殿，神殿里端坐着一位非常有名的大理石雕刻的圣人，安详地俯瞰辽阔的平原，仿佛回忆他一生的过往。这位圣人已经很久没有住在山里了，但他仍然留在世人的记忆中。他有两个门徒。我不知道那两尊破碎的大理石雕像——一个在他身边，另一个在神殿外面的地上，是不是他们的化身。传说，这里曾经大旱，庄稼歉收，饿殍遍野。这两个人，为了安抚一个残忍或粗心大意的神，跳进那座大门宏伟漂亮的庙里的一口井。是否下雨不得而知，但传说这两个门徒没有死，而是变成两条龙冲天而起。就我个人而言，我觉得对于那些善男信女来说一定是惊喜，但也不乏隐忧。不过你永远琢磨不透中国人的好恶。也许他们喜欢成为龙。村里的人似乎认为这是一种荣耀。神殿后面有一座农舍——一个简陋贫穷之所在。平坦的山顶上有一小块耕地，中国人是不会浪费土地的。山顶上，人迹罕至的地方，可以看到一小块一小块的耕地。在我看来，为了几粒粮食，到那样的地方精耕细作，代价实在过于昂贵。可是在中国，廉价的劳动力几乎不在考虑之内。在小路上艰难跋涉，在田地里辛勤劳作的男男女女，一心想把地里最后一粒粮食收回来。山坡那么陡峭，几乎无法攀爬。可是对于这些勤劳的人，脚下就有路。所以路无处不在。在中国，没有人去不了的地方。我常常在路上碰到农民和僧人。这些已经出家的和尚像普通农民一样穿着蓝布衣服，只是剃光了脑袋。我的房东——仆人管他叫“和尚”，还常加上一句“坏人”——按时来收房租。他很胖，显然像青翠的月桂树一样“枝繁叶茂，茁壮成长”。庙里所有的住持，只要有人租，都会把寺庙租出去，不管他们是什么人。据说，我的房东曾经打死一个人——看来必须多多原谅这些仆人嘴里的“坏人”。这些人的功绩在于，在树木稀少的中国，他们保护了树木，种植了树木。而这些树，肯定给他们带来一点好处。九月的一天，我醒来之后，发现庙门口有几头骆驼。我无法想象它们如何爬上崎岖不平的山路。但不管怎么说，它们在神的注视下，驮走了储存在殿堂里的一袋袋栗子。那些人要这些栗子做什么，不得而知。可是，如果费这么大的劲儿用骆驼从大山里运走，就一定有他的道理，或许这些东西价值不菲。

据我所见，我住的这座寺庙里没有任何求神拜佛的活动。夜晚小心翼翼锁上庙门的苦力脏得无法形容。我极力不让自己去想，这些人就睡在给我做饭的那个屋子里的炕上。我相信他们是穷人里的穷人。晚上常常看到他们当中最年轻、也最肮脏的那个小伙子端着一盏气味难闻的小灯，走进圣殿，和神像待在一起。他在那里做什么，我不知道。只有那盏灯，在窗纸后面，映照出格子图案，使得这座破败不堪、无人照管的殿堂变得雅致圣洁。说实话，所有的建筑物在夜晚都很漂亮。白天，我抬头一看，发现上半面墙的格子窗多么美丽。夜晚，在院子里，只有一支蜡烛点燃，不管愿不愿意，那朦胧之美都在我的眼前晃动。我总是到外面去看那些被灯光照亮的房间。我在黑暗中走来走去，“詹姆斯·布坎南”紧贴我的裙摆一路小跑。我看着灯光映照的花格子图案，听仆人和苦力聊天儿，他们的说话声听起来很像欧洲人。我很想知道他们这样没完没了地聊，是在讨论什么。

他们是非常好的仆人。我知道，我一辈子都会怀念那位厨师。因为我从来没有指望能找到一个比他更好的厨师。那个小伙子也对我照顾有加，凡是能为我做的事，总是尽心尽力去做。他们毫无怨言地洗盘子的样子，让我赞不绝口。就像所罗门说的那样，写书能累得你精疲力竭，但即便如此，我也成不了有钱的女人。我不愿意干那种入不敷出的事，可也想偶尔招待一两个朋友。可我只有一套露营用的装备，包括餐具。这就需要在两道菜之间洗盘子。仆人们只能一声不吭地洗。我开始安慰自己，等待仆人洗完盘子和刀叉再吃下一道菜是正确之举。当然，朋友们都知道我的难处，并高高兴兴地参与其中，而仆人们从来没有让我难堪。不了解内情的人会以为我有一间漂亮的餐具室。我那些小小的白色金属汤匙总是擦得锃亮，像是纯银制作的餐具。桌布是用在全中国随处可见的普通蓝棉布做的，很漂亮，很适合铺在“瞭望台”上吃饭。所以我对蓝棉布永远怀着一种柔情。的确，回首往事，除了那些寂寞的夜晚，还有许多令人愉快的事情。我希望朋友们喜欢来我这里，就像我喜欢他们一样。他们的出现驱散了所有恐惧。我从来没有惧怕过端坐在圣殿里的神像，他们和我在一起的时候，也从来没有想到过过去死去的人，更没有想到过那可怕的日子会再度回来。我以为我已经失去年轻时的快乐，失去了很久以前在家乡土地上的快乐，但我发现在三山庵招待朋友的感觉就像童年时代“过家家”时玩的聚会，特别有趣。我们坐在“瞭望台”上，朝南望去，可以看到一座座低矮的、光秃秃的小山。那山充满魔力。中国人不会靠近，因为小山怀抱里的洞穴藏着价值连城的珠宝。我们打算在我离开山谷的某一天过去弄点宝贝回来，让我们的生活富裕起来。但是那些洞穴被地精、精灵和魔鬼守卫着。他们用邪恶的咒语把人拒之门外，尽管我们不像中国人那样心怀敬畏，尽管珠宝就在那里等着我们去掠夺，但也只能“望山兴叹”。

哦，在三山庵度过的那些阳光灿烂的日子！我们读诗，讲故事，梦想美好的未来！那是美好的日子，是我生命中值得记住的日子——如果没有更好的日子降临到我头上的话。是那令人神清气爽的空气和周围的人让我难忘，还是苍松翠柏掩映的庙宇屹立在我的心头？但我要特别感谢的是那些死去的神。是他们在短暂的时间里，给了我生命中早已遗忘的东西。

只有一件事情让我不快。后来，那本富有想象力的、被称为“厨师的书”的书送到我面前。不用说，那根本不是一本书。而是写在我废弃的打印纸上的流水账。账上说，我吃了太多的“鸡油（肉）”，多的足以供应一家大旅馆；吃了太多的

“油”，多得足以换回一个小火车头。然后是面粉、黄油、牛奶和猪油，都是我吃掉的！起初，我不想多说。因为仆人们在洗盘子、刀叉方面都很在行，而且干得很出色。每当我要表示不同意见时，那个仆人就嘟嘟囔囔说几句关于“主人”的坏话。他是一个真正的中国人，确信我这个人只要能让别人舒服，做什么都愿意。他或许认为这个女人显然无关紧要。即使账目混乱，也不会找借口查对。我对他说，这个所谓的“主人”不必在账单上做文章，增加那么多钱。我说得很委婉，直到有一天他骄傲地说，密斯先前雇的那个人是他的好朋友。我一下子想起那位段先生敲诈勒索的手段，他一定设法通过完全不同的渠道把这些仆人弄到我这儿来了！一旦认识到这一点，我的心肠就硬了起来。我威胁说要亲自去采买。

“我去找厨子。”垂头丧气的仆人说。他真的去找了。我估计，他一定说，密斯不像他们想的那么傻。不一会儿他回来了，还回一毛五分钱！从那以后，我就没有怜悯之心了，我会定期查看每一笔账单。

但这些人头脑很简单，我不能不喜欢他们。他们对我这个女人，满怀善意。我纳闷，这些人和那些曾经用一根棍子像抬猪一样抬着一个无助的女人向刑场走去的人是不是一个群体？然而确实是。使他们对义和团的铁拳俯首帖耳的恭顺，正是使我对他们产生好感的品质。对他们而言，我拥有支配他们的权力。他们只是巴比伦的农民。为了过最好的生活，不惜欺骗和伪装。因为欺骗是奴隶的护身符，是他们知道的唯一的护身符。他们当然充分利用了生活中的每一个机会。看着他们的快乐——那显而易见的快乐，我觉得很有趣。有一天晚上，他们吃了一顿大餐。我毫不怀疑用的都是我花钱买的食材。他们把捉来的蟋蟀，关在用高粱秆的篾编的三角形小笼子里。我刚来庙里时，这些笼子挂在外面的屋檐下，但随着天气变冷，都被带到屋里。现在它们欢快的鸣叫依然不绝于耳，而山上蟋蟀的叫声早已消失。十月的第一周，秋雨绵绵，已经很冷。仆人们像婴儿一样，冻得

骆驼，三山庵

游客，三山庵

瑟瑟发抖，都说："密斯，快回北京吧！"有一天，我的午餐晚了两个小时。雨下得很大，送饭的男孩看起来好像要放声大哭。

当然，这些寺庙不是为寒冷的天气而建的。在中国，一切的一切都有秩序，包括天气。我相信，11 月 1 日是中国二十四节气中的霜降[1]。然而那一天，温暖的阳光让人倍感惬意。我坐在平台上写作，遥望连绵逶迤的山峦，心里生出几分惆怅：我很快就要离开这里，把它留给严寒的冬天。

一场突如其来的秋雨之后——这次没按秩序"如约而至"——白天让人神清气爽，夜晚让人心旷神怡。新月弯弯，星星像钻石一样挂在天幕之上。月亮升起，银色的月光把庭院和寺庙变成梦幻中的宫殿。无论是海上还是陆地，从未有过这样的仙境。那是慷慨之手给予我的美丽与欢乐的馈赠。

山上看到的人，是我在中国遇到的最善良的人。虽然我和他们没有交集，也不能交流，但我深深地感觉到了这一点。每当我们碰到一起，那一张张风吹日晒的脸总会露出微笑，亲切的问候声在我耳边响起。经常有人抱着小宝宝来到我的门口，年轻的父亲不免有点尴尬。每当有什么热闹好看，他们总是邀请我留下来分享。有一次，在一阵锣鼓唢呐声中，一顶红色的轿子抬着新娘走了过来。人们都站在路边看着，我也留下来了。还有一次，他们正在杀猪——一个笨重、让人讨厌的家伙。看了它，我发誓不吃猪肉。热情的村民邀请我参加这个盛大的活动。可怜的猪为自己的命运难过，大声尖叫。尽管我很想表示对他们的感激，但还是没有接受这个邀请。

此刻，我坐在西山的一座寺庙里，对一生中认识的人以及过去十个月里接触过的人进行评判。当然，我没有权利评判，但倘若我在他们中间生活了一段时间，

[1] 霜降应该是每年 10 月 23 日左右。此处为作者的笔误。

却没有任何看法，那无疑是个傻瓜。以我之见，我是用现代人的眼睛注视一个仍然存在于世的古代文明的大国。巴比伦进入现代。巴比伦艰难地承受着来自西方国家的压力。这些国家超越了他们，而在他们创造辉煌文明的时候，那些国家还是蛮夷之地。

在整个太平洋海岸，从美国西部到澳大利亚东部，人们都害怕中国人。我常说是害怕他们的美德。但我说，错了。白种人害怕——害怕得很有道理——中国人会是这样一个群体：他们可以忍受一切艰难困苦，降低生活标准，承受巨大的压力。他们可以根据自身的环境与条件——巴比伦辛勤劳动的奴隶绝望与无助——减少脚下那块土地上的人口，包括劳动阶级的人民。人们说得好，东方、中国，思想和感情上都与西方完全相反。在西方，我们崇尚个人主义。几乎每个国家都是如此。人们在很小的时候就接受这样的教育：依靠自己，为自己的行为负责。较发达国家的妇女——不管人们怎么想，这标志着进步——为获得社会地位而努力，她们要求人们根据自身的能力与功绩评判她们，而不愿意被传统与习俗束缚，成为只能因循守旧的阶级中的一员。在东方，情况正好相反。人们没有自己判断事物的权利，被习俗束缚，不敢偏离父辈走过的道路半步。中国人的孝道被捧上了天。然而这种美德，常常变成祸端。中国人对长辈必须无条件服从。他的工作、婚姻、孩子的教育、整个生活都不是自己的事情，而是长辈的事情。如果他敢越雷池半步，而又招致失败，便会影响整个宗族。他所做的一切不仅会影响到自己，还会影响到家族中最远的分支。这种相互依存造就了某种卓越，一种中华民族在几千年前就达到的卓越。然而最终又变成令人窒息的束缚。

这种家长制，这种对过去持续不断的关注，使得这个国家丧失了独立自主的精神。一个人如果想摆脱枷锁，走自己的路，如果想像西方国家那样突飞猛进，从而超越了早已领先的中华文明，就不仅必须是一个天才，而且必须拥有非常强大的意志力。至于中国妇女的屈从和无知，更是一言难尽。

“哦，女人是有影响力的。”自以为最了解中国的人说。女人当然也有影响力，但在中国，这种影响力往往是最糟糕的权力形式，是受宠爱的奴隶的影响力。对于妇女的影响力是一个被压迫的、无知的、卑躬屈膝的阶层的影响力。这个阶层每个男人都可以公开地表示轻蔑，让她们在精神上和肉体上都饱受摧残。中国人，不管高雅还是粗俗，都非常尊重受过良好教育的人，尊重那些饱读诗书的人。但是，我想，直到20世纪，他们才认识到，女人也应该受到更好的教育。一个国家落后的重要原因之一必定是妇女可怕的无知——半数人口的极度无知。他们说，事情正在发生变化，但是毫无疑问，这种变化的速度非常缓慢。而任何一种知识都要经过很长、很长的时间才能渗透到“惰性物质”中。

我们赞扬中国人的勤劳。但事实上，这种赞美没有道理。西方人早就知道劳动的尊严，或许我们不像理想中的那样勤劳，但至少欣赏这种品德。倘若用这个标准来衡量中国人，你就觉得他们还缺点什么。因为中国人似乎并不欣赏劳动的尊严。被幸运之神关照的人，留着很长的指甲，对所有人宣告，他没有必要使用双手。大腹便便、脑满肠肥说明他很富有，吃香的喝辣的，也就没有必要干活儿了。这样的人却是大多数人羡慕的对象。而他并不欣赏西方人那种艰苦奋斗的生活，那种使各民族魅力犹存的生活。他认为，体力劳动是留给没有能力的人干的。而且，就个体而言，中国人的体力劳动与西方人技术含量比较高的劳动相去甚远。表面上，他从早到晚工作，实际上把三分之二的时间都浪费掉了。有时浪费在无用的、方向错误的努力上，有时仅仅是无所事事地闲逛。除了名不副实之外，他也是个不折不扣的奴隶。生活单调乏味，毫无色彩。工作结束后，没有什么娱乐活动，日复一日消磨时间。也谈不到有什么家庭生活，他的工作似乎只是和同伴们交换意见，争个你高我低。

在我看来，有希望、有工作、能过上好日子，似乎是大多数中国人最大的愿望。能实现这个心愿，便超越了平淡无味的生活。这个国家的大部分地区都很贫穷。发展工业已经势在必行。只有工业发展了才有出路。为生存而斗争耗去人们所有的精力，没有时间去思考如何改变日复一日乏味的、仿佛例行公事的生活。然而，中国绝不是一个贫穷的国家。如果贫穷，就不会在久远的过去创造出那么辉煌的文明，而且让这个文明在世界历史的长河中一直持续到今天。没有培育一个种族强大的能力，就不可能在如此恶劣的卫生条件下，在西方人培育三代人的时间内培育出四代人。

中国地大物博，一旦进步了，她将更加富有。她的山里蕴藏着丰富的铁和煤，一旦开采出来，很可能会彻底改变工业世界。

改变工业世界状况的想法自然而然让我想到传教士的努力。

天主教在过去的二百五十年里，新教教会在过去的一百年里，一直在中国传教，想让中国人改变信仰。与其他布道区相比，让中国人皈依基督教是出了名的难。但传教士们还是卓有成效。

对我，一个“希腊人”而言，用什么名字称呼主宰我们所有人的“伟大力量”似乎并不重要——真正重要的是信仰上帝的人的生活究竟如何。传教士们，不管他们是否能改变别人的信仰，都应该建立在更高的生活标准之上。他们来到异邦，给这里的男男女女以启迪，给成千上万的人看病，向他们展示生活中——我说的是物质方面——还有许多美好的事物。如果西方国家是明智的，就不应该允许贫穷的传教士到中国。倘若那样，就很容易把他们自己降低到当地人的水平。就我个人而言，我认为遵守中国习俗是错误的。传教士们应该宣扬西方更好的习俗，不能降低标准。中国人需要学会自力更生，学会自我尊重，但是也需要学会理性而健康快乐地生活。从某种意义上讲，这正是大多数传教士所做的事情。虽然毫

厨师与男孩，庵中庭院

冬季被废弃的天台

无疑问，他们不会用这样的话语说教。他们听到这样的描述，甚至会感到惊讶。他们正在帮助这里的人们打破千百年来阻碍社会发展的父权制度。他们教导他们什么是责任，每个人都应该为自己的行为负责。

传教士们是贸易的开拓者，商人的先驱，后来者不可避免地要跟随他们的脚步前进。有些人会说，他们不会影响受教育程度较高的那部分中国人，但他们会去找最需要他们的人。富人有能力把儿子送到国外读书，有钱支付医疗费用。外国慈善机构引进的学校和医院，对那些收入不高的人来说，是接受西方教育的极好机会，具有深远意义。中国与世界的联系日益密切。但这个世界将无产阶级无情地拒之门外。因为它不会被轻易摧毁。无产阶级无疑应当提高自己的水平。但这是一个缓慢的过程。当传教士把福音书交到一个劳工手中，告诉他，他和宫殿里的总统完全平等，让他渴望读书，洗脸，哪怕只是为了比同伴好一点点。相信这些教义或许只是小事一桩，但如果他们内心深处不再认同自己是奴隶，而是一个能与西方人平等相处的有自尊的人，那就是意义深远了。

但把改变中国的功劳归于传教士是不公平的。他们只是新中国的人们深深关注的一场大运动中的一个因素。过去正在过去。义和团的出现彻底唤醒了西方世界一直以来的自我良好的感觉，那就是像巴比伦那样的帝国不适合于今天。他们用枪炮子弹表明自己的立场，而中国正在铭记这个教训，虽然缓慢，但正在接受。当中国人开始渴望改变和更美好的东西、下层阶级需要过更好的日子时，就会认识到向西方学习的必要性。但她不会完全按照西方世界的希望改变自己。而是按照他们认为最好的方式重塑自己。千百年来，中国人一直努力让自己适应时代的发展。在现代世界，他们仍将使用同样的方法，在发展的路上走下去。

有一个人的手指在王宫的粉墙上写下这样一行字：“弥尼，弥尼，提客勒，乌法珥新”[1]。当天夜里，迦勒底王伯沙撒被杀，玛代人大流士夺取了该国。同样，使紫禁城神圣的人去世了，蔑视西方的皇太后也已经驾鹤西去。皇帝只是一个很小的孩子，他的帝国幽禁在内城粉红色的高墙里。共和国——新的年轻的共和国——的独裁者，接续他作王。但是这个国家仍然动荡不安，巴比伦耐心的奴隶缓慢地向前移动。一个新的国家会不会按自己的方式崛起，成为与西方大国比肩而立的强国？毫无疑问，这个建造了紫禁城辉煌的殿堂、美丽的庭院，这个规划了热河壮丽、幽雅的避暑山庄，这个在高山和峡谷建起绵延两千英里雄伟的长城，这个构想出世界上最令人叹为观止、祭奠任何一位神都绰绰有余的神坛——天坛的民族依然像几千年前一样，充满活力和进取精神。当这种精神鼓舞推动的不只是几个“工头”，而是那些被奴役的辛勤劳动的人们，并且使他们成为真正的主人，这个国家就会像几百年以来他们建造的宫殿与祭坛那样辉煌。那时候，这个世界的其他国家也许只能站在一边冷眼旁观，不但惊奇，也许还要害怕。

[1] 弥尼，弥尼，提客勒，乌法珥新（MENE MENE TEKEL UPHAR-SIN）:《但以理书》5 25-28。意思是上帝已经数算你国的年日到此完毕。

图书在版编目（CIP）数据

1913，中国华北见闻 /（澳）玛丽 · 冈特著；李尧译. —北京：中国工人出版社，2021.9

书名原文：a woman in china

ISBN 978-7-5008-7727-1

Ⅰ. ①1… Ⅱ. ①玛… ②李… Ⅲ. ①中国历史—近代史—史料—1913 Ⅳ. ①K251

中国版本图书馆CIP数据核字（2021）第176063号

1913，中国华北见闻

出 版 人	王娇萍
责任编辑	宋 杨
责任印制	黄 丽
出版发行	中国工人出版社
地　　址	北京市东城区鼓楼外大街45号 邮编：100120
网　　址	http://www.wp-china.com
电　　话	（010）62005043（总编室）（010）62005039（印制管理中心） （010）62379038（社科文艺分社）
发行热线	（010）82029051 （010）62383056（传真）
经　　销	各地书店
印　　刷	北京盛通印刷股份有限公司
开　　本	720毫米×880毫米 1/16
印　　张	23.75
字　　数	240千字
版　　次	2022年2月第1版 2024年10月第2次印刷
定　　价	78.00元